Contraste insuffisant

**NF Z 43**-120-14

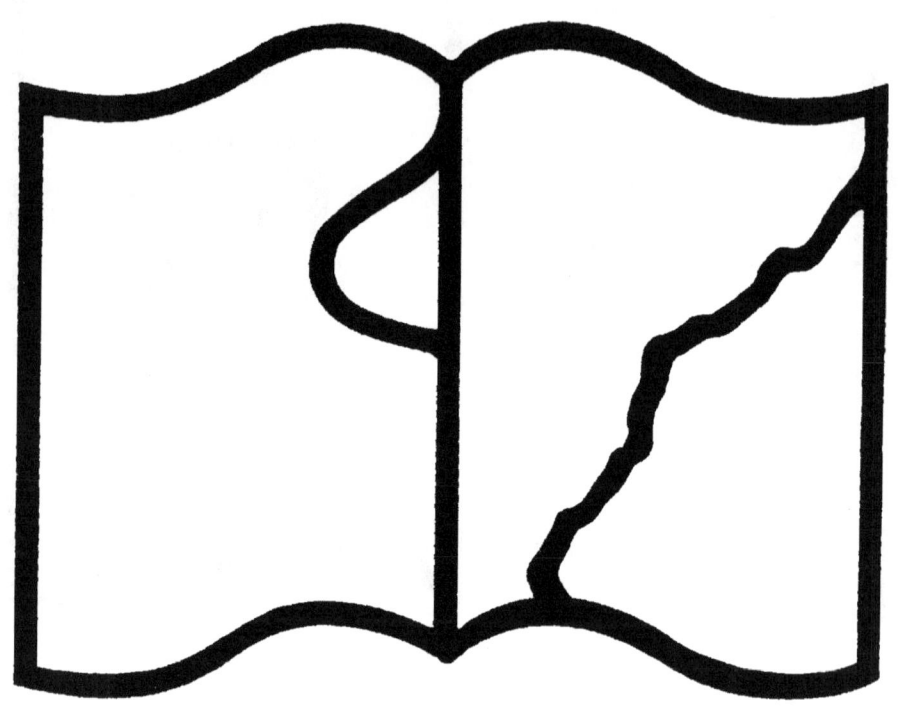

Texte détérioré — reliure défectueuse

**NF Z 43**-120-11

# LES DRAMES DE LA JUSTICE

## HUITIÈME ÉPISODE

# LES DRAMES DE LA JUSTICE

## HUITIÈME ÉPISODE

# LE CHATEAU DES ABYMES

Par RAOUL DE NAVERY

## CHAPITRE PREMIER

### LA FAMILLE DE MONTGRAND

Les soirées d'octobre étaient devenues courtes et froides ; la tristesse d'un hiver précoce enveloppait la campagne, et, dans le grand salon de réception du *Château des Abymes*, le comte et la comtesse de Montgrand, assis près de la vaste cheminée où flambait un feu vif, causaient à la lueur d'une lampe dont les clartés s'adoucissaient par les tons d'opale d'un abat-jour de porcelaine.

Tous deux paraissaient envahis par une profonde tristesse, et le silence qu'ils gardaient depuis longtemps prouvait mieux que ne l'auraient fait des paroles l'excès d'un chagrin qu'ils tremblaient mutuellement d'exprimer.

Le comte et la comtesse de Montgrand, après avoir passé ensemble vingt-cinq années, se chérissaient avec plus de profondeur que le jour où le prêtre les avait unis. Espérances, rêves d'avenir, tout avait été partagé ; les épreuves furent subies en commun, et ils arrivaient à l'automne de la vie, sans que leur tendresse eût subi de défaillance.

En ce moment même ils étudiaient, chacun de son côté, le moyen de rendre moins pénible l'heure présente.

Le comte paraissait âgé de cinquante-cinq ans. Il était de haute taille, robuste et nerveux tout ensemble. Ses cheveux gris dessinaient un front très large, où la lumière s'arrêtait comme pour laisser lire toutes les qualités de vaillance, d'honneur et de vertu, cachées au fond d'une âme d'élite.

Le regard exprimait le recueillement, mais parfois il rayonnait d'intelligence ou s'attendrissait dans l'expression d'une bonté infinie.

Les mains du comte étaient de forme pure, son pied très étroit. Tout en lui trahissait la race et révélait une force latente.

La comtesse conservait une beauté régulière, touchante, attendrie.

On devinait qu'elle avait dû souffrir; on comprenait que cette souffrance avait été acceptée par la tendresse et sanctifiée par la foi. Ses grands yeux bleus se fixaient sans regard sur le foyer empli d'étincelles, et, quand elle les reportait sur son mari, elle y laissait lire une sorte d'angoisse qu'elle s'efforçait de combattre, sans parvenir à la dissiper.

La main de M. de Montgrand chercha celle de sa femme. Une longue étreinte les unit, et sans doute le comte puisa du courage dans cette caresse virile, car il dit d'une voix qu'il s'efforça d'affermir :

— Tout est fini, Pauline, j'ai consommé le sacrifice que l'avenir de nos enfants rendait nécessaire. Avant huit jours, nous aurons quitté le château, et, ce soir même, le notaire de Nanteuil, M. Refus, nous apportera la somme que l'acquéreur a dû verser aujourd'hui à son étude.

— Dans huit jours! répéta Mme de Montgrand, comme cela est près, et comme cela passera!... Huit jours pour se promener dans les grandes allées de ce parc où nous avons vu s'écouler tant d'étés magnifiques; huit jours pour rester sous ce toit où j'ai été heureuse, où sont nés Tancrède et Paule. Je ne me plains pas, tu le sais; ce que tu as fait, tu le devais faire; nous ne pouvions plus reculer devant un sacrifice indispensable... Mais, sans murmurer contre cette obligation, je souffre, oui, je souffre plus que je n'aurais cru... Et cependant, depuis que les études de notre fils avancent, depuis que Paule est au couvent, nous regardons en face l'obligation de vendre les *Abymes*... Oh! que l'on tient aux lieux où l'on a vécu, souri ou souffert...

— Pauline, dit M. de Montgrand d'une voix dont le timbre s'altéra, ne me montre pas ta peine, je t'en conjure, tu me ferais regretter...

— Quoi? demanda vivement la comtesse.

— D'avoir jeté dans un gouffre ma fortune et la tienne...

— Hector, ne dis jamais un mot semblable. A ton tour, tu semblerais m'accuser. Qu'as-tu fait qui ne fut juste et loyal? Depuis quand, dans les grandes familles, les frères ne sont-ils point solidaires de l'honneur du nom? Si le vicomte Raoul se jeta dans une voie dangereuse afin d'augmenter une fortune insuffisante pour ses goûts, ne devais-tu pas combler le gouffre que creusa son imprudence? Aurais-tu laissé flétrir par un tribunal le nom des Montgrand et protester leur signature? Raoul eut doublement tort; ce qu'il possédait devait lui suffire; mais lorsque le mal est fait, il ne reste plus qu'à le réparer, à quelque prix que ce soit. Ce fut sans regret que je joignis ma dot à ta fortune pour solder les dettes de ton frère; et si je ne puis m'empêcher de souffrir à la pensée de quitter ce château, c'est que la plus belle moitié de ma vie s'y passa entre toi et nos enfants. Rassure-toi pourtant, ami, cette faiblesse sera passagère. En quittant les *Abymes,* je ne tournerai point la tête; je regarderai devant moi; Dieu me donnera la force dont j'ai besoin, et tu redoubleras, s'il se peut, ta tendresse protectrice...

— Et puis tu auras Paule, reprit le comte de Montgrand, Paule que nous avons dû laisser dans son couvent de Paris jusqu'à l'achèvement de son éducation. Tancrède rentrera à son tour dans la famille, et leur présence te consolera.

— Quel est le prix de la vente? demanda Mme de Montgrand.

— Six cent mille francs. Cette somme, jointe aux deux cent mille francs qui nous restaient, nous permettra de vivre honorablement à Paris. Nous n'aurons aucun luxe, mais le nécessaire; le confort ne nous fera point défaut. Quand le moment d'établir Paule et son frère viendra, nous leur compterons à chacun deux cent mille francs, et nous nous contenterons de vingt mille francs de rente. Tancrède est un bon et brave garçon, Paule est charmante; ne nous tourmentons pas, amie, la Providence est pour nous.

Mme de Montgrand retrouva, dans les paroles de son mari, assez de force pour discuter paisiblement avec lui les questions d'organisation d'une vie nouvelle.

Ainsi que l'ont fait comprendre les phrases échangées entre le comte et sa femme, leur fortune, qui s'élevait primitivement à plusieurs millions, s'était trouvée engloutie dans les spéculations du vicomte Raoul de Montgrand. Mais, après avoir dégagé la signature du vicomte, il ne resta plus à son aîné que dix mille francs de rente, le *Château des Abymes* et les terres qui en dépendaient. Il devint dès lors indispensable d'abandonner Paris et d'habiter la campagne.

Il fallut vivre avec l'économie la plus stricte. Les revenus des terres et les coupes des bois suffirent pour l'entretien de la maison; l'éducation des enfants absorba le reste.

Le comte et sa femme ne réalisèrent pas seuls des prodiges pour soutenir leur rang avec de minimes ressources.

Ils avaient pour intendant l'héritier d'une famille dont les services et le dévouement dataient du temps où les Montgrand durent émigrer.

Depuis plus de cent ans, les biens de ceux ci étaient régis par les Danglès, qui se succédaient dans cet emploi modeste, sans parvenir à y faire fortune.

Joseph Danglès, qui suivit en exil le vieux comte, mourut en 1821, laissant sa charge à son fils Jean Danglès. Celui-ci, à son tour, mit son intelligence et son cœur au service de ceux qu'il considérait comme ses bienfaiteurs et ses maîtres. Quand M. de Montgrand se trouva ruiné, Jean Danglès surveilla la dépense avec tant de soin, tira si merveilleusement parti des terres, et déploya tant de génie et de dévouement que le produit des champs et des bois des *Abymes* suffit à M. et Mme de Montgrand.

L'intendant se maria, et il eut un fils qu'il envoya faire ses études à Paris ; puis, lorsque son éducation fut terminée, Jean Danglès le rappela aux *Abymes*, et lui dit avec gravité :

— Tu as vingt-trois ans ; je t'ai fait instruire, et ton intelligence dépasse celle de la moyenne des hommes. Je ne souhaite cependant point pour toi une destinée brillante ; ce que firent ton aïeul et ton père, tu le continueras. Je me fais vieux, je rentrerai à Paris, où reviendront forcément le comte et la comtesse de Montgrand. Tant qu'ils habiteront les *Abymes*, tu géreras la propriété avec le zèle, l'économie, que j'y ai déployés moi-même. Je t'ai élevé dans ce but. Si tu veux mériter toute ma tendresse, et j'ajouterai même ma reconnaissance, tu rempliras ton mandat comme j'ai rempli le mien. Les changements qui surviendront dans la famille de nos maîtres apporteront sans doute également des variations dans ta destinée ; mais je t'interdis de quitter jamais, sans mon autorisation, la maison où nous vivons depuis plus d'un siècle.

— Et, demanda Tiburce, d'une voix dans laquelle vibrait un orgueil mal étouffé, c'est pour faire de moi un intendant à gages que vous m'avez fait apprendre le latin et suivre mes cours de droit?

— Oui, répondit Jean Danglès. Un avocat défend mieux la propriété qu'il doit surveiller qu'un homme qui ne possède aucune notion des choses légales.

— Vous avez oublié de me consulter sur mes goûts, mon père !

— Est-ce que mon père me consulta quand j'avais ton âge ? Il me montra mon devoir, me dit : « Remplis-le, » et j'obéis. La fortune que je te laisserai est plus que modeste, travaille pour te mériter un avenir suffisant.

Tiburce baissa la tête sans répondre. Il obéissait, mais il ne se résignait pas.

C'était un caractère altier et dur, obstiné dans son vouloir ; assez fort pour subir des luttes sourdes, assez hardi pour jouer une partie dangereuse, si l'occasion s'en présentait jamais. Quiconque eût pénétré les secrets mystérieux de cette âme obscure, quiconque eût deviné les secrets de cette tête imberbe, se fût demandé quelles semences dangereuses avaient germé dans l'esprit de ce jeune homme. La piété de sa mère, que le ciel comptait parmi ses élus, l'intégrité de son père ne semblaient point faire partie de son héritage. Élevé loin de la famille, il avait écouté des conseils pernicieux, ouvert son esprit à mille convoitises. Tiburce était affamé de vivre, non point dans le sens jeune, passionné, enthousiaste de ce mot, mais avide de jouissances coûteuses et rapides, impatient de se ranger du côté de ceux qui sacrifient à leurs vices et tendent les mains aux fruits gâtés du plaisir. Forcé de réprimer à la fois ses ambitions folles et ses vices précoces, Tiburce laissa le vieux Jean Danglès quitter le *Château des Abymes*, où il vint prendre la place d'un père qu'il ne pouvait remplacer.

Les rouages administratifs de la fortune du comte étaient d'une si grande simplicité, Jean Danglès laissait ses livres dans un ordre si admirable que, sans beaucoup de peine, Tiburce maintint la maison sur le même pied. Du reste, si avide qu'il fût de posséder de l'or, le fils de Danglès ne s'abaissait pas à de misérables moyens pour en glaner, à l'aide de quelques pots de vin sur une coupe de bois ou un marché d'avoine.

Il voyait grand, même dans le vice. Une tentation pouvait le prendre à la gorge, il pouvait céder et commettre une faute, peut-être un crime, mais Tiburce n'aurait jamais joué sa réputation pour une bagatelle. Les douze cents francs qu'il touchait chez M. de Montgrand suffisaient pour sa toilette, à laquelle il attachait un soin excessif. Quand il n'écrivait pas et que la chasse était ouverte, il prenait un fusil et allait tuer quelques perdreaux. En hiver, il s'enfermait dans sa chambre et passait de longues soirées à regarder se consumer les bûches pétillantes, tandis que sa pensée retournait vers ce Paris que le vieux Danglès l'avait forcé de fuir. Peut-être ce vieillard, si simple qu'il fût, avait-il, grâce à la perspicacité des pères, compris que le séjour de la grande ville était dangereux pour Tiburce, et regardait-il comme indispensable que le jeune homme laissât s'éteindre, dans le silence des *Abymes*, une imagination dont les fantaisies l'effrayaient d'instinct !

A l'obligation où il se trouvait de subir temporairement la volonté de Jean Danglès, il n'opposa aucune résistance. Peut-être calculait-il que peu de temps se passerait avant que la famille de Montgrand reprît son rang et sa place à Paris.

Tiburce n'eut aucun confident de ses rêves, de ses regrets, de ses vouloirs, mais le vieux Danglès eût versé ses dernières larmes s'il lui avait été donné de lire au fond de l'âme de son fils.

Depuis quelques semaines Tiburce devinait que le comte de Montgrand s'occupait d'une grave affaire ; cependant il ne se croyait point si près de toucher au but de toutes ses ambitions. Du jour où la famille de ses maîtres rentrerait à Paris, Tiburce quitterait, lui aussi, la province, et il se regardait comme certain de se créer rapidement une situation enviable. Comment ? Il n'en savait rien et ne se le demandait pas. Il sentait en lui une force invincible, capable de vaincre des difficultés sans nombre. Il possédait une foi énorme en lui-même. « Je veux être riche, donc je le serai, » répétait-il. Quant à se tourmenter de l'occasion qui lui fournirait le moyen de satisfaire ses besoins de luxe et de plaisir, il ne s'en inquiétait guère. Il savait bien qu'il la saisirait, le jour où elle passerait près de lui.

Tandis que le comte et la comtesse de Montgrand s'entretenaient de la vente du *Château des Abymes*, Tiburce, assis devant un bureau, écrivait à son père une longue lettre plus remplie de chiffres et de détails d'affaires que d'affection et d'épanchements tendres et intimes.

Il allait terminer cette lettre par une phrase banale quand le vieux Mathias, qui cumulait aux *Abymes* l'office de valet de chambre et celui de cocher, vint lui dire :

— M. le comte souhaite vous parler.

Tiburce se leva automatiquement ; une flamme rapide passa dans son regard, et il murmura tandis que Mathias fermait la porte :

— Obéis donc, valet ! Le maître te demande.

Et cependant jamais un ordre donné d'une façon hautaine n'avait pu blesser les susceptibilités orgueilleuses du jeune homme. La politesse de M. de Montgrand, la bonne grâce, l'urbanité de la comtesse étaient absolues ; mais Tiburce rougissait de sa situation d'intendant, et l'excès de son orgueil changeait en supplice une position qu'eussent enviée beaucoup de jeunes gens de son âge.

Cependant, à cette première minute de colère succéda la réflexion froide qui rarement abandonnait Tiburce.

Il resta debout devant la haute glace ornant la cheminée et se regarda fixement, jusqu'à ce qu'il eut réussi à donner à sa physionomie une apparence de tranquillité parfaite; ensuite, sûr de sa voix, de son regard et de son attitude, il descendit.

L'entretien que la comtesse venait d'avoir avec son mari avait reposé son esprit et son cœur. Elle acceptait le sacrifice qu'elle-même reconnaissait indispensable. La pensée de ses enfants l'emportait désormais sur ses regrets. Devenue forte, au contact d'une énergie sincère et droite, elle possédait tout son calme et toute sa sérénité au moment où Tiburce parut.

— Asseyez-vous, Danglès, lui dit le comte d'une voix affectueuse. Je ne puis tarder davantage à vous mettre au courant d'une grave affaire qui, par plus d'un point, nous afflige aujourd'hui. Le *Château des Abymes* est vendu, et dans huit jours le nouvel acquéreur en prendra possession. C'est vous dire que dans huit jours nous serons à Paris. Les nouveaux arrangements de notre fortune m'obligeront à me priver de vos services. Je le regretterai vivement, Tiburce, car je vous ai toujours considéré comme faisant partie de ma famille. En 1792, votre grand-père sauva la vie du comte Gilles de Montgrand; l'habileté de votre père garda les épaves de ce qui me restait après une catastrophe ruineuse. Vous n'avez jamais manqué de passer ici vos vacances, en même temps que votre sœur Léa et mes enfants; je vous suis donc profondément attaché, et vous résumez en vous tout ce que je dois aux membres de votre famille. Mais, soyez tranquille, en vous quittant, je ne vous abandonne pas. Mon premier soin, à Paris, sera de renouer des relations, précieuses à plus d'un titre. Je vous trouverai des protecteurs influents, et, avant la fin de l'année, vous serez titulaire d'un emploi honorable.

— Je vous rends mille grâces, monsieur le comte, répondit Tiburce; si j'ai consenti à demeurer chez vous en qualité d'intendant, c'était par respect pour la volonté de mon père et par dévouement pour votre famille; mais, je dois vous l'avouer, les études que j'ai faites, mes goûts, tout m'éloigne de ces places qui exigent une exactitude presque mécanique et qui finissent indubitablement par atrophier le cerveau.

— Que souhaitez-vous donc faire?

— Je le définirais mal, je ne le comprends pas encore bien. Il me semble que les affaires me tenteraient, que la plaidoirie pourrait me séduire. Succès d'argent ou de parole, je voudrais toucher au succès.

— Ainsi vous êtes ambitieux?

— Oui, monsieur le comte. Trouvez-vous que j'aie tort?

— Non, sans doute, quoique votre père soit plus heureux. Enfin, si vous rêvez d'ouvrir un cabinet d'avocat ou de vous lancer dans la finance, vous

— Est-ce que j'oserais frapper? murmura-t-il. (Voir page 12.)

me trouverez prêt à faire ce que je pourrai pour vous. Il faudra sans nul doute remettre à l'acquéreur des *Abymes* les livres de comptes et les baux des marchés anciens et des engagements futurs; serez-vous en mesure?

— Je le serai ce soir même, monsieur le comte.

— Bien, Tiburce; je reconnais là votre ponctualité! J'ai oublié de vous dire que je vous compterai demain mille francs d'indemnité, afin que vous ayez le temps de vous pourvoir.

— J'habiterai provisoirement chez mon père, répondit Tiburce.

— Tout est pour le mieux de la sorte. Léa est bien belle, redoutablement belle, ajouta M. de Montgrand, vous connaissez mieux le monde que mon brave Jean Danglès, vous veillerez sur votre sœur comme sur une fleur rare, n'est-ce pas, Tiburce?

— Soyez-en certain, monsieur, quoique la fierté de Léa soit déjà une bonne conseillère.

— Je ne vous retiens plus, Tiburce, vous aurez sans doute des dispositions à prendre. Quant à ce qui me concerne je n'emporterai à Paris que ma bibliothèque et quelques petits meubles précieux. Vous aurez l'obligeance de veiller à mes chers livres, n'est-ce pas?

— Je le ferai avec grand soin, monsieur le comte.

— Ah! prévenez Mathias que le notaire de Nanteuil doit venir ce soir. Il le fera entrer ici... Vous lui recommanderez ensuite de fermer soigneusement les grilles et les portes après le départ de M<sup>e</sup> Refus.

— Je n'y manquerai pas, monsieur le comte.

Tiburce salua et sortit.

Il rencontra Mathias dans l'antichambre.

— M. le comte insiste pour que cette nuit vous déployiez une vigilance extrême, vieux Mathias; les grilles devront être fermées avec soin.

— Monsieur défend sa fortune, dit Mathias, et Monsieur fait bien. Tant que les *Abymes* lui appartenaient, c'était bon; les voleurs ne peuvent pas emporter un château ni des bois dans leurs poches, mais le notaire va remettre à M. le comte le prix des *Abymes* et les billets de banque... Voulez-vous savoir mon opinion, monsieur Tiburce ? Eh bien ! moi, je n'aime pas cette monnaie-là.

— Je suis certainement de votre avis, répondit Tiburce, d'autant plus que le pays est souvent sillonné par des étrangers qui demandent du travail sans souhaiter d'en trouver, mais qui, peut-être, ne reculeraient pas devant un mauvais coup. J'espère que M<sup>e</sup> Refus viendra au moins dans sa voiture et bien armé.

— Lui ! cela m'étonnerait fort. Il est bien imprudent, le brave homme, et croira faire beaucoup en emmenant son chien avec lui; je ne crois même pas qu'il songera à glisser un revolver dans sa poche. Comme vous dites, c'est bien imprudent.

— Dieu protège les notaires ! dit Tiburce en quittant Mathias.

Le jeune homme remonta chez lui.

Longtemps il marcha d'un pas saccadé, tandis que ses doigts nerveux s'enlaçaient.

— Ainsi, pensait Tiburce, ils ont vendu le château ; et, dans une heure, dans moins peut-être, le notaire entrera ici, les poches gonflées de valeurs, et leur remettra cinq, six cent mille francs, peut-être. Six cent mille francs ! C'est-à-dire assez d'or pour tenter la fortune, non pas sottement sur le tapis vert de Monaco, mais au jeu entraînant et terrible de la Bourse... Si j'avais entre les mains un capital de cette valeur, Paris m'appartiendrait dans deux ans. Et, quand je dis Paris, je n'exagère rien ; Paris est aux audacieux ! Est-ce cette force étrange, innée, dangereuse et fatale, qui me manque ? Non, je comprends toutes les hardiesses et j'aspire à tous les sommets. Je crois même posséder en moi une faculté rare : j'oublierai vite de quel échelon je me suis servi pour monter... Que feront les Montgrand d'une somme qui représenterait pour moi, pour Léa, un avenir féerique ? Rien. Ils placeront stupidement leur argent à trois pour cent, et ils vivront de leurs revenus. Tancrède deviendra secrétaire d'ambassade, et sa sœur... cette fière et ravissante Paule... On fait parfois des rêves confinant à la folie. Si Paule de Montgrand était la fille d'un négociant au lieu d'être l'héritière du comte Hector de Montgrand, on me l'accorderait pour femme... Oh ! être riche ! A défaut de naissance et de parchemins, posséder de l'or à n'en savoir que faire, et dire un jour à une belle mais orgueilleuse créature : « Satisfaites vos caprices et vos fantaisies, épuisez tout le luxe de ce Paris qui ne vit que de luxe, et vous me rendrez heureux, complètement heureux... » Est-ce que nous serons pauvres toute notre vie, moi et Léa ! Oh ! si je ne me trompe, Léa, plus que moi, a horreur de ce que certains appellent la médiocrité. Sa beauté la met au rang des femmes à qui toutes les ambitions sont permises, et ses talents précoces touchent presque au génie. Elle est de celles qu'un mystérieux esprit touche de son aile enchantée. Léa... Est-ce que cette créature de vingt ans, faite d'orgueil et de beauté, restera dans un milieu bourgeois ? Est-ce que cette jeune fille se heurtera à tous les angles des difficultés de la vie ? Elle lutterait moins bien que moi, peut-être...

Tiburce s'arrêta un moment ; le feu baissait dans l'âtre ; la clarté d'une bougie enveloppait les objets d'un jour douteux et triste.

Le jeune homme s'approcha de la fenêtre.

— Une triste soirée ! dit-il. La lune semble redouter d'apparaître sous les gros nuages noirs dont elle s'enveloppe... le vent souffle dans les feuilles prématurément jaunies... Oui, cette nuit est sombre et froide comme une nuit passée dans un cimetière abandonné... Un cri étouffé... C'est un engoulevent qui passe, mauvais présage pour ceux qui sont en chemin...

Il reprit sa marche saccadée et se mit à fredonner un vieil air qui revint à son esprit avec l'obstination d'un souvenir. C'était une ballade lugubre racontant la mort d'un voyageur assassiné sur la bruyère par un misérable avide de dépouilles.

— Pourquoi ce refrain? reprit Tiburce. Pourquoi? Oh! je ne puis cesser de songer à cet homme qui, en ce moment, vient de quitter Nanteuil et qui s'avance dans la campagne... seul, tout seul, avec son chien... témoin muet qui voit, mais qui ne raconte pas.

Le jeune homme colla son front contre les vitres, comme s'il espérait trouver dans ce contact glacé le calme dont il avait besoin. Mais ce fut en vain qu'il resta le visage appuyé contre le cristal givreux; les battements de son cœur s'accélérèrent au lieu de s'apaiser, et le trouble de ses pensées grandit jusqu'à lui causer une secrète épouvante.

— Est-ce que j'oserais frapper? murmura-t-il, en se laissant tomber dans un fauteuil.

Il demeura pendant plus d'une minute absorbé par de sombres pensées; puis subitement il se leva, ouvrit une armoire, y prit une paire de larges chaussures qu'il passa par-dessus ses souliers élégants; il changea sa jacquette pour un vêtement plus long et plus ample, mit dans sa poche une casquette de voyage, couvrit son front d'un vaste chapeau et se dirigea vers la porte.

Tiburce allait poser la main sur la serrure quand il se ravisa. Il oubliait sans doute quelque chose, car il ouvrit le tiroir de son bureau et tira un objet qui rendit un son clair en retombant sur la tablette du meuble. Cet objet disparut dans la poche profonde de son paletot.

Alors, sans bruit, avec les mouvements lents et étouffés d'une ombre, il descendit l'escalier, se glissa dans le vestibule, et, longeant les communs, il se dirigea vers la grille faisant face aux bois de M. de Montgrand.

Dès qu'il se trouva hors du château et du parc, toute hésitation disparut. Il hâta le pas en prenant la route descendant vers Tartrel, et qui devait lui permettre de rejoindre celle de Luzancy, puis il s'enfonça sous les ombres des arbres séculaires.

— Il me semble qu'il va t'arriver malheur. (Voir page 15.)

## CHAPITRE II

## SUR LA ROUTE

M. Antoine Refus, notaire de Nanteuil, était un homme de cinquante-cinq ans, gai de caractère, malgré sa figure embroussaillée par des cheveux et une moustache en désordre, aimant la pêche avec passion et son étude d'une façon platonique. Il la conservait uniquement parce qu'elle rapportait un excellent revenu, les habitants de Nanteuil achetant, vendant leurs terres

terres avec facilité, se mariant jeunes, testant plusieurs fois durant leur vie, et trouvant un plaisir extrême à se rendre ostensiblement chez leur notaire.

M⁰ Refus, marié à une femme charmante, un peu maladive, avait trois enfants au collège Henri IV et comptait céder ses panonceaux et sa charge d'officier public à l'aîné. Le cadet étudierait la médecine, et, si le dernier continuait à témoigner un vif sentiment religieux, il entrerait dans les Ordres. De cette façon il viendrait un moment où le curé, le notaire et le médecin de Nanteuil seraient les trois jeunes messieurs Refus, tandis que leur père administrerait la petite ville en qualité de maire.

Le dîner venait de s'achever, et Séraphine étendait ses pieds devant la flamme claire du foyer.

— Je t'en prie, dit-elle à son mari, fais-moi la lecture ce soir, j'ai des livres nouveaux sur ma table; prends l'un d'eux : rien ne berce mieux qu'une lecture bien faite. Et puis, ajouta Mme Refus, avec un sourire, tu possèdes un rare talent : tu lis bien...

— Voilà une flatterie qui mériterait au moins un acquiescement à ta demande, répondit le notaire; malheureusement, ce soir, il m'est impossible de passer la soirée près de toi.

— Tu as à travailler?

— Bien plus, je dois sortir.

— Où vas-tu?

— Au *Château des Abymes*.

— Si tard?

— Il est huit heures et demie.

— Vois donc comme le temps est sombre.

— Sois tranquille, je connais la route.

— Ne peux-tu remettre cette course à demain?

— Impossible. Le comte de Montgrand compte sur moi. Avoue qu'il y aurait de l'ingratitude à faire attendre un homme qui vient de signer dans mon étude un contrat de six cent mille francs, lequel contrat me laisse une fort jolie somme, destinée à réparer complètement ton appartement et à renouveler ton mobilier.

— Certes, répondit Séraphine, je suis très heureuse de cette chance inattendue, et je reste fort reconnaissante à M. de Montgrand ; mais cela ne me prouve pas que tu doives te rendre chez lui ce soir. Attends à demain.

— Demain ma journée sera prise depuis l'aurore jusqu'à la nuit. Je dois rédiger deux contrats, trois testaments et préparer un acte de vente. Je t'avouerai d'ailleurs que je serai fort aise de n'avoir plus ici les six cent mille francs que je viens de toucher. Il me tarde d'être débarrassé de cette grosse somme.

— Mais, Antoine, reprit Séraphine en se jetant à son cou avec une expression de terreur, si tu es tourmenté d'avoir chez toi les six cent mille francs versés par M. Grimbert, ne trembles-tu pas davantage à la pensée de les porter sur toi, ce soir... Il me semble qu'il va t'arriver malheur.

— Tu es folle, ma chérie, nous avons le bonheur d'habiter un pays où les crimes sont rares. Tout le monde me connaît de Saacy à La Ferté. Sois tranquille, bien tranquille! il ne m'arrivera rien de fâcheux. Si tu le souhaites, d'ailleurs, je puis prendre mes précautions...

— C'est cela, emporte ton revolver, n'est-ce pas ?

— Non pas, mais j'emmènerai mon chien. Les crocs de Pluton valent mieux que toutes les balles du monde.

Le notaire se leva, et passa dans son étude. Il prit dans un coffre-fort les six cent mille francs, produit de la vente du *Château des Abymes*, glissa le portefeuille dans la poche intérieure de son paletot; puis, embrassant tendrement sa femme, il lui dit :

— Je reviendrai vers onze heures, ne m'attends pas, cette veillée te semblerait trop longue.

Séraphine eut comme un frisson; elle n'osa point insister dans la crainte que son mari ne traitât ses appréhensions d'enfantillages; mais elle l'accompagna jusque sur le seuil et suivit la silhouette noire du voyageur, d'un regard qui s'emplit de larmes involontaires.

Le temps était trop sombre, en ce moment, pour que Séraphine aperçût plus longtemps Antoine Refus.

Elle rentra dans le salon, prit un livre, le quitta pour une tapisserie, abandonna celle-ci, et finit par rester engourdie dans une rêverie sans but, mais qui, progressivement, l'oppressait comme un cauchemar.

Il lui semblait que, le long de la route suivie par son mari, se multipliaient les dangers et les pièges. Elle croyait voir de fantastiques figures avancer vers lui des bras menaçants. Son oreille distinguait des bruits indéfinis, pleins de terreur et de mystères. Nature impressionnable à l'excès, Séraphine attachait une grande importance à ses pressentiments comme à ses rêves. Ses épouvantes secrètes lui semblaient autant de présages.

Pendant qu'elle s'absorbait dans une inquiétude que rien ne semblait devoir justifier, le notaire marchait allègrement sur la route.

Le froid était presque vif, le pied sonnait ferme sur le chemin.

De temps à autre, un nuage noir, courant sur le ciel, démasquait la lune brillante ; puis tout à coup une nuée la recouvrait, éteignait ses froids rayons et ses clartés blanches. Le paysage restait triste ; des arbres ou plutôt des taillis bordaient la route. On n'entendait en ce moment ni galop de cheval dans le lointain, ni roulement de charrette, ni joyeux claquement de fouet. Mᵉ Antoine cheminait seul sur la route conduisant aux Bondons, tandis que Pluton allait à droite, à gauche, surveillant la route et enveloppant son maître d'une surveillance attentive. Parfois, le chien s'arrêtait, la tête levée, les oreilles droites ; il flairait l'air, écoutait les bruits des bois, la course d'un lièvre, le saut d'un écureuil dans les branches. Un aboi bref témoignait de sa vigilance ; puis, subitement rassuré, il reprenait sa marche à côté de son maître.

Pluton était un chien de berger au museau aigu, au pelage fauve, aux yeux bruns et brillants. Son poil gardait de la rudesse, il avait le regard à la fois intelligent et affectueux. Les crocs aigus de sa gueule auraient pu donner à réfléchir aux plus entreprenants. Avec Pluton, Antoine se croyait mieux gardé que s'il eût eu deux domestiques pour escorte.

Le notaire songeait aux travaux de réparations qu'il commencerait au printemps. Il arrêtait dans sa pensée les tons de la peinture, le genre des papiers, la qualité des étoffes. Il songeait à l'appartement de son fils Henri, puis il meublait tour à tour la chambre de Gaspard et celle d'Antonin. Il se vieillissait par la pensée ; et il se voyait avec un peu de goutte, mais beaucoup de gaieté, entre une compagne toujours aimée et ses fils : couronne d'une vie passée dans une sphère d'autant plus heureuse qu'elle était restée dénuée d'ambitions.

La route diminuait devant lui. Dans un quart d'heure il sonnerait à la grille du *Château des Abymes*, et il souriait en se souvenant des alarmes de sa femme que la tendresse rendait peureuse.

Tandis que Mᵉ Refus s'avançait du côté de la grande entrée du château, un jeune homme conduisant une voiture légère montait de Luzancy aux Bondons et sonnait à la grille avec une impatience heureuse.

Le vieux serviteur qui lui vint ouvrir ne put retenir un cri de surprise en le reconnaissant.

— Comment ! vous voilà dans le pays, monsieur Posquères ! Eh bien ! il était temps que vous vinssiez aux *Abymes*, si vous souhaitiez y retrouver M. le comte ; dans quinze jours, nous serons tous installés à Paris.

— Je le prévoyais, mon vieux Mathias, répondit le jeune homme, en secouant tristement la tête. C'est donc un adieu que je dirai à cette terre, dont le souvenir ne m'a pas quitté au milieu des plus beaux paysages du monde. Dans une semaine, je monterai à bord d'un steamer partant pour l'Orient, et j'y emporterai, dans le cœur et dans les yeux, la fraîcheur de ce paysage et la grâce mélancolique de ces allées.

Le jeune homme fut immédiatement introduit.

En entendant ouvrir la porte du salon, le comte de Montgrand crut qu'Antoine Refus venait d'arriver, et il dit d'une voix sonore :

— Venez, mon cher notaire, et finissons-en avec les chiffres.

Remy Posquères s'approcha rapidement de M. de Montgrand.

— En attendant le notaire, dit-il, accueillez l'ami.

— Vous ! c'est vous, mon cher enfant ! fit le comte.

— Ah ! fit Remy, qu'un tel accueil me fait de bien... Permettez-moi de vous baiser la main, madame la comtesse, ces mains prodigues d'aumône... Oui, me voilà ! pour un moment, pour une heure encore, à ce foyer où souvent vous avez daigné m'accueillir.. J'y reviens comme on rentre dans une patrie, et vous savez combien souvent je suis exilé !

— Qu'êtes-vous devenu depuis trois ans? demanda la comtesse.

— Que ne suis-je pas devenu, plutôt? J'ai fait de la peinture, composé un opéra-bouffe que l'on a joué au Caire, modelé trois statues, écrit deux volumes de critique...

— Et vous êtes satisfait du résultat de vos travaux?

— Moi ! je bénis le ciel, chaque jour, d'une situation dont je vous dois l'honneur et la joie. Je suis connu, on m'accorde du talent. Je passe à travers le monde à la façon des météores. Je touche à tous les rivages, j'admire tous les chefs-d'œuvre, je m'enivre de toutes les poésies.

Le comte serra la main du jeune homme.

La conversation devint plus intime; M. de Montgrand parla de ses projets, de la vente du château, il invita l'artiste à le venir voir souvent à Paris. De vieux souvenirs s'éveillèrent et battirent des ailes pendant cette causerie, et ce fut seulement au moment où la pendule sonna dix heures et demie que Remy Posquères eut conscience du temps qui s'était écoulé depuis son entrée dans le salon.

— Je me reprocherais vivement de vous avoir fait veiller tard, dit-il, si Mathias ne m'avait prévenu que vous attendiez quelqu'un.

— Oui, fit M. de Montgrand, M° Refus me devait apporter une grosse somme, toute ma fortune ou à peu près, mon cher enfant. Mais la prudence a sans doute primé l'exactitude, et Mme Séraphine Refus n'aura point permis à son mari de quitter sa petite maison de Nanteuil.

Remy serra, avec un respect affectueux, les mains qui se tendaient vers lui.

— Quand nous reverrons-nous? demanda le comte.

— A mon retour d'Orient.

— Et vous y resterez?

— Dieu le sait! répondit le jeune homme, deux ans au moins.

Un moment après, il remontait dans sa voiture et prenait les rênes de son cheval qui fila rapidement.

Le ciel avait complètement changé d'aspect; les nuages, balayés par un coup de vent, permettaient à la lune de se montrer dans toute sa clarté, et les étoiles scintillaient sur l'azur sombre. Le vent était frais, plein de parfums, et par cette nuit claire il semblait que nul spectacle effrayant ne pût s'offrir aux regards des hommes.

Et, cependant, quel drame terrible venait de s'accomplir sur la route que suivait Remy.

Antoine Refus se dirigeait paisiblement vers les Bondons, escorté par Pluton qui surveillait les taillis, lorsque tout à coup le chien s'arrêta, la tête dressée, l'oreille aux écoutes. Son instinct l'avertissait d'un danger, et son attitude commandait la vigilance à son maître.

— Allons, Pluton, dit celui-ci en passant la main sur les poils rudes et hérissés de son compagnon, ce n'est rien : un lièvre, un lapin, un écureuil. Viens vite!

Le chien resta immobile, puis il tourna la tête vers la droite de la route.

— Ici, Pluton! répéta Refus.

Le chien gronda sourdement.

M⁰ Refus l'attira par le collier et pressa le pas.

D'un brusque mouvement, Pluton se dégagea, et, comprenant que son maître n'avait nulle intuition du danger qui le menaçait, il se rapprocha de la lisière du bois et aboya d'une façon lugubre.

Au même moment un homme sortit du fourré.

Antoine Refus le vit, mais les braconniers sont nombreux dans le pays; il savait que le brigadier Claude Freneux en guettait un depuis plusieurs nuits, et il pensa que l'individu s'avançant sur la route était un de ceux qui chassaient les lièvres à l'aide d'engins prohibés.

Peut-être allait-il lui adresser la parole, mais il n'en eut pas le temps

D'un bond, l'homme le rejoignit, entoura son cou d'un de ses bras ; puis, de la main droite, levant un large couteau, il l'enfonça dans la poitrine du notaire.

Pluton rejoignit son maître d'un seul élan ; il se précipita sur l'assassin, mais celui-ci gardait sa lame sanglante soudée pour ainsi dire au poignet, et le chien la reçut tout entière dans la gorge. Il lui resta cependant assez de force pour saisir entre ses mâchoires la main gauche du meurtrier qui poussa un cri de rage, frappa Pluton pour la seconde fois, dégagea ses doigts broyés et traîna jusqu'au fossé le chien qui, tout râlant, s'était couché sur le corps de son maître.

Le misérable ouvrit ensuite les vêtements du notaire, prit dans une poche intérieure le portefeuille gonflé de billets de banque, le fit lestement glisser dans sa poitrine : puis il laissa sur la route le corps d'Antoine Refus qu'agitaient les derniers soubresauts de l'agonie.

Le ciel était devenu clair, et la lumière blanche de la lune tombait sur le cadavre qui, les bras étendus et la face tournée vers le ciel, paraissait lui demander justice.

Si la vie n'était pas éteinte dans ce cœur ouvert, si la pensée s'agitait encore dans ce cerveau, Dieu seul le savait. Le corps demeura rigide sous les rayons blafards de la lune, et lentement passèrent les minutes, puis les heures que sonnaient dans l'éloignement les clochers des villages voisins. Le drame s'était accompli dans l'ombre, et l'œil qui ne se ferme jamais, l'œil du Seigneur, avait seul pu voir le visage de l'assassin.

Vers onze heures, un bruit, d'abord très faible, mais qui ne tarda point à se rapprocher, se fit entendre. Il se composait du son argentin d'un collier de grelots, de la chanson monotone d'un voiturier et du pas alourdi d'un vieux cheval.

Bientôt un long véhicule devint visible.

C'était une de ces voitures qui sont à la fois des magasins et des maisons. Celle-là était peinte en brun et s'égayait sur les côtés de deux persiennes vertes ; la porte du fond avait un vitrage. Dans l'intérieur se trouvait ménagées deux chambres, l'une pouvant servir de cuisine et de salle à manger, l'autre contenant les lits de la femme et des enfants.

Quant au père, il restait assis sur le siège et conduisait le cheval maigre.

La famille Ségaud allait de bourg en bourg, de village en village, vendant aux ménagères des casseroles et des poêlons, étamant la batterie de cuisine endommagée. Elle menait une existence nomade, privée d'aisance et de repos ; mais la vie du père avait été prématurément usée par le travail mortel de la meule, et il s'était vu obligé de renoncer à son état pour sauver une santé dangereusement menacée.

La famille de Ségaud était nombreuse : cinq enfants se pressaient dans la chambre étroite et dormaient au roulis de la voiture, à la musique des grelots, au refrain monotone du père.

Celui-ci interrompit subitement sa chanson, et tira la bride de Coco avec une violence qui fit cabrer la bête dans ses brancards.

Ségaud venait d'apercevoir sur la route un obstacle dont il ne pouvait définir la nature.

Le cheval souffla comme pris d'épouvante, et le voiturier, sautant à terre, s'avança vers un corps roide et sombre placé au travers du chemin.

— Un homme ! fit-il, Dieu sait que j'ai failli l'écraser !

Ségaud se baissa vers le sol.

— Allons, l'ami, fit-il, en posant la main sur l'épaule de celui qu'il prenait pour un ivrogne, relevez-vous, que diable ! et tâchez de vous coucher ailleurs...

Mais Ségaud n'en dit pas davantage, le visage de l'homme lui parut blafard, et, quand sa main l'effleura, il le trouva glacé.

— Il est arrivé un malheur ! fit-il.

Alors, prenant le cheval par la bride, il le força à reculer, rangea la voiture sur un côté de la route ; puis, ouvrant rapidement la porte à vitrage, il appela d'une voix contenue afin de ne pas réveiller les enfants :

— Victoire ! Victoire !

— Que veux-tu ? demanda la femme ensommeillée.

— Passe un jupon, dit Ségaud, prends la lanterne de la voiture, et viens m'aider ; nous avons peut-être une triste besogne à faire.

Victoire se vêtit à la hâte, calma d'un mot les enfants qui, n'étant plus bercés par la marche de Coco, se soulevaient dans leurs lits ; puis elle rejoignit Ségaud, s'agenouilla sur le sol et abaissa la lanterne vers le visage du corps immobile.

— Ce malheureux a été assassiné ! fit le marchand ambulant ; je viens de mettre ma main dans sa poitrine pour chercher les battements du cœur, et je l'ai retirée toute rouge...

— Peut-être n'est-il qu'évanoui, reprit Victoire. Nous ne pouvons laisser un pauvre chrétien sans secours ; à nous deux, nous parviendrons bien à le hisser dans la voiture... Tu l'étendras sur ma couchette, nous gagnerons La Ferté, et tu réveilleras le pharmacien.

— Tu as raison, fit Ségaud, prends le corps par les jambes, je le soulèverai par les aisselles.

— Bien ! fit la femme.

Elle saisit les pieds du notaire, tandis que Ségaud l'enlevait par les bras et tous deux se dirigèrent vers la voiture.

— Polichinelle ! cria Victoire, allume la chandelle.

Une seconde après, on vit briller une maigre clarté dans l'intérieur de la voiture, et la figure pâle et triste d'une enfant apparut près de la porte à vitrage.

Ségaud se mit à marcher à reculons, puis il chercha les degrés de son véhicule, se hissa sur le premier et allait gravir le second, quand un nouvel arrivant posa la main sur l'épaule de la femme.

— Que faites-vous ? demanda Claude Freneux. Que se passe-t-il ici ? Que est ce corps que vous introduisez dans votre charrette ?

— Ah ! c'est vous, monsieur le brigadier, dit Ségaud ; eh bien ! la Providence vous envoie à propos. Comme j'arrivais à cette partie de la route où vous voyez encore la lanterne de la voiture, j'ai entrevu un obstacle dont je ne pouvais définir la nature, et, après avoir mis pied à terre, j'ai vu qu'il s'agissait d'un homme, et d'un homme ayant reçu un mauvais coup.

— Bah ! fit le gendarme, un assassinat ?

— Cela y ressemble grandement... Nous allons étendre le malheureux sur ce petit lit, et vous jugerez vous-même.

— Qu'alliez-vous faire ? demanda le brigadier d'une voix assez brève.

— L'emporter à La Ferté, dans notre voiture. Vous comprenez bien qu'il est impossible de trouver du secours ici.

— Vous êtes plus près des Bondons que de La Ferté, fit observer Claude Freneux.

— C'est vrai, mais les Bondons n'ont pas de pharmacien.

Tandis que le marchand ambulant et le gendarme échangeaient ces mots, Victoire et son mari étendaient le corps de Refus sur la banquette servant de lit à la famille.

Le brigadier prit la chandelle que tenait l'enfant épouvantée, et, approchant du visage glacé, il s'écria :

— M. Refus !

— Vous connaissez cet homme ? demanda Ségaud.

— M. Refus est notaire à Nanteuil.

— Que faire ? demanda Ségaud.

— M. Refus assassiné ! murmura le gendarme. Lui, le plus doux, le meilleur des hommes. Certes il n'y a point là-dessous d'histoire de vengeance, tout le monde l'aime dans le pays. On l'a tué pour le voler...

Il demeura un moment silencieux, tirant sa longue moustache ; puis il prit une résolution, et dit à Ségaud :

— Allons à l'habitation la plus proche ; il sera facile d'envoyer chercher un médecin à La Ferté. Vous connaissez la route des Bondons?

— Oui, monsieur le brigadier.

— Remontez donc sur votre siège ; allez au pas, et conduisez-moi au *Château des Abymes*.

Ségaud replaça sa lanterne et monta sur le siège de son véhicule sans faire aucune objection.

L'intérieur de la voiture présentait un étrange spectacle. Sur le lit de Victoire, se trouvait, à demi couché, le cadavre du notaire, dont la tête s'accotait dans l'angle. Agenouillée à ses pieds, la femme de Ségaud priait, tandis que le gendarme, assis sur le bord d'une autre couchette faisant face au lit de famille, regardait, sans parler, le visage livide d'Antoine et paraissait chercher la solution d'un sinistre problème.

La petite fille qui tenait la chandelle restait debout, appuyée contre la cloison. C'était une enfant de quatorze à quinze ans, assez grande, contrefaite. Sur sa poitrine apparaissait une gibbosité énorme, et son dos portait une seconde bosse non moins disgracieuse. Son visage mince et pâle ne manquait pas d'une sorte de grâce triste. Des cheveux d'un joli blond s'éméchaient sur ses épaules, et les grands yeux qu'elle fixait sur le cadavre exprimaient à la fois la compassion et la douceur. Elle s'absorbait dans ce triste spectacle, tandis que ses petits frères et ses jeunes sœurs, penchés sur le bord de leurs lits, avançaient une tête curieuse.

Personne ne parlait dans la charrette, mais les lèvres de la fillette s'agitaient comme si elle priait.

Il fallut vingt minutes à Ségaud pour arriver à la grille du *Château des Abymes*. Il descendit et sonna en homme pressé.

Le vieux Mathias arriva d'un pas traînant.

— C'est vous, monsieur le notaire? demanda-t-il. On vous a espéré toute la soirée, et M. le comte commence, je le crains, à s'impatienter... Si M. Remy Posquères n'était venu causer au coin du feu, je puis dire, sans offenser mon maître, que vous l'auriez trouvé d'assez mauvaise humeur.

C'était bien en effet le notaire, Antoine Refus, qui pénétrait en ce moment dans le parc des *Abymes*, mais Antoine sans parole et sans regard, Antoine glacé du froid de la mort, et qui ne pouvait plus attendre que le réveil éternel.

Claude Freneux descendit à son tour.

— Mathias, dit-il, allez prévenir M. le comte que M⁰ Refus a été assassiné sur la route à quelques pas d'ici, et que nous l'amenons dans cette voiture... Quoique nous n'ayons aucune espérance, nous souhaitons le déposer dans une chambre.

— Mon Dieu! mon Dieu! s'écria Mathias, la terrible affaire... Venez, monsieur Freneux... J'ouvrirai d'abord la chambre jaune; pendant ce temps, vous voudrez bien raconter vous-même l'événement à M. le comte...

Mathias et Ségaud transportèrent le corps; Victoire et les enfants restèrent dans les petites chambres de la voiture qui fut rangée non loin du portail, et les trois hommes s'acheminèrent vers le château.

Le comte et la comtesse de Montgrand s'expliquaient difficilement le retard apporté à la visite du notaire. Ils le savaient d'une exactitude minutieuse et s'étaient promis de l'attendre jusqu'à onze heures.

Il ne leur restait plus qu'un quart d'heure à passer près du feu, dont les lueurs s'éteignaient progressivement, quand la porte du salon s'ouvrit, et le brigadier Freneux parut sur le seuil.

Le comte de Montgrand le connaissait de vieille date et l'estimait beaucoup; aussi lui dit-il avec une grande cordialité :

— C'est vous, mon brave vous; venez me répéter que l'on braconne sur mes terres, je le sais bien! Mais désormais ce sont les terres de M. Grimbert, c'est à lui que vous devrez signaler les malfaiteurs.

— Je comptais, il est vrai, monsieur le comte, n'avoir à vous entretenir que d'une affaire de chasse, mais il est survenu des événements graves, très graves... Le notaire de Nanteuil...

— Eh bien? fit M. de Montgrand en se levant.

— ...vient d'être assassiné à un quart de lieue d'ici.

Le visage du comte exprima une pitié sincère.

— Le malheureux! s'écria-t-il.

Puis une seconde pensée traversa son esprit, et il ajouta :

— Assassiné... et dépouillé?

— Du moins, monsieur, je n'ai trouvé aucune valeur sur lui.

— Mais il devait avoir six cent mille francs, brigadier! six cent mille francs, produit de la vente des *Abymes*, et que M. Grimbert a versés aujourd'hui même à son étude.

— Si vous en êtes certain, monsieur le comte...

— Je crois être sûr que M. Refus devait porter cette somme sur lui, car il devait venir ici ce soir afin de me la remettre.

— Alors la supposition de monsieur le comte est juste, M. Refus a été volé.

— Est-ce vous qui avez découvert le cadavre ?

— Non, monsieur le comte, je suis arrivé au moment où un homme, qui parcourt le pays dans une voiture afin de vendre de la batterie de cuisine, allait placer le cadavre dans le véhicule.

— Vous ne savez rien de plus ?

— Rien... En ce moment, Mathias place le corps sur un lit ; si vous le voulez bien, vous enverrez à La Ferté chercher un médecin. En même temps on préviendra le commissaire de police de ce qui vient d'arriver.

M. et Mme de Montgrand se levèrent.

— Allons près de ce malheureux, Hector ; peut-être tout espoir n'est-il pas perdu.

Le gendarme suivit les maîtres des *Abymes*, et bientôt tous trois entrèrent dans une grande salle tendue d'étoffe jaune et garnie de meubles précieux en bois de rose. Le corps rigide venait d'être placé sur le lit, mais aucun soin ne pouvait ranimer le souffle dans la poitrine glacée et le regard dans les prunelles éteintes.

Alors Ségaud sortit de l'ombre dans laquelle il se tenait.

— Monsieur le brigadier, demanda-t-il, puis-je continuer ma route ?

— Votre route ? vous !

— Oui, monsieur, je me rends à une foire dans les environs...

— Vous ne quitterez pas la propriété de M. le comte, répondit Claude Freneux ; reposez-vous dans votre voiture. Demain les autorités vous interrogeront.

— Ne savez-vous point ce qui s'est passé ?

— Il se peut que je ne sache pas tout, répondit le gendarme entre ses dents.

Ségaud quitta la chambre, et rejoignit sa femme et ses enfants.

— J'avais toujours entendu dire, murmura-t-il, qu'on ne devait jamais couper la corde d'un pendu ni relever un cadavre ; je crois qu'on a raison, car qui sait, quand la justice se mêle d'une affaire, ce qu'il en peut résulter...

Il pénétra dans la petite chambre de la voiture et s'étendit sur un dur matelas, mais il ne put fermer les yeux.

Victoire appuya de ses affirmations la déposition de son mari. (Voir page 33.)

## CHAPITRE III

## PRÈS DU CADAVRE

Le comte et la comtesse de Montgrand s'installèrent dans la chambre jaune. Le premier mouvement de Hector avait été d'empêcher sa femme de s'occuper de ce qui venait de s'accomplir, mais le comte connaissait la fermeté d'âme de sa compagne, et il pensa qu'il l'offenserait en doutant de son courage en cette occasion.

En effet, si épouvantée que fût Pauline à la nouvelle de 'assassinat commis sur le notaire de Nantenil, elle retrouva vite sa présence d'esprit, ordonna de préparer des cordiaux, des linges, de chauffer de l'eau tiède. Quelque inutile que parût tout secours, elle voulait que le médecin trouvât sous sa main les objets dont il aurait besoin pour un premier pansement.

Ces soins remplis, Mme de Montgrand vint s'agenouiller près du lit funèbre. .

— Il manque quelqu'un ici, lui dit son mari, je vais envoyer chercher Danglès.

Le comte sonna, et Mathias parut.

— Priez M. Danglès de nous rejoindre ici, dit le comte.

Mathias sortit et monta au second étage où se trouvait l'appartement du jeune intendant.

Il y frappa sans obtenir de réponse, et il s'apprêtait à redescendre quand il lui sembla voir briller une lumière dans la salle de la bibliothèque.

Tiburce avait l'habitude d'y travailler à une heure assez avancée; et ne s'étonna donc point de le trouver debout.

Quand il ouvrit la porte de la bibliothèque, il aperçut, sur les tables et les crédences, une grande quantité de livres descendus de leurs rayons de bois de rose. En ce moment même, Tiburce écrivait, entouré d'une énorme pile de volumes.

— Monsieur, dit-il d'une voix altérée, monsieur Danglès...

Le jeune homme se retourna rapidement.

— Vous m'avez effrayé comme le pouvait faire l'apparition d'un fantôme, dit-il.

Son visage était très pâle, et il tremblait visiblement.

— Si je ne suis point un revenant, je n'en vaux guère mieux, répondit Mathias; à défaut de fantôme, nous avons la mort dans la maison, et m'est avis que c'est une méchante visiteuse.

— La mort! la mort! répéta le jeune homme. Qui donc est mort ici?...

— Personne du château, grâce à Dieu; il n'empêche que M. le comte et Mme la comtesse sont près du cadavre et vous demandent de venir prier avec eux.

— Voyons, Mathias, expliquez-vous... Qu'est-il arrivé? Quel est ce cadavre? La peur semble vous avoir troublé l'esprit.

— Je ne l'ai jamais eu bien fort, monsieur Tiburce; et la vue du sang me retourne comme si j'étais un enfant... Ce pauvre M. Refus...

— Il s'agit du notaire de Nanteuil?
— Oui, monsieur.
— Assassiné?
— Sur le grand chemin.
— Cela est vraiment horrible, Mathias!...
— ...et digne de la vengeance de Dieu et de celle des hommes, monsieur!
— Et, demanda Danglès plus lentement, vous ne savez que cela?
— N'est-ce pas trop déjà?
— Sans nul doute, c'est un irrémédiable malheur; mais, en ma qualité d'intendant, je m'occupe d'abord des questions de chiffres... Or, M. Refus devait ce soir remettre à M. le comte six cent mille francs, produit de la vente consentie à M. Grimbert... Ces six cent mille francs ont-ils été trouvés sur M. Refus?

— Vous pensez bien, monsieur, répondit Mathias, que le premier sentiment de mes maîtres a été la pitié. Le jardinier est en ce moment sur la route de La Ferté, et sans doute il en ramènera le médecin et le prêtre... Quand tous deux auront terminé leur office, les magistrats commenceront le leur, et l'on apprendra si le notaire portait ou non sur lui l'argent de la vente des *Abymes*.

— Ce serait une ruine! une ruine! murmura Tiburce d'une voix étouffée.

— Oh! mon Dieu! fit Mathias, je n'avais point encore vu que vous avez la main gauche entourée de bandages. Vous vous êtes blessé, monsieur Danglès?

— Pas dangereusement, répondit le jeune homme, mais le plus sottement du monde. J'avais souvent fait observer à M. de Montgrand que les pieds de la bibliothèque ne se trouvaient point suffisamment calés; et ce soir, tandis que j'enlevais des volumes, le lourd panneau est retombé sur ma main qui s'est trouvée prise entre le meuble et la porte. Les ferrures m'ont déchiré le dessus de la main, et je viens de l'envelopper par précaution. Essuyez donc le panneau, je suis sûr qu'il y reste du sang.

— Et de vrai il y en a, fit le domestique. Ne voulez-vous point de l'eau de lierre terrestre?... Mais, j'y songe, le docteur va venir pour le pauvre corps étendu dans la chambre jaune; il pansera votre blessure en même temps...

— Je vous en prie, Mathias, répondit Tiburce avec vivacité, ne parlez à personne de ce léger accident. Vous savez combien le comte, qui est très dur pour lui-même, se montre craintif et inquiet quand il s'agit des autres... Il changerait cette égratignure en blessure grave et profiterait de ce prétexte pour me condamner au repos. Or, ce soir même, il m'a recommandé de m'occuper de sa bibliothèque qu'il emporte à Paris. Pour rien au monde je ne voudrais manquer à remplir cette tâche.

— C'est bon, monsieur Tiburce, je me tairai. Il n'importe ! je vous apporterai de l'eau de lierre terrestre, et, à l'occasion, je vous donnerai un peu d'aide.

Mathias releva la pointe de son tablier sur lequel se voyaient les traces du sang.

— Mauvaise nuit, monsieur Tiburce, mauvaise nuit ! Je me suis tu, parce que les affaires des maîtres ne sont pas les miennes ; mais, quand j'ai su qu'on voulait vendre les *Abymes*, je me suis dit que, en quittant ce château où ils avaient vécu si tranquillement, M. le comte et Mme la comtesse allaient au devant du malheur.

— Venez, Mathias, dit Danglès.

Le domestique prit sa lampe et laissa dans la bibliothèque celle de l'intendant ; puis il descendit l'escalier, suivi par le jeune homme.

Celui-ci gagna la chambre jaune d'un pas lent et pour ainsi dire réfléchi. Il avait caché sa main blessée dans sa poitrine, et, quand il entra dans la salle, il resta en dehors de la zone lumineuse projetée par les candélabres.

— Ah ! vous voilà, Tiburce, fit le comte ; j'ai souhaité que vous passiez avec nous cette veillée funèbre ; nous ne serons jamais trop à nous affliger et à prier près de ce malheureux que je considérais comme un ami.

— Il est mort ? demanda le jeune homme d'une voix atterrée, bien mort ?

— Plût à Dieu qu'il y eût encore une espérance ! Le souffle ne passe plus sur les lèvres, le cœur est sans battements, et il me semble que la rigidité cadavérique s'empare de ce pauvre corps...

La comtesse de Montgrand ouvrit un volume de prières et lut les psaumes de David à haute voix.

On n'entendait, dans le silence de cette nuit d'octobre, que sa voix claire et douce et le pétillement de la flamme rapidement allumée.

Une heure se passa dans ce recueillement sinistre, au milieu duquel s'élevait la voix de la créature implorant la miséricorde du Créateur ; puis le bruit d'une voiture se rapprocha, le grincement de la grille se fit entendre, et Mme de Montgrand ferma son livre.

Un moment après, le médecin et le prêtre pénétraient dans la salle.

Le docteur marcha rapidement vers le lit. Durant le trajet, Mathias lui avait raconté les événements de la nuit. D'une main sûre, il dégagea la poitrine de Refus, l'ausculta, sonda la plaie, puis secoua la tête.

— Monsieur l'abbé, dit-il, ce malheureux n'a plus besoin de moi.

— Mort? demanda le comte.

— La main qui l'a frappé l'a tué d'un seul coup; il n'a pas même dû souffrir.

Le prêtre s'agenouilla; le médecin resta debout respectueusement et comme absorbé dans une prière muette; puis, appuyant légèrement la main sur l'épaule de M. de Montgrand :

— Monsieur le comte, dit-il, si mes soins ne peuvent être d'aucune utilité, dans quelques heures la justice aura besoin de mon ministère pour les constatations légales. Permettez-moi de passer chez vous le reste de la nuit, et laissez-moi ajouter un conseil à cette prière... Le spectacle qu'elle a sous les yeux ne vaut rien à Mme de Montgrand, nature excessivement nerveuse. Ordonnez-lui le repos, au nom de votre tendresse; j'ajouterai même : employez, s'il le faut, votre autorité de mari. Vous êtes homme, vous êtes fort; vous veillerez, s'il vous convient, ce malheureux avec l'abbé Chasliau et votre intendant. Quant à moi, je vais rédiger mon appréciation, et les magistrats trouveront cette pièce à leur arrivée.

Le comte sortit sans bruit avec le docteur Brun.

— Où pourrai-je travailler? demanda celui-ci.

— Dans la bibliothèque.

Tous deux montèrent l'escalier.

— Tiens! fit le comte avec surprise, elle est encore éclairée.

Il poussa la porte, et, voyant les livres épars sur les meubles :

— Ce pauvre Tiburce exagère le dévouement, fit-il, je lui ai dit de se charger du déménagement de mes livres, et il a cru devoir commencer ce labeur cette nuit même. Ah! c'est bien un Danglès! exact et dévoué, comme le furent son aïeul et son père.

— Vraiment? fit le docteur en levant la tête.

— Que signifie cette parole, docteur? Elle semble l'expression de la surprise.

— Je l'avoue. Tiburce ne m'inspire pas la même sympathie que le vieux Jean Danglès.

— Certes, fit le comte, il existe entre eux une grande différence. Jean ne savait que faire régulièrement le compte de mes biens, et Tiburce a appris le latin et le droit; peut-être son ambition dépasse-t-elle celle de son père! Mais je n'ai jamais eu le moindre reproche à lui adresser.

— N'attachez aucune importance à ce que je viens de vous dire, reprit le docteur. Appréciation de physionomiste, voilà tout! Je serais désolé de nuire, même par une pensée, à votre opinion sur le fils de si braves gens... Voici du papier, des plumes, laissez-moi seul... Faites rentrer Mme de Montgrand chez elle... A la première heure, les magistrats seront ici... Comme je passais devant la porte du juge de paix, je l'ai fait prévenir; il arrivera demain, à l'aube, avec le commissaire de police; le télégraphe porte la nouvelle du meurtre à Meaux et à Melun.

— Et la malheureuse femme de Refus! s'écria M. de Montgrand.

— Un prêtre seul pourra lui apprendre cette nouvelle terrible; en lui parlant du mort qu'elle aimait, il lui parlera de Dieu qui prend soin des orphelins et des veuves.

— Vous avez raison, docteur... Je retourne à ma veillée funèbre.

Il fallut que M. de Montgrand employât toute son autorité pour décider sa femme à prendre quelque repos.

Marion l'entraîna dans sa chambre, lui fit boire une potion calmante et l'obligea à se jeter sur son lit. Une heure après, vaincue par la fatigue, la comtesse tombait dans un lourd sommeil dont ne la tira même pas le bruit que firent deux voitures arrivant de La Ferté. L'une amenait le juge de paix; l'autre, le maire et le commissaire de police.

Le garde champêtre, le brigadier Claude Freneux et deux autres gendarmes se tenaient devant la façade du château.

Le commissaire de police et le juge de paix de La Ferté procédèrent à un premier interrogatoire.

Deux personnes seulement pouvaient fournir quelques détails : le brigadier Claude Freneux et le marchand forain.

— Monsieur le juge de paix, dit le brigadier, je suis sorti hier de la maison à neuf heures du soir. Divers rapports et mes propres observations m'avaient convaincu que François Bichu, surnommé *Ouvre-l'Œil*, braconnait chaque nuit dans les bois de M. de Montgrand et des propriétaires voisins. Je donnai des ordres à mes camarades, et nous nous partageâmes le pays. J'avais des raisons pour croire que Bichu monterait de Reuil, où il habite, à travers le petit bois, et gagnerait les Bondons sous le couvert. Je me portai sur la route de La Ferté, et j'attendis. Le matin, j'avais trouvé des collets à côté de plusieurs terriers, et mon homme ne pouvait manquer de venir chercher son gibier. Je marchais sans bruit à travers le taillis, me cachant souvent parmi les branches. Il me sembla voir de loin mon homme, et je me glissai en rampant vers l'endroit où j'avais cru le reconnaître, mais je m'étais trompé; et, après avoir perdu beaucoup de temps à une poursuite inutile, je revins du côté de la route. En ce moment, j'aperçus une lumière immobile, puis j'entendis pousser un cri. Il me fut impossible de me rendre compte, au premier moment, de ce qui se passait sur la route. Cependant, des sons de grelots parvinrent jusqu'à moi. De plus en plus curieux, je me coulai sous le taillis, et je ne tardai pas à voir une lourde voiture arrêtée sur la route; puis un homme et une femme en descendirent et soulevèrent un pesant fardeau. Je les rejoignis rapidement, et je constatai que tous deux s'efforçaient de monter dans la voiture un cadavre encore tiède. Je reconnus immédiatement, dans la victime, M. Refus, notaire de Nanteuil ; quant à Ségaud et à Victoire, ils déclarèrent avoir aperçu le corps en travers du chemin et l'avoir transporté par humanité dans leur voiture.

— Pouvez-vous indiquer combien de temps s'était écoulé depuis le crime?

— La chaleur vitale n'était pas tout à fait éteinte, voilà seulement ce que je sais.

La déposition de Ségaud n'apprit rien de plus aux deux magistrats.

Tout le monde connaissait dans le pays le marchand forain.

Ségaud avait commencé dès l'âge de quinze ans à piquer la meule dans un des ateliers de La Ferté. Il travailla d'abord avec une sorte d'emportement, gagna des salaires énormes, et, conseillé par sa mère, il réalisa quelques économies. Tant qu'elle veilla sur lui, la conduite de Ségaud fut exemplaire. Mais elle le quitta avant qu'il eût vingt ans, et Ségaud ne tarda point à se trouver pris dans un double engrenage : l'amour du plaisir, et le commencement de cette maladie terrible au devant de laquelle court le meulier avec une imprudence dont rien ne semble pouvoir le préserver. Certes, s'il avait résisté à l'entraînement de l'exemple, Ségaud aurait pu conjurer les premières atteintes du mal, changer de métier et respirer l'air de la campagne, au lieu de laisser pénétrer dans ses poumons la poussière d'acier qui les emplit et les dévore. Il piqua la meule, et il s'enivra pour lutter contre les premiers symptômes du mal. Un moment on crut qu'il pouvait être sauvé. Une jeune fille sage et douce l'épousa et reprit le rôle de la mère. Ségaud fit les moissons, s'occupa de jardinage, et l'on devait croire qu'il avait pour jamais renoncé à son terrible métier, quand le souci d'une nombreuse famille le ramena dans les ateliers. Il n'y resta pas longtemps. Le médecin déclara qu'il n'avait pas trois mois à vivre s'il ne renonçait à la meule, et ce fut alors que Victoire, aussi industrieuse que vaillante, songea à devenir propriétaire de la voiture d'un vieil étameur qui souhaitait céder son fonds et sa clientèle.

Cette vie nomade, ce métier facile guérirent le meulier. L'apprentissage ne fut pas long; les économies de Victoire payèrent le véhicule, le cheval poussif et la marchandise; et, en peu de temps, Ségaud, devenu marchand forain, fut connu dans tous les petits pays environnants. Il se montrait accommodant avec les pratiques, doux avec les enfants; sa famille intéressait. On aimait tout de suite Victoire et les petits, même jusqu'à cette créature disgraciée que l'on appelait Polichinelle.

Ce nom cruel lui avait été jeté un jour à la face avec une poignée de boue par de méchants garçons sortant de l'école; ses frères l'avaient retenu, et, sans songer quelle douleur ils allaient infliger à leur sœur aînée, ils répétèrent à satiété le nom de Polichinelle, qui peignait, d'un seul mot, sa douleur et sa disgrâce. Ni Ségaud ni sa femme n'imposèrent silence aux petits; peut-être ne comprirent-ils pas bien que cette enfant pâle et contrefaite souffrait cruellement de sa laideur. Ils oublièrent que, au baptême, ils lui avaient donné un nom harmonieux et pur, le nom de Véronique; et, pour tous, la petite bossue devint et resta « Polichinelle ».

Du reste, en dépit de ses efforts pour aimer la créature qui, la première, lui avait fait connaître les joies de la maternité, Victoire se trouva trop humiliée par la laideur de cette enfant pour s'attacher grandement à elle. Dès que Charlot vint au monde, Polichinelle fut oubliée dans un coin de la voiture avec le chien Onak et un geai privé. Polichinelle obtint rarement une caresse, et sa mère n'adoucissait pour elle sa voix et son regard que quand la pauvre disgraciée réussissait à distraire ou à consoler Charlot. A mesure que s'augmenta la famille, la peine de Polichinelle doubla. Elle fut la seconde mère de tous et de chacun, et devint responsable de leurs cris, de leurs maladresses et de leurs défauts. Elle ne connut plus ni repos ni joie, et, quand, lasse de sa journée, les bras alourdis à force de porter les enfants, elle tombait sur une botte de foin dans l'angle de la charrette nomade, une voix railleuse lui criait encore :

— Bonne nuit, Polichinelle !

Alors, mettant ses poings sur ses yeux, elle pleurait sans bruit, dans la crainte de réveiller les cruels qui, après lui avoir ravi la tendresse de sa mère et celle de Ségaud, ne lui permettaient pas même de s'endormir dans une pensée de consolation et de prière.

Ces détails intimes n'étaient point connus des clients de l'étameur. Quand une mère de famille apercevait la pauvre bossue, elle plaignait bien davantage la Ségaud que Polichinelle. A quoi pouvait être bonne, en effet, cette enfant maigre et blême, dont la double bosse inspirait le rire sans jamais exciter la pitié?

Les Ségaud ne s'arrêtaient nulle part.

Quand ils travaillaient dans une commune, Victoire dételait le cheval, et un des enfants le menait paître le long des fossés. On n'avait jamais suspecté la bonne foi de l'ancien meulier, mais il manquait de parenté et n'avait nulle attache dans le pays. Demi-commerçant, demi-bohême, il était de ceux sur qui peut très vite s'arrêter le soupçon.

Cependant la pensée que Ségaud, au lieu de relever le corps du notaire dans un sentiment de pitié, s'était efforcé de le cacher dans sa voiture afin de dérober à tous la trace d'un crime, ne vint ni au juge de paix ni au commissaire de police de La Ferté.

Ils interrogèrent Ségaud minutieusement, patiemment, mais sans témoigner à son endroit la moindre suspicion.

Les réponses du marchand forain furent conformes à la vérité; Victoire appuya de ses affirmations la déposition de son mari; quant aux enfants, ils ne purent rien dire, car ils n'étaient sortis de leur sommeil qu'au moment où Victoire et son mari apparaissaient dans le cadre de la porte, en même temps que le brigadier.

Le médecin lut son procès-verbal, dans lequel il détailla, avec grande abondance de technologie, le genre et la dimension de la plaie, la nature de l'arme qui avait servi à la perpétration du crime, et la façon dont le coup mortel avait dû être porté.

— A mon avis, dit le docteur, l'assassin a surpris M. Refus par derrière, a paralysé ses mouvements à l'aide du bras gauche, et l'a frappé de la main droite, de haut en bas. La mort a dû être instantanée.

Ces renseignements étaient pris, quand le parquet de Melun arriva au *Château des Abymes*. De ce moment, l'affaire prenait une face nouvelle. Les interrogations allaient devenir pressantes, et la justice commencerait sa véritable enquête.

Les magistrats furent accueillis par le comte de Montgrand avec une courtoisie parfaite, et ce fut à lui que le juge d'instruction s'adressa tout d'abord.

— Monsieur, lui dit le comte, pendant les premiers instants nous sommes tous restés écrasés par le terrible événement, je commence seulement à retrouver la force de réfléchir, de vous répondre et de songer à moi-même. La douleur que va ressentir Mme Refus m'a tout d'abord plus préoccupé que la situation qui va peut-être m'être faite par ce crime... Voici le billet que j'ai reçu ce matin de mon notaire, billet dans lequel vous trouvez cette ligne : « Je vous porterai ce soir même les six cent mille francs que m'a remis M. Grimbert. »

— Ainsi, demanda le magistrat, vous pensez que M. Refus avait sur lui six cent mille francs?

— Je le crains.

— Le vol aurait alors suivi l'assassinat?

— Cela doit être... Je vous avoue qu'à présent monsieur, ce doute me poigne l'âme d'une façon terrible ; si M. Refus avait sur lui le produit de la vente des *Abymes*, je suis ruiné...

— Il se peut qu'il ait réfléchi à l'imprudence qu'il y aurait, de sa part, à porter dans un portefeuille une somme pareille quand on est seul sur la route... M. Refus n'était pas armé, puisque le brigadier n'a vu ni pistolet ni couteau sur la route près de la flaque de sang... Du reste, nous avons besoin d'un renseignement précis à cet égard, et monsieur le juge de paix voudra bien se transporter à Nanteuil, en usant de notre voiture, et s'informer près de Mme Refus de ce qui s'est passé hier... Je ne crois pas utile de lui apprendre subitement toute la vérité; elle la saura toujours trop tôt... On la dit d'une santé chancelante. Un premier clerc pourra d'ailleurs vous renseigner d'une façon suffisante.

Le juge de paix partit pour Nanteuil, tandis que les magistrats de Melun poursuivaient leurs interrogatoires.

Séraphine ne s'était pas couchée; elle était renversée sur le dossier d'un fauteuil, quand la jeune servante entra dans sa chambre et lui dit d'une voix mal assurée :

— Madame, le premier clerc m'envoie vous demander si M. Grimbert a versé hier les fonds à votre mari...

— Mon mari! oui, Justine ; les fonds ont été versés... Savez-vous quelque chose? Je suis tellement inquiète... voyez-vous, je redoute un malheur...

— Monsieur aura couché aux *Abymes*, madame. Cela lui est arrivé déjà, il me semble... Sans doute le comte de Montgrand...

— Vous avez raison, Justine... On l'aura gardé... Quelle angoisse depuis hier!... Je ne saurais attendre davantage, je vais le rejoindre, Justine... Un manteau et un chapeau, ma fille...

— Madame est bien faible, dit la servante.

— Non, non. La course me ranimera, au contraire... vite, vite !

La servante perdait la tête; on lui avait défendu de rien dire, des larmes lui montaient à la gorge; elle porta machinalement à sa maîtresse les objets que celle-ci lui demandait.

Séraphine descendit l'escalier en chancelant.

En bas, elle trouva le juge de paix causant avec animation avec le premier clerc.

— Oh! monsieur, lui dit-elle, monsieur, je suis dans une mortelle inquiétude ; quand mon mari m'a quittée hier pour se rendre aux *Abymes*, il portait sur lui six cent mille francs en billets de banque... Je me sens devenir folle au sein de cette terreur et de cette angoisse.

— Voulez-vous m'accompagner aux *Abymes?* demanda gravement le magistrat.

— Oui, oui, monsieur, il me semble que votre présence me protégera contre des malheurs que je redoute... Hier, j'avais l'esprit rempli de pressentiments funèbres... Je ne voulais point qu'il fît cette course, qu'il emportât cet argent... Il insista, il partit... Et je ne l'ai pas revu... Il a pu être arrêté, que sais-je!... J'ai peur, j'ai peur!

Le magistrat, homme d'esprit et de cœur, rassura l'infortunée, sans cependant nier d'une façon absolue la possibilité d'un accident. Avec des précautions infinies et ce tact qui ne l'abandonnait jamais dans les circonstances difficiles, il lui parla de ses enfants et donna pour ainsi dire le pas à cette tendresse sur toutes les autres ; il s'efforça de rattacher à cet amour puissant celle qui bientôt allait pleurer sur le cadavre de son mari.

A peine le magistrat fut-il entré aux *Abymes*, qu'il fit mander l'abbé Chasliau et lui dit :

— Vous êtes le disciple d'un Dieu mort pour le salut de tous, faites accepter à cette infortunée le calice de douleur qui lui est envoyé.

Le prêtre rejoignit la jeune femme et s'agenouilla près d'elle.

— Mon mari! mon mari! dit celle-ci avec une sorte de violence.

— Prions pour lui, répondit le prêtre.

Séraphine poussa un grand cri et tomba à la renverse.

Pendant ce temps, les magistrats apprenaient que M. Refus portait sur lui les six cent mille francs quand il était tombé sous les coups de son assassin.

— Le chien n'a pas été retrouvé? demanda le juge de paix au brigadier.

— Non, monsieur, ni vivant, ni mort.

— Voilà qui est étrange... Pluton accompagnait son maître, et Pluton se serait fait tuer pour le défendre.

— Nous fouillerons le bois, répondit Claude.

Mais les fouilles, rapidement exécutées, ne permirent point de trouver le corps de Pluton. Seulement, une mare de sang dans un fossé, un éboulement de terre sur le bord persuadèrent aux magistrats que le chien avait été frappé comme son maître et que l'assassin l'avait ensuite précipité dans le fossé.

Pendant ces premiers interrogatoires, l'affaire n'avait point changé de face ; mais, au lieu de laisser au second plan le marchand forain, le juge d'instruction multiplia ses questions et ne tarda point à entourer l'étameur des mailles d'un filet d'abord invisible, mais qui ne pouvaient manquer de le garder complètement captif. En réalité, Ségaud seul avait tenu le cadavre dans ses bras. Sans doute, on ne trouvait pas sur lui la somme que le notaire avait emportée, mais il avait pu l'enterrer dans quelque endroit de cette forêt dont il connaissait les moindres détours.

En outre les questions du juge d'instruction le prenaient à l'improviste et paraissaient souvent l'intimider. L'aspect des magistrats lui causait un tremblement intérieur. Il répondait, avec une fatigue évidente, aux questions qui lui étaient posées. Son attitude devenait dangereuse pour lui, sans qu'il s'en doutât. Plus d'une fois, il passa la main sur son front afin d'essayer de comprendre dans quel but la justice le soumettait à un interrogatoire qui lui devenait une torture ; enfin il leva sur le juge d'instruction un regard dans lequel l'épouvante se mêlait à la curiosité :

— Vous m'en demandez trop, lui dit-il, vous m'en demandez trop !

— Allons donc ! répondit le magistrat, je ne vous ai point encore demandé où vous avez caché l'argent que vous avez volé à M. Refus après l'avoir assassiné.

— Moi ! moi ! s'écria Ségaud. Jamais...

Il secoua de droite à gauche sa tête vacillante et se mit à rire comme s'il avait perdu le sens de ce qui se passait autour de lui.

Deux heures plus tard, Séraphine était reconduite chez elle par l'abbé Chasliau, tandis que l'on emmenait provisoirement Ségaud à la prison de Meaux.

Victoire et ses enfants avaient ordre de ne point quitter La Ferté et de se tenir à la disposition de la justice.

L'idée lui prit de suivre la route de Reuil. (Voir page 46.)

## CHAPITRE IV

## LES CONQUISTADORES DE LA MARNE

Un groupe d'hommes, d'âge et d'aspect divers, se trouvait, par une après-midi d'octobre, en face de l'une des plus charmantes îles que berce la Marne dans ses capricieux méandres. Le plus vieux pouvait avoir quarante-cinq ans; le plus jeune en comptait dix-neuf à peine. Les uns étaient vêtus avec une élégance raffinée, les autres portaient des costumes d'une simplicité primitive. La boutonnière de trois de ces hommes gardait le ruban de la Légion d'honneur; celle de leurs compagnons s'étoilait d'une marguerite ou s'embaumait d'un brin de menthe sauvage. Mais si différents qu'ils parussent au premier regard, on ne tardait point à reconnaître en eux une sorte de ressemblance intelligente. Leurs regards, étincelants ou profonds, trahissaient l'habitude de la pensée; l'esprit affluait sur leurs lèvres; leurs fronts s'éclairaient de rayonnements soudains quand la causerie roulait sur des questions propres à les enflammer. On sentait dans cette réunion fraternelle le souffle de l'enthousiasme et la passion des belles choses. Certes, chacun de ces hommes portait en lui des aptitudes opposées, des passions diverses, et gardait dans un coin de son âme de mystérieuses fleurs dont l'éclosion échappait même aux regards amis; mais enfin tous s'estimaient et s'aimaient, et, dans ce monde paralysé par l'égoïsme, les gens capables de dévouement et d'affection sont assez rares pour qu'on leur voue une part de respect et de sympathie.

En ce moment leurs occupations, aussi diverses que leurs physionomies, pouvaient révéler un des côtés de leur existence.

Jean-Marc Dubois, le plus grave de tous, ébauchait sur une petite toile un paysage que son habileté faisait déjà grand. Trois vaches, l'une blanche et couchée paresseusement dans les herbes hautes levait sa tête placide et semblait rêver en fixant ses yeux glauques sur l'horizon brumeux. L'autre debout, fière de sa robe tigrée, broutait avec nonchalance. La dernière buvait l'eau bleue sous la ramure flottante d'un vieil arbre. Certes, tout cela était fort simple, mais l'habileté de Jean-Marc Dubois faisait de cette toile un bijou. Les lointains se perdaient dans les tons gris du brouillard, et sur ce fond paisible se profilait la silhouette puissante des bêtes grassement peintes et d'une admirable couleur.

A deux pas de Jean-Marc, un très jeune homme esquissait un groupe de saules. Il n'enlevait pas les vieux arbres au feuillage argenté avec la crânerie particulière au pinceau de Jean-Marc; au contraire, il s'efforçait, pour ainsi dire, d'atténuer, d'effacer chaque touche vivante.

On eût dit qu'il voulait peindre, non pas un arbre, mais le fantôme d'un arbre.

Raphaël Moisan, que ses camarades appelaient par abréviation Rapha, aurait eu certainement beaucoup de talent s'il s'était abandonné à sa verve naturelle; mais il était en train de maniérer son talent et de dénaturer une inspiration juvénile.

Jean-Marc, ayant tourné la tête, regarda l'esquisse de Rapha.
— Qu'en penses-tu? demanda celui-ci.
— Tu deviens Chinois! répondit Jean-Marc.
— Je deviens Chinois?
— Certainement, fit Jean-Marc, « tu cherches le saule et les fleurs »; prends garde de ne rien trouver au bout de tes études; tu gaspilles un temps précieux, mon pauvre Rapha; et quand Dieu nous donne du talent, c'est pour en faire dignement usage. Est-ce que tu ne trouves point, autour de toi, mille fois mieux que cet arbre pâle qui ne tranche pas sur l'horizon? Quand on a devant soi ce chêne magnifique, ces énormes noyers, cette eau transparente enserrée par une guirlande de flambes de marais, d'arums sauvages, de roseaux à fuseaux de velours, passe-t-on sa vie à reproduire des saules?...
— Mais Corot?...
— Corot était lui-même un génie à part, mélancolique. Il créa un genre; n'essaie pas de le singer; tu suis une mauvaise voie, Rapha; si tu manques ton avenir, souviens-toi de ma prédiction.

Rapha ne répondit rien, mais il s'appliqua à effacer davantage le feuillage des saules, si bien qu'il devint impossible de découvrir autre chose sur sa toile qu'un frottis verdâtre dans lequel ne pouvait passer un souffle d'air.

Plus âgé que Rapha de deux ou trois années, Alic Sirvente scandait des strophes quand Rapha cherchait des gammes de tons clairs. Il appartenait à cette pléiade de poètes qui comptent pour rien l'idée et se préoccupent seulement de la forme. Virtuose habile, il jouait d'un instrument sublime avec un art sans passion. Il s'efforçait de rendre des onomatopées étranges, d'ensoleiller des paysages, d'analyser des sensations, de décrire des objets minuscules; il ne trouvait que le détail des choses dont il dédaignait l'ensemble. Sirvente était un miniaturiste littéraire. Il préparait un volume que Rapha et Jean-Marc devaient illustrer d'eaux-fortes et Frédéric Houssay en écrire la préface, de cette plume colorée qui fait passer sous les yeux de ses lecteurs les admirables paysages du Brésil.

Lavant magistralement une aquarelle, unissant les transparences de ce genre à la vigueur des maîtres, Henriet causait avec une verve charmante, donnant à Rapha un conseil, à Jean-Marc un éloge, demandant l'avis de Posquères sur son œuvre personnelle, et répétant à Bouché qu'il parviendrait à l'Institut si pendant quatre ans il exposait des tableaux de la valeur de son *Berger* debout, appuyé sur un bâton et regardant mélancoliquement brûler un feu de branchages. Parfois Henriet quittait son aquarelle, saisissait un crayon, écrivait une page avec la rapidité de l'improvisation et plaçait ce feuillet dans un carton. Henriet, qui avait donné un ravissant volume : *Le paysagiste aux champs*, préparait une œuvre nouvelle et faisait poser, sans qu'ils s'en doutassent, ses compagnons de tournée artistique.

Car ils étaient en tournée, ces peintres, ces dessinateurs, ces critiques. Portier de Beaulieu dessinait des paysages, qu'il comptait métamorphoser en merveilleuses gravures; les frères Varin, échappés de leur domaine de Crouttes, nid de verdure suspendu aux flancs d'une colline, maniaient tour à tour le pinceau, le crayon et la pointe. On travaillait énormément dans cette famille d'artistes. Jeunes de caractère, vaillants d'allures, vivants de la tête aux pieds, sachant à la fois la sculpture et la peinture, aimant tour à tour les tableaux et les faïences, livrant, sous mille formes diverses, des chefs-d'œuvre dans les arts et dans l'industrie, ils trouvaient le moyen de travailler en se reposant.

Quant à Remy Posquères, pour cette raison qu'il touchait successivement à toutes les branches de l'art, on restait fort en peine pour lui en assigner une spéciale. Ses terres cuites faisaient florès; il peignait de ravissants intérieurs, et ses amis savaient qu'il venait d'achever un magnifique vitrail pour l'église de village dans laquelle on l'avait baptisé.

Cependant Remy Posquères était rangé de préférence parmi les critiques.

Posquères avait trente ans, une belle physionomie ouverte et souriante. Le pli de la tristesse se voyait rarement sur son front, mais il était trop sincèrement inspiré pour ne point goûter ces heures de mélancolie profonde et souvent amère qui sont le partage des idéalistes.

Remy Posquères, né pauvre, avait gagné, un à un, ses grades d'homme de talent. La notoriété lui était venue, et avec elle la fortune. Il gagnait ce qu'il voulait et comme il le voulait, et cependant il n'amassait rien. L'amour des voyages le possédait à tel point qu'il ne passait guère à Paris que trois mois de l'année. Il y revenait, ses cartons pleins de croquis, son portefeuille rempli de nouvelles et de romans. Il achevait ses tableaux, publiait ses livres; puis il repartait tantôt pour le Nord, le plus souvent pour le Midi, dont les ciels clairs et les couchers de soleil l'attiraient.

C'était Remy Posquères qui avait eu, cette année-là, l'idée de commencer une navigation de long cours.

— Vois-tu, dit-il un soir à Henriet, nous sommes des fous et des barbares. Il semble que la manie de dédaigner ce qu'il possède soit particulière à l'homme, et plus particulièrement à l'homme d'imagination. Prouvons donc une fois que nous avons assez d'esprit pour ne point nous condamner à copier ceux qui ne nous valent pas. Je sais bien que Chateaubriand a découvert, littérairement parlant, le Meschacébé, « père des Fleuves »; mais n'est-il point en France des rivières charmantes, des fleuves magnifiques dont nous pouvons écrire l'histoire et reproduire les beautés? Ne serait-ce point une conquête de faire aimer la France aux Français?

— Excellente, répondit Amédée Varin.

— Laissez-moi la compléter. Nous sommes tous riches ou à peu près. Eh bien! frétons un navire et partons pour un voyage de découverte et de conquête. Le vaisseau nous appartiendra; nous l'aménagerons en maison flottante. Il renfermera des cabines et un salon pour les jours de pluie, un pont avec *velum* pour les heures de soleil. Dès que nous serons tentés par la vue d'un paysage, attirés par une ruine, nous mettrons pied à terre, et nous dessinerons, nous peindrons ou nous écrirons à loisir. Il résultera d'abord de ce voyage que notre amitié deviendra plus étroite; enfin chacun de nous travaillera à une œuvre unique : l'histoire de cette rivière décrite et illustrée par nous.

Une acclamation accueillit le projet de Posquères. Les mains s'unirent, on confondit un capital assez important, et le bateau *La Belle Étoile*, coquet, peint en blanc avec un semis d'étoiles d'or, décoré d'un *velum* bordé de pourpre, couvert, sur le pont, d'un tapis épais laissant retomber ses franges par-dessus le bord, comme dans les gondoles de Venise que nous voyons dans les tableaux du xvii<sup>e</sup> siècle, se trouva prêt pour le départ.

Afin de compléter la couleur locale, Remy, qui avait ramené d'Afrique un enfant de douze ans, aux traits fins, à la peau bistrée, eut la fantaisie de l'habiller à la façon des négrillons que Velasquez peignit dans le tableau des *Noces de Cana*.

Tout le monde avait été d'accord quand il s'était agi de la construction, du baptême et de l'ornementation de *La Belle Étoile*, mais on s'entendit moins bien quand on chercha sur quelle rivière serait lancé ce bateau modèle.

Ce fut Posquères qui nomma la Marne.

— La Marne! répondit Sirvente, qu'est-ce qui connaît cela? Voguons sur des fleuves célèbres : le Rhône, la Seine...

— Non, non, la Marne! firent à la fois Bouché, Beaulieu et Amédée Varin.

— Posquères a raison mille fois, ajouta Frédéric Houssay. Ne recommençons pas un voyage mille fois fait déjà ; donnons du nouveau, sous peine d'être déclarés vieillots et poncifs. Ce n'est pas absolument une raison, parce que nous sommes Parisiens, pour ne point devenir géographes. Tout devient plaisir quand on apprend ce qu'on ignore.

— A la bonne heure! dit Posquères, en serrant la main de Houssay; tu comprends les voyages parce que tu as voyagé. Si nous nous jugeons bien, tu seras reconnu pour le plus fort d'entre nous. J'ai lu de toi des pages que Mérimée aurait signées; tu peins largement, et tes portraits en cire polychrome devraient se payer au carat, comme les diamants. Laisse dire ce parnassien qui s'étouffera sous les ramures folles d'une littérature vieille et maladive, et ces Parisiens qui croient que le monde finit aux fortifications. D'ailleurs, nous voterons, comme à la Chambre.

— C'est cela, répondit Varin.

— Pour être juste, reprit Posquères, nous ferons passer devant les yeux de nos camarades le panorama de ce qu'ils pourront voir; et quand ils nous auront entendus, ils comprendront que la Marne est supérieure à toutes les rivières de France. J'en suis bien sûr, moi qui ai parcouru ses rives à pied. De ce que la Marne a des commencements modestes, sort de la fontaine de Belesme et traverse tranquillement Bussigny, Joinville-en-Vallage et Chevillon, elle n'en devient pas moins navigable à Saint-Dizier.

— J'ai passé huit jours à Vitry-le-Français, qu'elle arrose, dit Henriet, afin de dessiner le pays et d'écrire le drame dont l'histoire nous lègue le sanglant souvenir.

— Une chose me tenterait assez, ajouta Sirvente, nous visiterions Châlons, où nous ferions escale pour y boire du vin mousseux.

— Je vous ferai moi-même les honneurs de Château-Thierry, fit Henriet.

— Je vous servirai de guide à La Ferté-sous-Jouarre, reprit Beaulieu.

— Nous verrons écumer le barrage d'Iles-Maldeures, reprit Posquères. La Marne, mes amis, est une rivière unique, admirable. Elle nous descendra directement à Meaux, dont vous visiterez la cathédrale après avoir rêvé dans le cabinet de travail où Bossuet écrivit tant d'œuvres magnifiques. Enfin, tout doucement, nous aborderons à Charenton, où nous laisserons à l'ancre *La Belle-Étoile* jusqu'au jour où nous nous rembarquerons de nouveau.

— Approuvé! dirent Jean-Marc, Dubois, Sirvente et Houssay.

— Ce n'est pas tout, reprit Posquères, la haute fantaisie présidant à ce voyage doit s'étendre jusqu'à la troupe artistique et savante des passagers de *La Belle Étoile*. Nous devons lui donner un nom original et sonore.

— Lequel? lequel? demandèrent Sirvente, Rapha et Jean-Marc.

— Les *Conquistadores de la Marne*! Hein? comme c'est trouvé! Est-il un nom plus sonore et plus élégant. Il me semble, quand on le prononce, entendre s'éveiller tout ensemble les castagnettes des manolas et le grelot des mules de Castille. Nous sommes des inventeurs, des conquérants. Nous inventons la Marne. Nous allons la chanter sur un autre mode que Mme Deshoulières ne fit des « prés fleuris qu'arrose la Seine ». Il me semble d'ailleurs que nous serons bien autrement forts quand notre groupe fraternel sera devenu en quelque sorte un être vivant, agissant en fait. Nous ne sommes plus ni les Varin, ni Bouché, ni Jean-Marc; nous sommes les *Conquistadores de la Marne*.

— Vive Posquères! s'écria Rapha.

— Agab, du vin d'Espagne! ajouta Jean-Marc.

— Et vivent les *Conquistadores*! ajoutèrent d'une seule voix les trois Varin.

A partir de cette heure, l'association fut fondée et l'on commença le livre des voyages et découvertes d'un groupe d'artistes augmentés d'un critique et d'un poète.

*La Belle Étoile* fut lancée, par une belle journée de printemps, et, fidèles au plan de Remy Posquères, les passagers du petit navire trouvèrent dans le voyage une source d'impressions charmantes et de vives satisfactions artistiques.

Parfois, quand un d'entre eux ne se sentait pas disposé au travail ou que le paysage leur semblait manquer de pittoresque, les artistes passaient la journée sous le *velum* de la barque, fumant des cigares et des narguilés, écoutant Sirvente lire des odes légères ou la voix de Posquères lancer des notes harmonieuses dans le silence de la campagne. Au milieu d'eux, passait et repassait Agab, grave sous son costume de brocard, ses colliers de corail et les bracelets d'argent cerclant ses pieds. Des grains de plomb remplissaient ces bracelets creux et, à chaque mouvement de l'enfant, causaient un bruit sonore. Le petit Arabe faisait la joie des artistes et l'étonnement de tous les habitants des villages au centre desquels s'installait parfois la joyeuse compagnie.

Quant aux soins de la cuisine, Posquères les avait confiés à un maître-coq dont l'unique ambition était de voir son portrait gravé dans le volume dont les artistes s'occupaient avec un redoublement d'ardeur.

Le 17 octobre 1893, le navire *La Belle Étoile* avait jeté l'ancre dans une île de fleurs et de verdure. Le maître-coq, après avoir étendu sur l'herbe une nappe ornée de guipures italiennes, la couvrit de mets succulents, de coupes de Venise, des hanaps de vermeil et d'argent achetés à Cologne. Des assiettes de Moustier et de Strasbourg étalèrent leurs émaux brillants et tapageurs, et, tandis qu'Agab servait les *Conquistadores* dans l'île de fleurs et de verdure, quelques promeneurs, errant sur les rives de la Marne, se demandaient quels princes en voyage se faisaient servir un festin royal au milieu d'une île enchantée.

Après le dîner, Jean-Marc commença à peindre les trois vaches paissant sur la berge; Sirvente s'efforça de rendre, dans un sonnet, la grâce d'une goutte d'eau emperlant la pétale d'une rose tardive; Bouché ébaucha un effet de bois; Rapha chercha, suivant l'expression de Jean-Marc, « le saule et les fleurs » à la manière de Corot; Henriet écrivit deux pages sur la dernière traversée, et Posquères rêva tout simplement en face de ce paysage sur lequel il semblait que l'œil de Dieu se fût reposé avec complaisance.

Quand le jour baissa, Jean-Marc parla de se rembarquer.

Les artistes se trouvaient alors non loin de Luzancy. A la clarté plus faible du jour ils distinguaient encore le toit de la Charbonnière.

Le bateau fila sur la Marne; mais, tandis qu'il gagnait le pont suspendu, Remy Posquères dit à ses amis :

— Continuez sans moi votre route jusqu'à La Ferté, je ferai escale à Luzancy.

— Une désertion? demanda Henriet.

— Un devoir à remplir, répondit Posquères d'une voix grave.

— Bah! fit Rapha d'un air incrédule.

— Mon petit ami, lui dit Posquères, la fantaisie dans l'art et même un peu de décousu dans la vie ne doivent jamais altérer les qualités du cœur ni primer sur des devoirs sacrés. Tu as souri en entendant ce mot-là, et tu as eu tort. Pour te le prouver, il me suffira de t'apprendre en deux mots mon histoire. Mon père était meulier, un rude état, dont meurent les hommes, et qui fait pleurer les femmes. Sans nul doute, j'aurais à mon tour piqué la pierre et rempli mes poumons de poussière d'acier, quand la Providence envoya sur ma route le comte de Montgrand. Ma figure l'intéressa, il s'épouvanta de mon avenir, et, me jugeant intelligent, il se chargea de mon éducation. Sa fortune n'était pas élevée, cependant, et il en prit une part pour l'enfant qui ne tarda pas à devenir orphelin. Je crois que j'ai répondu à ses soins d'une façon autre qu'il ne le rêvait, en ce sens qu'il souhaitait que j'acceptasse un emploi. Mais enfin je suis resté honnête homme, mon nom est désormais connu, et il me pardonne d'émigrer parfois au royaume de la Bohême, parce que j'ai conservé les traditions et l'honneur qu'il sema dans mon âme. Or le comte de Montgrand demeure au *Château des Abymes*, sur la hauteur, dans ces bois que Rapha peindrait avec du gris. Vous savez que dans huit jours je m'embarque pour l'Orient... Je ne le ferai point avant d'avoir vu mon protecteur et la comtesse de Montgrand, ma bienfaitrice... Il y a plus, si, pour quelque raison que ce fût, le comte avait besoin de moi, je ferais le tour du monde pour lui rendre service ou pour chercher une fleur à la comtesse Pauline.

— Où nous rejoindras-tu? demanda Jean Marc.
— A La Ferté, répondit Remy.
— Iras-tu donc à pied?
— Je trouverai une voiture, répondit Posquères.

En ce moment, *La Belle Étoile* passait près du Pont de fer, Remy sauta hardiment sur la berge, prit un chemin situé entre les Loges et le château de Luzancy, et s'arrêta devant la maison d'un loueur de voitures.

Il trouva un char à bancs passable, déclara qu'il conduirait lui-même, et que le propriétaire retrouverait le lendemain son véhicule à l'hôtel du *Porc-Épic*; puis, faisant claquer son fouet, il prit la route des *Abymes*.

Posquères était à la fois un grand esprit et un grand cœur. A l'idée de revoir ceux qui l'avaient fait un homme pensant, travaillant, célèbre, il sentit dans sa poitrine ces palpitations attendries que seuls connaissent les nobles âmes. Il se réjouissait de rentrer dans cette maison dont il avait franchi le seuil, pieds nus, le jour où sa mère l'y amena pour la première fois. Il respirait l'air pur et presque froid de cette soirée avec une satisfaction profonde.

Au lieu de se hâter, il ralentit l'allure de son cheval. Il voulut même descendre, marcher un peu sur la lisière de ces bois familiers. Une pierre énorme se trouvant près du chemin, il s'y assit et resta plongé dans une rêverie dont il sortit avec peine.

La nuit était tout à fait venue. Il fit sonner sa montre, constata qu'il était plus de huit heures, remonta en voiture et atteignit la grille du château.

Nous avons vu avec quelle bienveillante affection Remy Posquères fut accueilli par le comte et par la comtesse de Montgrand.

Quand il en sortit à dix heures et demie, la lune brillait au ciel, et, sur la route, Ségaud venait de relever le cadavre du notaire de Nanteuil.

Remy avait promis à ses amis de les rejoindre à La Ferté; mais rien ne l'obligeait à entrer de bonne heure dans la ville. L'idée lui prit de suivre la route de Reuil en passant devant le cimetière. Elle l'allongeait, mais elle lui permettrait de revoir des bois et un village qu'il connaissait depuis longtemps. Il avait besoin d'être seul, de rêver par cette belle nuit claire, de abandonner à l espèce d'enivrement causé par la clarté du ciel et le silence solennel du bois.

Bientôt la voiture du jeune homme croisa un lourd véhicule porté sur quatre roues. C'était la maison et la boutique de Ségaud, dans laquelle se trouvaient deux nouveaux hôtes, le brigadier Claude Freneux et le corps sanglant d'Antoine Refus.

Sans savoir quel triste mystère enfermait cette voiture sombre et close, le jeune homme la suivit du regard. Sa pensée, joyeuse quelques instants auparavant, s'attrista tout à coup, et il cessa de regarder la lune brillante et les étoiles scintillant dans l'azur.

Tout à coup il arrêta son cheval et prêta l'oreille. Une plainte arrivait jusqu'à lui. De quelle nature était ce cri de douleur, il n'aurait pu le dire, mais il ressentit en l'entendant une commotion violente. La même plainte sourde s'éleva de nouveau, et cette fois le jeune homme comprit de quel côté il devait se diriger. Sautant légèrement à terre, il marcha vers le fossé et chercha à distinguer quelque chose au milieu des herbes et des feuilles qui l'emplissaient. Mais, sans doute, la créature blessée comprit qu'un secours lui arrivait, car un cri d'agonie s'éleva tout près de Remy.

— C'est là, fit-il, là!

Et, s'agenouillant sur le bord du fossé, il étendit la main.

Ses doigts effleurèrent une rude fourrure, et, une seconde après, la langue d'un chien léchait faiblement la main compatissante qui s'étendait vers lui.

Posquères aimait les bêtes sans exagération, mais avec le sentiment d'humanité qui nous porte à soulager un être souffrant, à quelque race qu'il appartienne.

Les regards du jeune homme s'accoutumaient à la quasi-obscurité du fossé; cependant, pour plus de sûreté, il approcha une lumière et regarda.

Il aperçut d'abord un grand chien fauve, de l'espèce des chiens de bergers; une plaie large et saignante se voyait à son cou, et ses poils emmêlés disparaissaient sous les caillots coagulés. Le regard du chien rencontra le regard de Posquères, et, de ce moment, le salut du chien fut décidé.

Comme tous ceux qui ont beaucoup voyagé et à qui il devient nécessaire de posséder quelques notions de médecine, le jeune homme pouvait bander une blessure, lier une ligature et donner les premiers soins à un blessé. Il entoura le cou du chien de son mouchoir, assujettit le pansement à l'aide de sa cravate; puis, soulevant le corps du pauvre animal, il le coucha au fond de la voiture.

Au moment où il revint prendre sa lumière, un petit objet qu'il n'avait point aperçu d'abord frappa ses regards. Il le prit et reconnut un carnet couvert en cuir bleu. Les fermoirs d'acier fin, brillant sous la clarté de la bougie, avaient permis à Posquères de le distinguer au milieu d'une touffe d'herbe.

Sans savoir encore pourquoi, Remy établit un rapprochement rapide entre le carnet élégant et le chien blessé.

Il ne s'agissait point d'un accident arrivé à la pauvre bête. Le chien avait la gorge à demi coupée, et celui qui avait commis cet acte de cruauté avait dû le faire, poussé par la crainte ou excité par la colère.

Posquères plaça le carnet dans sa poche; et, rendu soucieux par sa double trouvaille, impatient de donner au chien blessé des soins plus sérieux, il regagna rapidement la ville de La Ferté.

Pas une lumière ne brillait aux fenêtres; la petite cité dormait d'un sommeil sans rêves, contrevents clos et persiennes baissées. Il n'était guère plus d'onze heures et demie, cependant. Un instant, Posquères eut l'idée de frapper à la porte d'un pharmacien et de demander du secours pour l'ami que venait de lui envoyer la Providence; mais il se dit que nul ne pouvait faire plus et mieux que lui-même, et il se décida à ne troubler le repos de personne.

Du reste, Posquères flairait une sorte d'aventure, dans la rencontre du chien mourant et du carnet bleu. Avant de rien dire, il éprouvait la curiosité d'ouvrir l'agenda et de lui demander peut-être la clef d'un mystère.

Un garçon ensommeillé attendait à l'hôtel du *Porc-Épic* l'arrivée invraisemblable d'un voyageur, et ce voyageur arriva.

Il recommanda de traiter convenablement son cheval; puis, soulevant un paquet enveloppé d'une couverture de voyage, Posquères monta l'escalier conduisant à la chambre dans laquelle il devait passer la nuit.

Après avoir placé sur sa table, des allumettes, une bougie et un verre d'eau sucrée, le domestique se retira.

Remy courut à la pauvre bête, visita de nouveau la blessure, la lava, et, ayant acquis la certitude que le chien y survivrait, il sentit sa poitrine allégée d'un grand poids.

Après que son commensal eut été couché avec précaution et chaudement enveloppé d'une couverture, Posquères prit le carnet bleu sur un des côtés duquel se voyaient en relief un **T** et un **D**.

Une miniature s'échappait de l'agenda.

Elle représentait une jeune fille dans tout l'éclat de la jeunesse et de la beauté.

Un front large entouré de cheveux noirs, des yeux sombres voilés par de longs cils, une bouche bien dessinée, mais qui trahissait beaucoup d'orgueil, telle était celle dont le visage rayonna sous la clarté de la lampe.

Posquères considéra ce beau visage avec attention, puis il murmura :

— Malheur à qui trouvera cette créature sur son chemin !

Il feuilleta le carnet sans y trouver un renseignement capable de révéler le nom de son propriétaire. Puis, tout à coup, il avisa une petite porte fermée à clef.

— Je l'ouvrirai à Paris, pensa-t-il, toutes les clefs de ces élégants carnets se ressemblent.

Le lendemain Remy Posquères reprit sa place à bord de *La Belle Étoile* et y introduisit son compagnon. Ce fut Agab qui le reçut ; les artistes dessinaient en ce moment une vue d'ensemble de la ville.

— Agab, dit Posquères, soigne cette bête, et ne la laisse venir parmi nous que quand elle sera guérie.

— J'obéirai, maître, répondit l'enfant.

Dix jours plus tard, Remy Posquères et le chien de berger s'embarquaient pour l'Orient à bord de la *Jeanne d'Arc*. Remy s'était séparé pour deux années au moins des *Conquistadores de la Marne*, et il avait oublié, au fond du tiroir de son cabinet d'écaille, la miniature et le carnet bleu trouvés au fond du fossé, près du *Château des Abymes*.

Les débats s'ouvrirent. (Voir page 58.)

## CHAPITRE V

## MISÈRES

C'était non pas une chambre, une mansarde, mais un grenier. Le toit, par l'un de ses côtés, touchait presque le sol, et une lumière rare tombait de la fenêtre en tabatière. Dans les coins, se trouvaient des lits formés d'amas de paille ou de crin végétal que recouvraient des lambeaux de toiles à carreaux bleus ou rouges. Une vieille malle représentait, avec une table et deux chaises, les meubles de ce misérable ménage. Près de la fenêtre, une enfant contrefaite cousait aux dernières lueurs du jour mourant, un jour de décembre neigeux et triste. Une femme, pâle comme un fantôme, se traînait dans le grenier en s'appuyant aux murs, comme si, pendant cette marche sans but, elle eût espéré découvrir un moyen d'échapper au cercle de douleur et de misères qui l'emprisonnait. Quatre enfants d'âges divers restaient pelotonnés sur une des paillasses, se prêtant mutuellement un appui, et se communiquant la faible tiédeur de leurs membres. Ils étaient mièvres et tristes. Leur visage gardait les traces d'une longue famine et d'indicibles souffrances. Point de rire sur leurs lèvres, de rayonnements dans leurs yeux. Ces petits manquaient de jouets pour se distraire, peut-être même ne savaient-ils point s'amuser, comme les enfants heureux.

Sur la malle délabrée, un homme aux cheveux blancs se balançait d'une façon machinale. Il tenait ses doigts osseux posés sur la traverse de son siège, et sa tête, son torse exécutaient un mouvement de pendule régulier. Quand il parlait, sa voix était sourde, et l'on eût dit qu'il redoutait d'être entendu. C'était désormais un pauvre être, ne conservant plus la puissance de la pensée et la force de vouloir. Le chagrin l'avait pris et broyé, laissant une ombre, un débris, à la place d'une créature vivante, agissante, capable d'amour et de dévouement.

La jeune fille quitta sa chaise et se rapprocha de la lucarne ; elle pouvait travailler debout pendant quelques instants encore ; mais dans un quart d'heure la pauvre créature ne pourrait plus ni enfiler son aiguille ni suivre la ligne de sa piqûre.

Sa mère allait et venait dans la chambre, trompant par le mouvement la maladie, la douleur morale et la faim.

Cinq heures sonnèrent à l'église Saint-Sulpice.

Au même instant, la neige commença à tomber.

Cette fois, en dépit de son courage, la jeune fille dut abandonner son travail.

Elle le posa sur la table, éleva ses bras grêles au-dessus de sa tête pour les détirer, et resta un moment ainsi, la tête renversée, le regard perdu.

— Les petits ont faim, dit la mère.

La fillette roula son ouvrage dans un morceau de percaline, puis elle sortit sans répondre.

Sur les épaules elle n'avait rien qu'une méchante robe d'indienne à fleurs ; ses bas de coton bleu ne pouvaient guère la garantir du froid, car ses souliers, raccommodés grossièrement à l'aide d'une ficelle, laissaient entrer l'eau de tous les côtés.

Rien ne dissimulait aux regards la difformité de la petite malheureuse. Une double bosse gonflait sa robe mal coupée ; la seule beauté qu'elle gardait était une magnifique chevelure blonde, dont la lourde natte s'enroulait autour de son front, et de grands yeux humides au fond desquels la bonté s'unissait à l'expression d'une souffrance résignée.

La pauvre créature, en voyant tomber la neige à travers la lucarne du grenier, n'avait pu se douter de la violence de la tourmente. Quand elle se trouva dans la rue, les tourbillons blancs volaient avec une rapidité fantastique, pressés, lourds, étouffants.

Elle se recula dans l'allée, se demandant si elle ne pouvait pas attendre un peu que le froid devînt moins terrible et la neige moins épaisse, mais elle se souvint de la parole de sa mère : « Les enfants ont faim », et elle se hasarda à travers les rues.

Elle devait marcher longtemps, le visage fouetté par la neige, sa misérable robe collée sur son dos contrefait. Les semelles de ses souliers déchirés menaçaient à chaque instant d'abandonner ses pieds déjà las. Elle allait, elle courait presque, à la fois haletante et glacée. Son cœur bondissait dans sa poitrine, son front brûlait, et cependant la neige était froide, si froide !

Plus d'un passant se retourna pour voir cette enfant que rien ne protégeait contre la froidure ; le premier mouvement était celui de la compassion, mais à cette compassion succédait le sourire. Cet être, mal bâti, sans forme et sans grâce, semblait tellement hideux que la pitié s'éteignait dans les âmes un moment attendries.

La petite fille marchait plus lentement ; ses forces s'épuisaient ; elle commençait à trembler, et la fièvre marbrait son front bleu. Il fallait continuer sa route, cependant : dans le grenier, le père, la mère, les enfants attendaient son retour.

Enfin, elle entra dans une rue brillante, éclairée, s'arrêta devant une boutique, en tourna le bouton de cristal et entra.

C'était un ravissant magasin de lingerie situé rue de la Chaussée-d'Antin : un de ces magasins où l'on expose des trousseaux princiers, où se vendent les merveilles de la broderie et les chefs-d'œuvre des dentellières. On y respirait un air tiède, saturé de parfums légers. Les sachets de satin mêlés aux mousselines, aux dentelles, aux batistes, aux cravates de point, aux matinées de foulard souple, imprégnaient l'air de leurs discrets aromes.

Plusieurs jeunes filles en élégantes robes de soie noire, portant comme échantillons à leur col et dans leurs cheveux des cravates et des nœuds inédits, s'occupaient avec une grâce nonchalante.

Les unes roulaient les coupons de Malines et de Valenciennes; les autres serraient dans des cartons des bonnets de linge chiffonnés avec une grâce exquise, les fichus de batiste portant une fleur en agrafe. La plus robuste enlevait de l'énorme vitrine des draps brodés de larges guirlandes, et marqués, au milieu d'un écusson, de chiffres énormes. Chaque objet de ce trousseau était noué de rubans d'un bleu pâle. Une petite blonde lissait ses cheveux devant une glace, et la plus sérieuse des jeunes filles écrivait posément sur un grand registre.

La maîtresse du magasin, assise dans un magnifique fauteuil, tenait un roman nouveau et le lisait avec avidité.

C'était une belle femme, grosse, blanche, soignée, coiffée au dernier goût, portant de lourds brillants aux oreilles et des bagues de prix à ses doigts fuselés. On devinait qu'elle usait beaucoup de pâtes onctueuses, de poudres de riz impalpables; que le coiffeur arrangeait chaque matin ses cheveux à la mode du jour. Tout en elle trahissait l'amour du confortable, d'une cuisine succulente; elle semblait seulement avide de satisfaire ses petites passions, et devait chercher de nouvelles jouissances dans les raffinements de sa table et de sa toilette.

Sans doute, elle travaillait à sa manière, c'est-à-dire qu'elle passait une partie de la journée dans son magasin, recevant les clientes les plus élégantes, se dérangeant pour quelques-unes, laissant servir les autres par les demoiselles; mais jamais elle ne rangeait l'étalage ou ne descendait à faire la caisse.

Mme Brady semblait une poupée superbe à figure de cire, dont l'unique mission était d'étaler de superbes toilettes, des bijoux magnifiques, et de montrer les trente-deux perles de son sourire entre les corbeilles de roses et de lilas blanc dont elle décorait sa place au comptoir.

Au moment où la petite ouvrière bossue entra dans le magasin de lingerie, le vent s'y engouffra d'une façon terrible, et la belle Mme Brady frissonna sous sa robe de velours.

Elle leva les yeux, ferma la page de son roman, et, reconnaissant celle qui venait d'une façon intempestive, apportant avec elle le souffle de la pauvreté et le vent d'hiver, elle lui dit d'une voix sèche et dure, n'ayant aucun rapport avec la politesse exquise qu'elle déployait avec sa riche clientèle

— Fermez la porte, petite sotte ! Est-ce que l'on vient, par un temps pareil, rapporter de l'ouvrage ?...

— Madame, répondit l'enfant intimidée, c'est aujourd'hui samedi...

— Eh ! qu'est-ce que cela fait ? Lundi peut-être il fera beau. Vous êtes mouillée et crottée à faire frémir... Éloignez-vous des meubles que vos haillons saliraient... Bien ! voilà le tapis inondé de pluie...

La petite ouvrière baissa plus bas la tête et déplia son enveloppe, puis elle posa en tremblant son ouvrage sur le comptoir.

La belle Mme Brady l'effleura avec une sorte de dégoût :

— Vous brodez décidément mal, lui dit-elle, votre point manque de régularité. Il m'est impossible de vous confier une seule pièce des trousseaux de commande qui m'ont été envoyés. Vous n'êtes bonne que pour exécuter des chiffres de pacotille sur des mouchoirs de quarante sous.

— Oh ! madame ! dit la bossue en joignant les mains, ne me refusez pas du travail, je vous en supplie. Que deviendrions-nous à la maison si je revenais sans ouvrage ?... Ma mère est malade, mon père n'a plus sa raison... J'ai cinq frères et sœurs plus petits que moi... C'est une misère, allez, une grande misère !

La jolie femme haussa les épaules :

— On trouve ces misères-là dans les romans, ma petite ; dans la vie réelle, on les invente pour les besoins de la cause. Je vous dois sept francs, les voici... Mais à partir de ce jour je ne vous donnerai plus rien à faire.

— Par pitié, madame, par pitié, murmura la fillette, d'une voix pleine de larmes.

— Votre insistance serait inutile, ajouta Mme Brady ; j'ai plus d'une raison pour ne pas vous employer ; d'abord, je vous l'ai dit, vous brodez mal...

— C'est possible, madame, répondit humblement la petite ouvrière ; il y a peu de temps que j'exerce cet état... J'ai grand courage et beaucoup de bonne volonté, je m'appliquerai bien, et l'habitude finira par me rendre habile.

— Que faisiez-vous donc avant de broder ?

— Je raccommodais le linge des petits.

— Et vous habitiez Paris ?

— Non, madame, répondit la frêle créature en levant son regard touchant sur la marchande, dans l'espoir qu'un peu de confiance la disposerait favorablement, nous vivions en province. Mon père vendait de la batterie de cuisine, et nous demeurions dans une grande voiture traînée par notre pauvre Coco. De grands malheurs sont tombés sur nous, la boutique ambulante a été vendue, et nous sommes venus à Paris où nous ne connaissions personne... Ma mère est tombée malade de chagrin, et mon pauvre père est presque fou... Comme je suis l'aînée, il me fallait bien tenter de gagner de l'argent; une voisine eut pitié de moi, elle m'apprit à broder... Je sais bien qu'on peut mieux réussir que je ne fais, et cependant je m'applique bien, madame... Donnez-moi encore du travail pour une semaine, une seule semaine si vous voulez... Nous sommes sans charbon au logis et les enfants manquent de pain.

— Je crois que vous aussi manquez de bien des choses.

— Oh! moi! s'écria la petite bossue.

Elle dit ce mot d'une façon navrante. Comme on comprenait bien, en entendant, en regardant cette créature disgraciée, qu'elle s'était toujours comptée pour rien et que le soin des autres l'inquiétait plus que le sien propre!

— Vous avez tort, lui dit sèchement Mme Brady; nous voulons que nos ouvrières soient habillées d'une façon convenable... Si l'une de mes élégantes clientes entrait en ce moment dans le magasin, j'en serais fort humiliée. Vos haillons sembleraient m'accuser d'avarice. Mes ouvrières doivent au moins être proprement vêtues.

— Nous sommes si pauvres, si pauvres! balbutia la fillette.

— Voici vos sept francs, fit Mme Brady.

— Ainsi vous ne me permettez plus de revenir?

— Non, répondit péremptoirement la marchande.

La petite bossue prit nerveusement son enveloppe de lustrine, et, la tête basse, refoulant ses larmes, elle quitta le magasin.

Pendant les quelques minutes qu'elle venait d'y passer, elle s'était en quelque sorte réchauffée! Le poêle faisait une tiédeur douce dans le magasin aux brillantes dorures. Mais maintenant qu'elle se retrouvait dans la rue, sa misère lui parut mille fois plus affreuse. La neige ne tombait plus, mais l'enfant tremblait et ses dents claquaient. Elle serrait entre ses doigts les sept francs qu'elle rapportait. Sept francs! Et pour combien de jours? Sept francs représentaient si peu de pain, et il y avait dans le grenier sombre tant de bouches à nourrir.

N'importe! on mangerait ce soir-là; le lendemain elle chercherait de l'ouvrage. Certes elle n'était pas adroite. Ses doigts, accoutumés au rude ouvrage de la cuisine et de la lessive, maniaient difficilement une fine aiguille et du coton soyeux. Mais la raison donnée par Mme Brady était la vraie : ses haillons faisaient honte au brillant magasin.

Elle courait plutôt qu'elle ne marchait. Quand elle se retrouva dans la rue Bonaparte, elle éprouva un soulagement subit. Chez le boulanger, elle prit un pain de six livres; ailleurs, une demi-bouteille de vin; dans la dernière boutique, une chandelle de suif.

Elle se réjouissait à l'idée d'avoir de la lumière dans le galetas où la nuit tombait si vite. Tandis qu'elle se hâtait d'acheter ses pauvres provisions, une scène de plus en plus navrante se passait dans le grenier.

La mère, épuisée, était tombée sur son lit et se plaignait d'une voix lamentable; les enfants effrayés se mirent à pleurer, et le père, cessant de se dandiner sur la vieille malle, s'avança au milieu de la chambre.

Pendant un moment il demeura inquiet, fouillant du regard les coins de sa demeure; puis il se pencha vers le sol, et fit le geste de relever un fardeau :

— C'est lourd, les morts, fit-il, c'est bien lourd... Celui-là pèse à mes bras, il pèsera sur toute ma vie... Qui l'a tué? Est-ce que je le sais, moi?... Coco allait marcher sur le cadavre et je l'ai défendu contre cette profanation... Ah! j'ai les mains rouges, toutes rouges...

Il frissonna d'angoisse, puis il reprit avec l'accent de la prière :

— Ne m'enfermez pas, mes bons messieurs, ne m'enfermez pas!

— Tais-toi, Ségaud, tais-toi! dit la femme malade. Tu hâteras ma mort avec ta manie de recommencer toujours cette épouvantable histoire.

— Du pain! du pain! crièrent les enfants

— Polichinelle! répéta le père en continuant son rire stupide.

En ce moment la petite bossue parut.

Certes elle était accoutumée au dédain des étrangers, à l'indifférence des siens, à la méchanceté de ses frères, et cependant, ce soir-là, quand elle rentra, brisée de corps et d'âme, grelottant de froid, pliant sous le poids des provisions, et soulevant avec peine ses pieds alourdis par l'eau remplissant ses souliers, elle ressentit comme un coup violent au cœur en entendant le rire de son père accompagner ce nom de sanglante raillerie qu'on lui jetait comme une injure.

Elle venait de courir sous le vent et la neige, elle avait subi des humiliations et des refus, elle apportait le souper de la famille, et l'ironie l'attendait, et le premier mot qu'elle devait entendre était une insulte.

Une seconde, une seule, elle s'accota contre la porte. L'idée lui vint de laisser tomber à terre le pain, l'argent et la chandelle, et de s'enfuir à travers la nuit sans savoir où dormir, où s'abriter. Il lui semblait que partout ailleurs elle serait mieux que dans cette maison où l'ingratitude la payait de ses sacrifices.

Mais les enfants avaient compris qu'elle apportait des vivres. Tous accoururent et, se glissant vers elle, ils s'attachèrent à ses bras, à sa jupe mouillée

— Sœur, du pain ! du pain ! répétèrent-ils.

Et le plus petit, prenant la main de Polichinelle, y posa un baiser.

Cette caresse fit tressaillir la pauvre bossue ; elle la rendit à l'enfant, et, subitement ranimée par ce baiser, elle alluma la chandelle, plaça le pain sur la table, en coupa des tranches longues et minces et les tendit à chacun d'eux. Ensuite elle s'approcha du lit de paille sur lequel sa mère s'était jetée.

— Va-t-on monter du bois ? demanda la malade.

— Non, mère, répondit la petite bossue avec tristesse ; le bois coûte trop cher.

— N'as-tu pas touché de l'argent ?

— Sans doute, mais si peu... si peu...

— Eh bien ! achète du bois, je voudrais voir la flamme gaie et brillante, je voudrais approcher mes pauvres mains du foyer... J'aime tant regarder la flamme !... Autrefois, quand nous courions la campagne, quels beaux feux nous faisions sur les routes quand nous campions près du bois... Tout le mal vient de ton père, tout le mal... La vie est trop dure, bien trop dure...

— Oui, répondit la petite ouvrière, la vie est dure.

— Combien as-tu rapporté d'argent ?

— Sept francs : j'en ai dépensé la moitié, et l'on ne m'a pas donné de travail...

— Pas de travail ! répéta la mère. Qu'allons-nous devenir ?

— Ce que voudra le bon Dieu.

— Il faudra mendier, dit la femme ; les petits et moi nous descendrons dans la rue... On affirme qu'il y a des gens généreux à Paris, des gens qui ne savent point ce qui se passe dans les greniers...

La jeune fille resta un moment immobile et découragée.

Elle s'était attendue, non pas à ranimer la joie dans cet intérieur dont rien ne pouvait plus bannir la tristesse, mais à y faire éclore un mouvement fugitif de satisfaction. Et voilà qu'au lieu de la remercier on se plaignait, on demandait encore...

Elle se roidit contre cette impression. Accoutumée aux dédains, aux reproches, elle gardait la force de les supporter. La chandelle allumée jeta dans le grenier une clarté jaunâtre et triste ; Polichinelle versa un peu de vin dans une tasse ébréchée, coupa un morceau de pain et porta ce souper à la malade.

Celle-ci ne la remercia pas, elle dévora avidement; puis, quand sa première faim se trouva satisfaite, elle répéta :

— Du bois, Polichinelle, va chercher du bois.

La petite fille prit une pièce d'argent et descendit.

Certes, elle aussi éprouvait le besoin de réchauffer ses membres, et cependant elle regrettait la dépense qu'elle allait faire. Le pain manquerait si vite dans la maison! Où trouverait-elle du travail? L'idée de mendier l'effrayait d'autant plus qu'elle gardait conscience de sa laideur, de sa difformité. Chaque fois qu'un mot de raillerie arrivait à son oreille, il lui semblait qu'elle recevait une blessure au cœur. Il faudra cependant en venir là.

Quand la fillette entra chez le charbonnier, il n'y avait personne à la boutique.

Les modestes commerçants dînaient dans la pièce obscure qui leur servait de logement. Une lampe brillait gaiement sur la table, le poêle ronflait et jetait des lueurs par la petite porte de fonte.

L'homme, la femme et les enfants, le visage couvert d'une fine poussière noire qui faisait paraître leurs dents plus blanches et leurs yeux plus brillants, mangeaient une soupe aux choux dont le parfum embaumait. Ce ménage respirait le bonheur et l'aisance. Des mots sonores et joyeux s'épanouissaient sur toutes les lèvres.

Une seconde Polichinelle contempla ce tableau si opposé à celui que présentait sa famille, puis elle demanda une petite quantité de bois.

— Mais il n'y en a pas pour une journée! fit le charbonnier.

— Ma mère veut voir du feu ce soir, répondit Polichinelle, une idée de malade...

— Ce soir... répéta le charbonnier; vous n'en allumez donc pas tous les jours?

— Nous n'en allumons jamais, fit Polichinelle, nous sommes trop pauvres.

Le charbonnier regarda sa femme.

— Monte une charge, mon homme, dit celle-ci, je tiendrai ta soupe chaude.

Claudin enleva le bois, y ajouta deux fagots, et suivit la fillette.

Un moment après, le feu s'allumait dans la cheminée.

— Merci! dit la jeune fille, merci du fond du cœur.

Claudin descendit en courant, et, quand il vit autour de la table ses trois enfants, rouges comme des pommes et frais à plaisir, il bénit le bon Dieu, lui qui venait d'entrevoir dans l'ombre les visages maigres et pâles des petits de la Ségaud.

— Voilà du feu, du feu! répétait la malade en quittant son lit pour se traîner vers le foyer. Il me semble que je me guérirais si j'avais tous les jours de la soupe chaude et si je voyais cette belle flamme. Le froid, ça vous entre dans les os pour vous geler la moelle... Il fut un temps où l'on se chauffait...

L'homme s'était approché, et, traînant la vieille malle, il s'assit dessus, puis il allongea ses jambes maigres vers la flamme. Les petits se roulaient devant le feu en poussant des cris légers. Ils avançaient leurs mains pâles et transparentes vers la lueur rouge qui dansait avec des bruits légers. Ils riaient de ce sourire particulier aux enfants pauvres, ce sourire qui laisse des larmes dans les yeux...

— Je me souviens bien de cette nuit-là, reprit Ségaud ; tantôt la lune brillait sur la route, la faisant paraître blanche comme de l'argent ; tantôt les nuages la couvraient, et l'on eût dit qu'on allait à travers une nuit sans fin... Il était là, je le vois toujours avec ses yeux mornes, ses bras étendus, sa face blême et sa plaie au cœur... Victoire ! Victoire ! aide-moi à soulever le cadavre...

« Ce n'est pas vrai, messieurs les juges, ce n'est pas vrai... Je suis un pauvre homme épuisé par le travail et la maladie... Avec quoi l'aurais-je tué ?... Vous parlez d'un grand couteau, je n'ai qu'un eustache... Et puis l'argent, l'argent ! montrez-le-moi, si vous voulez prouver que j'ai volé... »

Il secoua sa tête grise et répéta d'une voix plus basse :

— Les juges sont des hommes, des hommes ! Tous les hommes se trompent !

Il avait fallu une bien cruelle épreuve pour faire du marchand forain l'être épuisé, à demi fou, que nous retrouvons dans un grenier de la rue Madame.

Après l'enquête qui suivit la découverte de l'assassinat du notaire, Ségaud se trouva compromis. Lui seul avait été trouvé sur la route près du cadavre. Bien que sa réputation ne fût pas mauvaise, sa situation de marchand forain, sans autre domicile qu'une voiture roulante, lui nuisit dans l'esprit des magistrats chargés de procéder à l'enquête. On ne pouvait prouver sa culpabilité, mais il réussissait moins encore à prouver son innocence.

Ségaud fut arrêté. Victoire et sa famille le suivirent à Melun. Les petites économies s'en allèrent, il fallut renoncer au commerce ; le malheureux prisonnier réclamait quelques douceurs, Victoire vendit d'abord les marchandises, puis Coco, dont la nourriture coûtait cher et qui ne travaillait plus. Enfin un saltimbanque, à qui venait l'ambition de travailler en grand, offrit quatre cents francs de la charrette et l'obtint pour ce prix.

Les débats s'ouvrirent en présence d'une foule assez nombreuse. Le comte de Montgrand, venu de Paris, pour témoigner, se borna à raconter de quelle façon l'acte de vente avait été signé. Il produisit la lettre de M⁰ Refus annonçant sa visite pour le soir même, mais ne savait rien de ce qui s'était passé entre le départ de Refus et son entrée sinistre au *Château des Abymes*.

Au milieu d'une douleur poignante, Séraphine parla des dernières heures passées avec son mari. Elle rappela ses terreurs instinctives, ses prières pour obtenir que son mari se munît au moins d'une arme, puisqu'il refusait d'attendre au lendemain pour remettre au comte de Montgrand l'argent versé par M. Grimber. Enfin elle parut surprise que l'on n'eût retrouvé nulle part le chien dévoué qui devait être tombé en défendant son maître.

L'attitude de Ségaud, accusé d'un meurtre horrible, surprit plus d'un juré et plus d'un spectateur de ce drame judiciaire. Pendant la durée de ses interrogatoires, l'ancien meulier se défendit avec une énergie qui déclina progressivement.

Tant qu'il resta en liberté, il garda l'espoir de reprendre sa route et sa vie vagabonde ; du moment où les menottes eurent serré ses mains, où on l'eut jeté dans une cellule de prison, sa confiance s'éteignit, et il se considéra comme perdu. La faiblesse de sa santé s'augmenta d'un commencement d'atrophie de l'intelligence. Ségaud, morne, abattu, à force de repasser dans sa mémoire les mêmes faits terribles et de répéter les mêmes paroles, en vint à ne plus avoir qu'une idée fixe exprimée par des mots rares et monotones. Le cerveau fut pris d'une sorte de paralysie, l'âme s'endormit dans cette crise épouvantable. Quand la justice mit la main sur Ségaud, le marchand était un être vivant, affectueux, intelligent à sa manière ; quand s'ouvrirent les débats, ce fut presque un idiot qui vint s'asseoir sur les bancs de la cour d'assises.

L'acte d'accusation laissa Ségaud absolument inerte. Il répondit au président comme ferait un enfant tremblant à la pensée d'un châtiment terrible.

La portée des demandes qu'on lui adressait, celle des réponses qu'il y devait faire lui échappaient.

— J'ai raconté tout cela dans le temps... murmurait-il ; faites de moi ce que vous voudrez...

Il secouait sa tête alourdie, frottait l'une contre l'autre ses mains osseuses, et retombait dans son apathie.

Les renseignements fournis par Victoire et Polichinelle n'avaient aucune importance. Éveillées brusquement de leur sommeil par Ségaud, elles se souvenaient seulement d'avoir vu leur père et leur mari soulever un cadavre qu'il venait de trouver sur la route.

L'avocat d'office, désigné pour Ségaud, n'eut pas de peine à obtenir l'acquittement de son client. Depuis longtemps, les jurés et les assistants comprenaient qu'on ne pouvait condamner l'accusé sur des indices aussi faibles et qui pouvaient être le résultat de circonstances imprévues et malheureuses.

Quand le chef du jury lut le résultat de la délibération, quand le président prononça l'acquittement de Ségaud, le malheureux demeura plongé dans la même stupeur. Les sanglots de sa femme, les baisers de ses enfants le tirèrent à peine de son apathie. Il se laissa emmener, sans témoigner ni joie ni surprise.

— Ah! s'écria Victoire avec l'expression d'une douleur poignante, c'est un misérable idiot qu'on me rend aujourd'hui... Et dire que l'assassin de M. Refus jouit tranquillement de son double crime!

Le soir, Victoire et ses enfants parlèrent de l'avenir. Il serait sombre, bien sombre.

La voiture était vendue, on avait peu d'argent. Quoi qu'il eût été acquitté, Ségaud n'en restait pas moins déshonoré pour beaucoup de gens. Le plus sage était d'abandonner ce pays où s'était passé ce drame terrible.

Victoire résolut de se rendre à Paris avec ses enfants.

Qu'y ferait-elle? La pauvre femme n'en savait rien; mais ne pouvant plus courir les routes de Nanteuil, de Croutte, de Luzancy, de Saâcy, elle ne voyait plus que Paris devant elle, ce Paris au sein duquel vont s'engouffrer toutes les existences brisées, où se réfugient toutes les misères.

La pauvre famille s'installa dans une chambre modeste, qu'il fallut bientôt changer contre le grenier dans lequel nous l'avons trouvée. Victoire ne pouvait guère s'adonner à un travail quelconque; ses cinq enfants prenaient toutes ses heures, sans compter les soins qu'exigeait l'idiot, devenu de plus en plus incapable de se livrer à un travail quelconque.

Le labeur retomba sur Polichinelle. Elle savait coudre, une voisine lui apprit à broder, et au bout de peu de temps elle réussissait assez bien; mais broderie et couture rapportaient peu de chose, et encore ce peu qui donnait 'u pain ne tarda pas à manquer.

Tandis que Victoire, épuisée par le chagrin et minée par la fièvre, présentait ses mains livides à la flamme joyeuse, Polichinelle se demandait avec terreur :

— Que ferai-je demain?

Mais elle était vaillante, et, retrouvant le courage de lutter pour ceux qu'elle aimait en dépit de leur indifférence, elle ajouta :

— Je chercherai de l'ouvrage de magasin en magasin, et je finirai bien par en trouver...

Il travaillait à l'histoire des Montgrand. (Voir page 62.)

## CHAPITRE VI

## AMBITIONS DE TIBURCE

L'appartement occupé par le père Danglès était d'une simplicité touchant à l'austérité. Quelques portraits anciens, des objets rares contrastaient avec a forme et la valeur des meubles. Les uns avaient été achetés par lui ; les autres étaient des souvenirs légués par son père, épaves précieuses, amassées durant des temps de proscription où les œuvres d'art ne trouvaient guère d'acheteurs.

Danglès était un homme de soixante ans, aux longs cheveux grisonnants, à la physionomie pâle et fatiguée. Une excessive douceur et une loyauté parfaite se reflétaient sur son visage et dans son regard. Ses manières, d'une politesse exquise, trahissaient l'habitude de vivre avec des gens bien élevés. Fort soigneux de sa personne, il gardait l'habitude de porter des souliers à boucles d'argent et une cravate de mousseline. Ce vieillard, propre, régulier dans l'emploi de ses heures, était plus instruit que sa situation ne l'eût pu faire supposer. Tandis qu'il exerçait ses fonctions d'intendant du comte de Montgrand, l'intérêt qu'il portait à ses maîtres, le respect qu'il professait pour cette antique famille, l'avaient porté à consulter les archives et les chroniques afin de rétablir une histoire complète des Montgrand, depuis le règne de Philippe-Auguste jusqu'à la date de la naissance du comte Tancrède-Hector de Montgrand.

Mais les aventures d'une famille illustre se mêlent trop souvent à des événements graves, pour que l'écrivain qui les recherche et tente de les raconter ne se voie point forcé d'étudier toutes les phases de l'histoire auxquelles se lièrent des hommes ayant de hautes charges et de grands emplois. Jean Danglès devint historien afin d'être un biographe véridique, et, depuis qu'il avait été remplacé par Tiburce auprès du comte de Montgrand, des loisirs plus longs lui permirent de s'occuper davantage de ses chères études. Il prit l'habitude d'aller travailler dans les bibliothèques publiques, et, sans avoir l'ambition de publier jamais les documents qu'il entassait, il ne tarda pas à en posséder de curieux, à plus d'un titre.

Que fût devenu ce vieillard volontairement séparé de ses enfants, s'il n'avait eu le travail pour le consoler? Seul, il lui faisait oublier la longueur des soirées; seul, il lui permit d'attendre que son fils achevât ses études et que Léa sortît du pensionnat où elle avait été élevée.

Jamais, bien qu'il connût la situation gênée de la famille de Montgrand, Jean Danglès n'avait eu la pensée qu'elle pouvait songer à vendre les *Abymes*. Il lui semblait que la famille et la terre étaient inséparables. Aussi, quand un soir, pendant qu'enveloppé sous sa vaste robe de chambre il travaillait à l'histoire des Montgrand, il vit entrer chez lui son fils Tiburce, crut-il que le jeune homme, profitant d'un congé de quelques heures, venait simplement l'embrasser. Après les premiers instants donnés à la joie de le revoir, le vieil intendant s'aperçut de la pâleur de son fils.

— Qu'as-tu? demanda-t-il. Es-tu malade?

— Non, mon père; souffrant, un peu, et voilà tout. Je me suis maladroitement pris la main entre la porte de la bibliothèque de M. le comte... Dans trois jours, il n'y paraîtra plus... L'air de la maison me guérira...

— Tu m'accordes donc quelques jours? demanda le vieillard avec effusion.

— Je vous consacrerai toute ma vie si vous le voulez, mon père, je ne suis plus au service du comte de Montgrand.

Le jeune homme prononça ces mots avec une sorte d'amertume.

— Allons! allons! fit Jean Danglès, point de sotte vanité, mon enfant. Tout ce que nous possédons, nous le devons à cette famille. Les bienfaits reçus ne font rougir que les ingrats.

— Soyez tranquille, père, je ne le serai point. Je reviens vers vous, parce que M. de Montgrand n'a plus besoin de mon temps. Les *Abymes* sont vendus, et je m'installe à Paris.

— Les *Abymes* vendus! Que va faire le comte?

— Dieu le sait, répondit le jeune homme; mais au risque de vous causer une émotion terrible, je vous apprendrai quelle double catastrophe s'est passée au château. Le soir même où le comte de Montgrand m'annonçait la vente de sa terre, le notaire qui devait lui en remettre le prix tombait sur la route de Nanteuil... L'assassinat de M⁰ Refus ruinait, d'un seul coup, le comte de Montgrand.

Le vieil intendant fut pris d'un tremblement nerveux.

— Ruinés! nos maîtres ruinés!

— Ou à peu près, mon père.

— En dehors des *Abymes*, il leur restait à peine deux cent mille francs.

— Vous avez raison.

— Que vont-ils faire? Il s'agit de pourvoir M. Tancrède d'une situation. Plus tard, il deviendra nécessaire de doter Mlle Paule...

— Le premier moment a été terrible, mon père, reprit Tiburce, mais la comtesse s'est montrée admirable. Tout de suite elle s'est adressée à la sœur aînée de M. le comte, Mlle Louise-Gonzague de Montgrand, et celle-ci a prié son frère et sa belle-sœur de venir s'installer chez elle. Peut-être surviendra-t-il quelques froissements entre le frère et la sœur; mais, pour le moment, les premières difficultés sont vaincues. Avant le vol des six cent mille francs, le comte m'avait relevé de mes fonctions d'intendant. Je suis donc libre, absolument libre.

— Que vas-tu faire? demanda Jean Danglès.

Le jeune homme ne répondit pas tout de suite; il regarda son père et reprit :

— Avez-vous des projets sur moi?

— Tu as pris tes grades de bachelier et le titre de docteur en droit, toutes les carrières te sont ouvertes. Bien qu'il soit devenu pauvre, le comte de Montgrand possède des amis dont la protection est toute-puissante. Je ne doute point qu'il ne te procure rapidement un emploi honorable.

— Je ne veux point d'emploi, répondit Tiburce.

— Comment vivras-tu, alors?

— Comme la plupart de ceux qui se sentent quelque chose dans les veines et dans le cerveau. Je ne suis pas fait pour végéter dans un bureau sur une chaise de paille, en briguant l'honneur du fauteuil de cuir d'un sous-chef. J'ai besoin de remuer de grandes idées et de grosses affaires. Mes appétits sont vifs et mes dents longues. Permettez-moi de vivre à ma fantaisie et de choisir le métier qui me convient le mieux.

— Mais encore lequel?

— Celui d'homme d'affaires.

— Il m'effraie par son élasticité.

— Bah! d'intendant à homme d'affaires, il n'y a que la main...

— Tu te trompes, Tiburce, il y a le cœur... Un intendant, comme je l'ai été, comme mon père le fut avant moi, tient à la famille dont il défend les intérêts par des fibres intimes et sacrées. Tous les Danglès auraient, sans regret, donné leur vie pour les Montgrand. Pendant les jours néfastes de 93, ton aïeul sauva le comte de l'échafaud et le suivit à Coblentz; j'ai gardé la tradition de mon père; et si, durant quarante ans, la fortune des Montgrand se rétablit, ils le durent à mon ordre extrême et plus encore à mon attachement. Aussi, mon fils, je les aimais trop pour m'enrichir à leurs dépens.

— Mon père!... dit Tiburce.

— Laisse-moi continuer. J'étais loin de penser que notre conversation prendrait cette tournure, mais tu viens de prononcer des paroles trop graves pour que je ne croie point le moment venu de te mettre au courant d'affaires qui, au surplus, sont les tiennes. Je m'effraierais grandement de te voir embrasser la carrière des affaires, parce que tu manqueras d'argent pour en gagner. Les millions seuls attirent les millions; et, loin d'en posséder, nous avons à peine une modeste aisance. Au temps de la prospérité de la famille de Montgrand, je touchais douze mille francs d'appointements par an, et j'en économisais six. Pendant vingt ans, j'ai conservé cette situation.

Alors arriva la grande débâcle, le vicomte se ruina, et le comte Hector paya la dette de son frère. Je possédais à cette époque cent cinquante mille francs. Je déclarai au comte de Montgrand que je n'accepterais plus d'émoluments, et je le suppliai de me garder dans sa maison. Il m'aimait beaucoup, il savait à quel point un refus m'eût blessé. Il eut la grâce d'accepter, et, d'intendant, je devins presque son ami. A partir de ce jour, je ne dépensai plus rien, mais il me devint impossible d'augmenter mon épargne. Votre mère venait de mourir ; je te plaçai dans un collège, ta sœur fut mise dans un des brillants pensionnats de Paris, et tous mes revenus se dépensèrent en professeurs et en règlements de trimestre. Dieu sait combien vos progrès m'ont rendu heureux et fier ! Quand ton droit fut achevé, je souhaitai te voir me remplacer. Je savais bien que tu ne pouvais longtemps te contenter de douze cents francs d'appointements et d'une situation que tu pouvais taxer d'infériorité, mais je croyais devoir à la famille de Montgrand de te mettre à son service aussi longtemps que tu pouvais lui être utile. Je ne prévoyais guère qu'un horrible malheur te chasserait de cette maison. Ta mère et moi, nous nous sommes mariés sous le régime de la communauté. A sa mort, je possédais cent cinquante mille francs... Comme nous nous étions fait mutuellement donation, il vous revient, à toi comme à ta sœur, vingt-cinq mille francs. C'est bien peu, tu le vois, pour entreprendre de grandes choses... Que fait-on à Paris avec vingt-cinq mille francs ? Rien !

— D'abord, mon père, tu peux, sans crainte de me voir démentir, ajouter à ma part celle de Léa. Si je suis ambitieux, ma sœur l'est encore davantage. Elle devine trop bien la vie pour ne pas risquer, à ce jeu de hasard que l'on appelle le succès, ce qui ne constitue pas même la dot d'une petite bourgeoise.

— Mais qu'est-elle donc, sinon une petite bourgeoise ? demanda le père Danglès.

— Elle appartient à la race des femmes qui conquièrent un nom à force de ténacité, de bonheur ou de génie. Je ne sais point ce que fera Léa, pas plus que je ne saurais vous expliquer mes projets d'une façon très nette ; mais vous pouvez être sûr que ma sœur souhaite, autant que moi, parvenir, et que nous arriverons ensemble, au même but, par des chemins opposés.

— Je ne comprends pas tes paroles, Tiburce, répondit le vieil intendant en levant sur son fils un regard inquiet. Ta sœur doit savoir et comprendre que le rôle de la femme qui veut demeurer digne de sa mission est de cacher sa vie dans le sanctuaire de la famille. Léa, si jeune qu'elle fût à l'époque où mourut ta mère, en a reçu de précieux enseignements; pourquoi supposer qu'elle les a mis en oubli?

— Mon père, répondit le jeune homme, d'une voix dans laquelle perçait une sorte de raillerie, je connais mieux le caractère de ma sœur que vous-même. Par une étrange disposition de nos esprits, ni moi, ni elle, nous ne vous ressemblons. Le calme vous semble une partie du bonheur, et nous accepterions toutes les luttes et tous les orages dans l'espoir d'atteindre à des sommets même lointains.

— Comment de telles pensées ont-elles pu naître en vous? demanda le père en secouant la tête.

— Pendant que j'étudiais le droit et que je prenais mes grades, répondit le jeune homme, il m'est resté du loisir pour étudier la société, sous plus d'une face. J'ai conclu de ce que j'ai vu, surpris, entendu, deviné, que la plus large part du bonheur humain était destinée à celui qui possède davantage. Dès lors, la soif de la fortune s'est éveillée en moi. Combien de coquins millionnaires enrichis par tous les trafics n'ai-je pas vus jouir d'une considération presque générale. Je vous assure qu'ils ne se préoccupaient guère du dédain de ceux qui cherchaient au fond de leur passé. La vie est une partie de trente et quarante ou de baccarat, il s'agit de gagner la partie.

— Tu oublies que la plupart des hommes dont tu parles se servent de cartes très douteuses.

— Ce sont les maladroits.

— Tiburce, reprit Jean Danglès, ceux qui ont tenté de te montrer la vie par ce côté et de te persuader que l'argent suffit au bonheur t'ont fait plus de mal que si, goutte à goutte, ils avaient infiltré du poison dans tes veines. J'ai toujours été heureux, parce que je suis demeuré en paix avec ma conscience; et cependant, comme tous les hommes, j'ai subi de dures épreuves. Des enfants bien chers se sont envolés vers le ciel, ta mère les a rejoints; j'ai pris ma part des douleurs de la famille de Montgrand que je considérais comme la mienne. Mais chaque fois que mon cœur saignait, je m'en remettais à Dieu du soin de ma consolation. Je me courbais sous sa main à la fois sévère et paternelle, et ma résignation ne restait pas sans douceur. J'ai travaillé avec acharnement et conscience, sans autre ambition que celle de vivre pendant ma vieillesse sans rien demander à personne. Les chagrins d'autrui ont souvent été les miens. J'ai consolé, et j'ai fait l'aumône. Ma joie la plus sincère était de croire que tu suivrais la même voie et que ta sœur remplacerait, à mon foyer, la compagne que j'ai perdue, jusqu'au jour où elle-même se créerait un intérieur. Je n'avais point l'intention de te proposer de remplir, près d'une autre famille, l'emploi que nous gardions de père en fils chez les Montgrand comme un héritage. Je prévoyais que l'avenir de M. Tancrède, l'établissement de Mlle Paule, exigeraient le déplacement de ceux que j'ai plus aimés encore que servis; mais j'espérais que tu choisirais un emploi honorable, à l'abri des chances de la fortune et des inquiétudes de l'avenir.

— Je vous ai obéi pendant un laps de temps bien long pour mon impatience, répondit le jeune homme. Il me semblait vous devoir cette marque de condescendance et de respect. Aujourd'hui, j'ai vingt-cinq ans. Un événement inattendu oblige M. de Montgrand à se priver de mes services, je vous redemande toute ma liberté. J'en ai besoin pour me créer un avenir suivant mon goût. Les vingt-cinq mille francs que je vais risquer rapporteront au centuple, croyez-le. De plus, mon père, restez convaincu que, en suivant une voie autre que celle dans laquelle je vais me jeter, je deviendrais le plus malheureux des hommes.

Jean Danglès poussa un profond soupir.

— J'en reviens à ma sœur, reprit Tiburce. Jamais vous n'avez pensé à vous inquiéter de ce qui se passait au fond de son âme. Il vous suffisait de songer à sa mère pour croire que Léa lui ressemblerait. Erreur profonde, absolue. Léa, élevée dans un pensionnat à la mode, au milieu de filles riches, accoutumée, dès l'enfance, au bruit, à l'éclat, à la dépense, ne saurait s'habituer à rentrer dans la sphère modeste que vous lui ménagez. Elle est montée dans les voitures de ses amies, elle a passé des jours de sortie dans leurs salons tendus de soie et ornés de dorures. D'instinct, Léa cachait à ses compagnes l'emploi de son père. A la voir si élégante, si jolie, si fière, nul, je vous l'affirme, ne l'eût prise pour la fille d'un intendant. Oh! Léa est née habile, mon père. Elle parviendra au même but que moi par des moyens divers, mais également certains. Votre générosité lui permettait d'acquérir ce qui équivaut à une dot magnifique : des talents. Léa est plus qu'intelligente, mon père! Léa chante avec la perfection d'une cantatrice ; elle sait modeler une statuette et réussir un portrait ; mais, par-dessus tout, Léa écrit avec une grâce, une fantaisie ravissantes. Elle observe et décrit à merveille. Se sachant pauvre, car nous sommes réellement pauvres, elle a résolu de devenir riche, grâce à ses talents. Oh! je n'affirme point que Léa fera payer, au début, ses portraits trois mille francs, ni qu'elle obtiendra les succès d'une Malibran. Je sais seulement que Léa fera sensation partout où elle entrera, que son esprit et ses talents aideront à l'empire de sa beauté, et que trouver un mari riche sera le but de ses patientes recherches.

— Et tu encourages ta sœur à se lancer dans la carrière artistique?

— Je l'y aiderai même puissamment.

— Tu me l'enlèves donc? s'écria douloureusement Jean Danglès.

— Non, mon père. Si vous le voulez, vous nous garderez tous les deux.

— Explique-toi, Tiburce; depuis que cet entretien est commencé, je souffre cruellement, et le calme apparent avec lequel je t'interroge n'empêche pas mon cœur de battre à me rompre la poitrine.

Tiburce regarda son père avec une fixité glaciale, comme s'il calculait ce qu'il pouvait confier de ses projets à cet honnête homme :

— Deux jours après mon retour à Paris, j'ai fait la rencontre d'un ancien camarade de droit, qu'un héritage inattendu met à la tête d'un capital important. Quand je lui donne le titre de condisciple, c'est un peu fantaisiste, car Jules Savourac n'a jamais beaucoup travaillé. Depuis qu'il est riche, il est hanté par la crainte de manger sottement son avoir, et il cherche le moyen de le faire fructifier de telle sorte qu'un jour son revenu suffise à sa passion extravagante pour le plaisir. S'il manque d'aptitudes studieuses, Savourac n'est pas sot, et il m'en a donné la preuve en me proposant de s'associer avec moi. Nous fonderons une maison de banque, et des combinaisons nouvelles nous permettront de réaliser rapidement de gros bénéfices. Naturellement nous devons, tout de suite, afficher un grand luxe, monter notre maison, habiter un appartement situé dans un quartier en plein mouvement parisien, recevoir et prendre, du premier coup, position dans le monde. La dot de ma sœur et la mienne paieront notre installation; Léa est trop fine pour ne point comprendre qu'elle fait un placement avantageux: elle est en même temps trop élégante et trop belle pour que sa présence dans nos salons ne soit pas un grand attrait. Vos enfants seraient heureux de vous voir accepter une place au milieu d'eux. Vous serez chez vous, autant que vous le souhaiterez; mais nous vous garderons la tendresse que nous vous avons toujours portée.

— Non, fit le vieillard d'une voix que la douleur assourdissait, vous ne m'aimez plus, vous me quittez... Sans doute, votre abandon se colore de prétextes, mais vous savez bien que le vieux Danglès n'acceptera jamais de prendre une place au milieu d'une vie factice qui peut si vite se changer en une vie déshonorante. Vous auriez fait, l'un et l'autre, la consolation de ma vieillesse, si vous aviez suivi mes traces et celles de votre mère; je prévois que vous attristerez profondément les dernières années qui me restent à vivre. Je ne puis rien contre votre volonté... La loi me désarme à votre endroit... Léa est majeure et tu as vingt-cinq ans... Souviens-toi seulement, Tiburce, que, si jamais tu portes atteinte à ce nom de Danglès que j'ai gardé honorable et pur, je te maudirai pour ce monde et pour l'autre.

— Mon père !...

— La voie dans laquelle tu t'engages m'épouvante, Tiburce. Est-il encore temps de reculer?

— Non, mon père, répondit Tiburce d'une voix sombre.

— Ta sœur est décidée à te suivre?

— Elle espère que vous viendrez vivre avec nous.

— Et si je refuse?

— Vous l'affligerez profondément.

— Je l'affligerai, mais elle me quittera.

— Je vous l'ai dit, Léa est ambitieuse.

— C'est toi qui lui as inspiré l'amour de l'or et du bruit.

— Détrompez-vous, mon père. Si quelqu'un doit s'adresser un reproche dans cette circonstance, c'est vous seul... Pardonnez-moi si cette vérité vous afflige... Tout jeune, me souvenant des mots entendus, des lectures faites, j'ai cru que tous les intendants de grandes familles devenaient riches... Leur fortune est une sorte de légende... Et jamais, jamais, quand il était question des sommes énormes qu'ils entassaient, on ne semblait les accuser d'avoir commis d'actes indélicats... Ce m'a donc été une surprise énorme quand j'appris de vous que vous n'étiez pas riche... Et encore, prenant ce mot pour une exagération, je pensai que vous possédiez au moins un demi-million...

— Malheureux! je l'aurais donc volé!

— Vous grossissez le mot et l'idée, mon père; ce qui est certain, c'est que je vous croyais presque riche en dépit de vos dénégations. Si vous n'aviez que cent cinquante mille francs, mon père, si vous ne pouviez compter à Léa que la dot réglementaire pour épouser un officier, pourquoi la faisiez-vous instruire dans un pensionnat où n'entrent guère que des filles de millionnaires? pourquoi payiez-vous prodiguement les professeurs qui lui ont donné des talents que vous trouvez aujourd'hui dangereux? Il fallait envoyer Léa dans un couvent modeste, lui faire apprendre la tapisserie, la cuisine et l'art de faire des reprises perdues, l'accoutumer à tenir une maison, et non pas la rendre capable de soulever une salle avec son chant de sirène et de rechercher les jouissances capiteuses de l'orgueil!

— Il m'accuse! Vous m'accusez tous deux!

— Loin de là, si vous nous permettez de suivre notre voie.

— Je la juge pleine de périls.

— Nous n'en voyons pas d'autres.

— Mon fils, dit Jean Danglès, nous ne tarderons pas alors à nous séparer.

— Vous seul l'aurez voulu.

— Ce que je veux, c'est ne côtoyer ni le faux ni le dangereux. En habitant près de vous, je semblerais donner raison aux paroles que vous prononciez tout à l'heure : Les intendants font tous fortune. Je vivrai seul, à part, grâce à une aisance si modeste que, pour vous, elle ressemblera à de la gêne ; j'irai rarement vous voir, et seulement quand vous serez seuls ; je n'entrerai jamais dans ces appartements luxueux dont vous voulez faire une menteuse réclame.

— Oh! soyez tranquille, mon père, nous viendrons souvent chez vous.

— Pendant les premiers jours, les premiers mois peut-être ; mais vous ne tarderez pas à vous trouver pris dans un engrenage, et Dieu sait alors quand, au milieu de vos affaires et de vos plaisirs, vous trouverez le temps de venir embrasser votre père et de vous asseoir à sa table frugale. Quand me quitterez-vous tous deux ?...

— Nos projets n'ont pas encore reçu de commencement d'exécution.

— Ainsi, j'ai le droit d'être père quelques jours encore ?

— Je vous en supplie, n'interprétez pas...

— Je n'interprète pas, je conclus.

Tiburce baissa le front et regarda les cendres du foyer. Pendant un moment il resta silencieux, voyant passer devant le regard de son âme des scènes qui le faisaient tressaillir, et se demandant si ce vieillard ne voyait point l'avenir d'un œil prophétique. Mais Tiburce ne tarda pas à relever la tête ; d'un geste fébrile, il rejeta ses cheveux en arrière ; puis, se levant, il dit au vieillard :

— Ne parlons plus de ces choses attristantes ; le voulez-vous?

Jean Danglès soupira, et Tiburce sortit.

Quand son fils eut quitté le petit salon, tout le calme de l'intendant céda à la violence de sa douleur. Ce qu'il venait d'apprendre était le renversement de ses rêves et le commencement d'une douleur inquiète dont il ne prévoyait pas la fin. Il comprenait seulement que ses enfants étaient perdus, et ce qui lui rendait cette certitude plus douloureuse, c'était la conviction qu'il avait été, d'une façon inconsciente, l'artisan de leur perte. Sa tendresse paternelle s'était trompée. Tout à l'heure, Tiburce avait raison dans son impitoyable logique. Il ne devait pas, lui pauvre, donner à sa fille les goûts d'un luxe dont il lui serait interdit de jouir. Les talents qu'elle avait acquis avec une rapidité et une perfection tenant du prodige, ces talents qu'il considérait comme le moyen de se créer une situation en cas de malheur, se changeaient en un piège nouveau. Au lieu de faire de Léa une ménagère, il lui avait fourni le moyen de suivre une carrière artistique trop fertile en dangers. Oui, dans la raillerie presque amère de Tiburce, se cachait une vérité qui suffirait désormais pour empoisonner la vie du vieil intendant.

Cependant, à force d'y songer, une pensée consolante lui vint. Peut-être Léa n'était-elle qu'entraînée par Tiburce et reviendrait-elle à des résolutions plus sages, quand elle aurait entendu les observations de son père et qu'elle aurait vu, sur son visage, la trace des larmes qu'il versait en dépit de sa force d'âme.

— Je ne vaincrai point l'obstination de Tiburce, murmura Jean Danglès. Tiburce est un homme, et l'avis de ses amis l'emportera sur mes conseils; mais le caractère de la femme est plus faible, son cœur plus sensible. Léa comprendra que je ne puis à la fois perdre mes deux enfants... Elle restera près de moi. Oh! mon Dieu! je ne l'empêcherai point de cultiver les talents qu'elle a su acquérir. Elle chantera pour son père, pour ses amis. La famille de Montgrand l'aime beaucoup. Depuis dix ans, Léa passe ses vacances au château en compagnie de Mlle Paule... Oui, Paule, cette chère petite sainte, sauvera Léa l'indépendante, l'orgueilleuse. Paule lui parlera de Dieu, des droits du père; elle l'entourera d'une amitié protectrice et pure, et Léa me restera... Qu'est-ce que je deviendrais donc si, tout d'un coup, je me trouvais sans enfants?...

L'espoir rentra dans l'âme de Jean Danglès. Il avait besoin de se rattacher à une idée consolante. La prière acheva de le calmer, et il s'endormit presque paisible. Cependant il n'eut pas le courage d'aller près de Léa reprendre la conversation qu'il venait d'avoir avec Tiburce.

Le lendemain, quand sa fille entra dans sa chambre, l'intendant la regarda comme jamais il ne l'avait fait. Il voulait chercher, sur ce beau visage de vingt ans, la trace des pensées ambitieuses dont lui avait parlé Tiburce; il voulait demander à ses yeux magnifiques et sombres le secret de ces éclairs qui parfois jaillissaient sous leurs cils relevés en faisceaux.

Léa avait vingt et un ans, depuis deux mois. Sa taille était haute, souple et forte. Le front, très vaste, se modelait sous d'épais bandeaux de cheveux noirs. Le teint s'éclairait par le regard et le sourire.

Oui, Tiburce avait raison; des orages devaient couver sous ce front altier; cette bouche dédaigneuse pouvait laisser tomber des paroles amères: ce regard, tour à tour éclatant ou voilé, pouvait laisser passer des flammes. Léa possédait la certitude de sa beauté autant que la conscience de sa force morale. Sa volonté ne pouvait plier sous une loi de tendresse; Léa se montrerait implacable pour son père, plus peut-être que Tiburce lui-même.

Le jeune homme avait eu raison, la veille, terriblement raison. Léa était bien la sœur de son frère. Léa, obligée de choisir entre un père qui lui montrerait une vie modeste et la pratique des vertus saintes et cachées de la femme, et un frère qui lui promettait un cadre luxueux pour sa beauté et la facilité de déployer des talents qui pouvaient se changer en autant de moyens de séduction, quitterait, sans larmes, le père dont elle avait été la dernière espérance, pour se joindre au frère qui pouvait l'entraîner vers un abîme, où lui-même roulerait peut-être sans espoir de secours.

La veille, Jean Danglès s'était endormi plein de joie; après avoir regardé sa fille, deux grosses larmes roulèrent dans ses yeux.

— Ah! fit-il, si tu m'avais aimé comme je t'aime!

— Mais, je te chéris, père! répondit Léa d'une voix dont la caresse musicale ne venait point du cœur; jamais père n'a été plus aimé que toi... C'est toi qui ne nous aimes pas ou qui nous aimes mal... Nous serions si heureux de vivre ensemble, de te gâter!... Ce n'est pas notre faute, à Tiburce et à moi, si tu n'es pas dans le mouvement...

— Dans le mouvement!

La condamnation de Jean Danglès tenait dans ce mot. Son vieil honneur, son amour pour une famille à laquelle l'attachaient des liens de dévouement et de reconnaissance, son amour de la vie honnête et calme, rien de tout cela n'était dans le mouvement!

Léa mit du bout des lèvres un baiser sur le front de son père et sortit en fredonnant un air d'opéra.

La voisine ouvrit la porte. (Voir page 76.)

## CHAPITRE VII

### SOUS LES ROUES

L'atmosphère était basse, neigeuse et triste. En dépit de l'armée des balayeurs disséminés dans les rues de Paris, les trottoirs étaient sales et les ruisseaux remplis de fange. Une sorte de brouillard tombait fin et glacial. Les passants marchaient vite et semblaient avoir hâte de rentrer chez eux.

Une pauvre créature, outrageusement contrefaite, et dont le regard navré racontait toute une jeune vie de douleurs, se dirigeait vers l'église Saint-Sulpice. Trois enfants s'accrochaient à ses jupes d'indienne effrangées, le quatrième trottait sur le pavé le plus vite que le lui permettaient ses petites jambes. Tous étaient pâles et gardaient, au fond de leurs prunelles, cette impression étrange que l'on trouve dans le regard de ceux qui ont eu peur et faim. L'un d'eux traînait une paire de sabots rapiécés de plaques de zinc; l'aîné s'était entortillé les pieds dans des paquets de loques. Leurs cheveux longs, humides, collaient sur leurs joues pâles, et, tout en marchant, ils murmuraient des plaintes et des prières.

— Ne craignez rien, ne pleurez pas, mes chéris, dit la petite bossue; dans une heure vous pourrez manger... Ceux qui sortent de la maison de Dieu, l'âme attendrie par la prière, ouvrent facilement la main pour l'aumône... Il y aura dans le grenier du feu pour la mère et de la soupe pour tout le monde... Quand vous serez sur les marches, vous répéterez bien doucement : « La charité, s'il vous plaît »; et on vous donnera... Alors vous remercierez avec reconnaissance... Dieu, qui ne m'a pas permis de trouver du travail, enverra ses anges au-devant de vous...

— Bien sûr, Polichinelle, fit le dernier enfant de Victoire, nous mangerons de la soupe chaude?

— Bien sûr, répondit Polichinelle; seulement il faut nous hâter... On ne nous connaît pas, et, si toutes les bonnes places sont prises, comment ferez-vous?... Vite! vite, mes chéris! la messe sonne...

La bossue s'efforça de marcher plus vite et d'entraîner ses frères et ses sœurs. En effet, un nouvel office s'annonçait à grande volée de cloches, et la foule s'empressait d'arriver; mais, en même temps, les fidèles sortant de l'église, après avoir assisté à une messe plus matinale, formaient un courant complètement opposé. Les voitures s'arrêtaient avec fracas devant le grand escalier, les passants se heurtaient, l'encombrement se faisait sur la voie. Polichinelle, qui traînait après elle les enfants, s'en vit brusquement séparée par un mouvement inattendu de la foule. Elle appelle, elle crie, elle se hausse sur la pointe des pieds, afin de voir ce que sont devenus les petits. Dieu du ciel! tous trois affolés, se tenant par la main, roulent entraînés par la vague humaine; ils tombent, les voitures roulent, les chevaux piaffent, les malheureux sont perdus...

Polichinelle s'élance dans la direction des enfants, elle les voit culbutés sur le pavé entre les jambes de deux énormes chevaux, les roues de la voiture vont passer sur leurs corps frêles... Elle se jette à terre, rampe sur le sol, se glisse entre les chevaux et les roues, attire Ninette et la rejette hors du chemin; mais le petit François et Céleste vont périr peut-être, et Polichinelle, à genoux sur le pavé, saisit les chevaux au mors et s'efforce de le faire reculer.

Pauvre créature si faible, si pâle, elle voudrait lutter contre ces lourds Mecklembourgeois! Les chevaux agitent la tête, secouant l'obstacle qui les agace plus qu'il ne les gêne, et Polichinelle tombe à la renverse. Sa tête porte contre l'une des roues; elle ne sent et ne voit plus ce qui se passe autour d'elle... D'instinct, elle étend encore ses bras pour protéger les enfants; puis il lui semble que sa tête éclate et qu'elle roule dans un abîme plein d'ombre.

L'action de Polichinelle a eu du moins le résultat d'attirer l'attention sur les petits enfants et sur l'attelage. Un homme robuste contraint les chevaux à reculer, Ninette et François sont remis sur leurs pieds, Céleste les rejoint, et Maurice, le dernier dégagé, appelle sa sœur avec des cris perçants.

Un groupe de curieux, les uns émus de pitié, les autres indifférents, s'est formé autour des petits. Polichinelle, que l'on vient d'asseoir sur un banc, ne donne plus signe de vie. Les uns parlent de la transporter à l'hospice; les autres, d'aller chercher le médecin.

En ce moment, une belle jeune fille, qui, du haut des marches de Saint-Sulpice, avait été témoin de l'accident, fend avec peine la foule, et, toute confuse de sa charitable hardiesse, elle s'approche du banc sur lequel l'enfant est évanouie.

Une femme d'âge moyen, qu'à sa tenue discrète, à son costume sévère, on devine être une servante de bonne maison, semble attendre les ordres de la jeune fille. Celle-ci détache tranquillement son manteau de velours, en abat le capuchon sur la tête souillée de sang et de boue de Polichinelle; puis, faisant signe au cocher d'une voiture qui stationne à quelques pas, elle ordonne à la femme de chambre de prendre la petite bossue et de la porter jusqu'à la voiture, tandis qu'elle-même, groupant autour d'elle Céleste, François, Maurice et Ninette, leur aide à gravir le marche-pied.

La portière se referma, et le cocher, s'adressant à la femme de chambre:

— Où dois-je conduire mademoiselle?

— Germain, dit la jeune fille, éloignez-vous un peu de cette foule, tandis que je vais demander leur adresse à ces enfants.

— Rue Madame, n° 43, dit Maurice.

La femme de chambre répéta l'adresse.

Un moment après, la voiture, franchissant cette courte distance, s'arrêtait devant le numéro indiqué.

Polichinelle était toujours évanouie, et les quatre petits enfants pleuraient.

— Est-ce que ma sœur va mourir? demanda Céleste.

— Non, répondit la jeune fille, le bon Dieu la sauvera.

— C'est égal, fit Maurice, nous n'aurons pas de soupe chaude.

Le cocher ouvrit la portière et aida la femme de chambre à prendre dans ses bras le corps de la petite blessée.

Hélas! elle n'était pas bien lourde à porter, cette pauvre Polichinelle, usée par le chagrin, pâlie par la famine! Sa tête roula sur l'épaule de Mlle Angélique, et la jeune fille dit aux enfants :

— Montez les premiers, et indiquez-nous le chemin.

Les quatre enfants s'élancèrent dans l'escalier.

Mlle Angélique les suivait; sa maîtresse venait la dernière.

Au moment où celle-ci venait d'arriver au quatrième étage, une porte s'ouvrit sur le palier, et un beau jeune homme, à la physionomie intelligente et sympathique, parut sur le seuil d'un grand atelier.

— Monsieur Posquères!

— Mademoiselle de Montgrand!

Ces deux exclamations furent poussées à la fois par Paule et par Remy

— Comment vous trouvez-vous dans cette maison, mademoiselle?

— J'y ramène une pauvre enfant blessée.

— Avez-vous besoin de moi?

— Je le crois, monsieur Remy.

L'artiste suivit Paule de Montgrand.

En entendant le galop des enfants dans l'escalier, la voisine de Victoire, qui était avec elle en ce moment, alla ouvrir la porte. Les petits pénétrèrent dans la pièce. Leurs cris incohérents, leurs larmes n'avaient rien appris à la mère, qui se demandait, anxieuse, pourquoi ils revenaient si vite et pourquoi surtout ils revenaient les mains vides.

Avant qu'elle eut le temps d'obtenir un éclaircissement, la femme de chambre de Mlle de Montgrand parut, en soutenant dans ses bras la blessée.

Victoire bondit au-devant d'elle. La mère se retrouva, la mère eut un cri de lionne à qui l'on vient de tuer un de ses petits. Elle s'était montrée souvent dure et mauvaise pour Polichinelle; mais, en ce moment, ses entrailles criaient; elle souffrait, elle avait l'âme remplie d'angoisse.

— Morte! Elle est morte!

Paule s'avança vers la pauvre femme.

— Consolez-vous, dit-elle, je la crois seulement évanouie.

Angélique jeta un regard autour d'elle, se demandant sur quel lit elle pouvait déposer la blessée; mais il n'y avait point de couchette, et il fallut placer Polichinelle sur un amas de vieux crin végétal.

Remy Posquères prit un flacon de sels dans sa poche; il demanda de l'eau, et, aidé par Mlle de Montgrand, il lava la blessure que la jeune fille portait à la tempe. Elle saignait beaucoup, mais elle ne présentait pas de danger.

Un soupir entr'ouvrit les lèvres de la pauvre créature; ses paupières battirent, et son regard humide se reposa sur le beau visage de Mlle de Montgrand.

— Les enfants? demanda Polichinelle.

— Sauvés! répondit la jeune fille, émue jusqu'aux larmes de cet oubli d'elle-même dont la jeune ouvrière contrefaite donnait la preuve.

Polichinelle devina qu'elle avait été ramenée dans le grenier.

Assis sur une chaise, et se balançant avec un mouvement monotone en cachant son visage dans ses mains, Ségaud n'avait rien paru comprendre à ce qui se passait autour de lui. Il parlait à mi-voix et semblait s'adresser à des personnes imaginaires.

— Ma bonne Angélique, dit la jeune fille, vous voyez ce qu'il faut faire sans que je vous donne aucun ordre, n'est-ce pas? Agissez pour le mieux, voici ma bourse.

— Vous acceptez mon aide, mademoiselle? demanda Remy Posquères.

— De grand cœur.

— Je vous laisse ici; mieux vaut d'ailleurs que ces pauvres gens se trouvent un moment seuls avec vous. Les malheureux oseront tout vous dire.

Remy Posquères rejoignit la femme de chambre qui descendait l'escalier avec précaution.

— Qu'allez-vous faire? lui demanda-t-il.

— Acheter du pain, monsieur; on dirait que ces gens-là n'ont pas mangé depuis huit jours.

— Cela se pourrait bien... répondit Posquères d'une voix sombre.

Il s'arrêta dans le couloir que la concierge balayait.

— Qu'avez-vous à louer? lui demanda-t-il.

— Est-ce pour vous, monsieur?
— Qu'importe! Je répondrai du loyer.
— Dame! j'ai un logement de trois pièces.
— A quel étage?
— Au quatrième.
— Sur la cour?
— En plein midi, sur la rue.
— Voilà dix francs, je l'arrête.
— Sans le voir?
— Vous ne voudriez pas me tromper.
— Ça, c'est vrai, monsieur; je vous estime trop pour cela.
— Maintenant, voici quinze louis; courez chez un marchand de meubles d'occasion qui demeure au coin de la rue; achetez un lit qu'on va monter tout de suite, et quelques meubles indispensables, à la condition que chacun de ces meubles va être posé sur l'épaule d'un ouvrier robuste et que dans une demi-heure l'aménagement se trouvera terminé.
— Et, sans vous commander, qui va occuper le logis?
— Par ma foi! répondit Posquères, j'ai négligé d'apprendre le nom de vos locataires; seulement, je puis vous affirmer qu'ils sont bien les frères de Jésus-Christ à en juger par l'excès de leur misère.
— Je cours, je vole et reviens, monsieur.
— Je ramènerai un médecin, ajouta Remy.

Le jeune homme courut chez un docteur célèbre du quartier; mais le prince de la science faisait ses visites. Ne sachant à qui s'adresser en dehors de cette puissance médicale, Posquères entra dans la boutique d'un herboriste afin d'avoir une nouvelle adresse.

— Monsieur tient-il au nom? fit le marchand d'herbes médicinales.
— Je tiens au talent, répondit Posquères.
— Alors n'allez pas plus loin, monsieur.

L'herboriste ouvrit la porte de son arrière-boutique :
— Monsieur Pierre, dit-il, quelqu'un a besoin de vous.

Un jeune homme très pâle sortit de l'ombre.
— Que souhaitez-vous, monsieur? demanda-t-il avec un empressement mêlé d'humilité.
— Votre aide immédiate pour une blessée.
— Je suis à vous, répondit le jeune homme qui suivit Remy Posquères.
— Nous allons monter six étages, reprit l'artiste.

— La clientèle dont je m'occupe ne loge jamais ailleurs.

Remy regarda plus attentivement le jeune médecin. C'était un garçon très jeune, et sans doute rudement éprouvé par la vie. Son paletot râpé l'habillait d'une façon insuffisante, et l'on eût dit, en voyant ses membres grêles ballotter dans ce vêtement trop ample, qu'il n'avait pas été fait pour lui. Tout, dans sa personne, trahissait une misère latente supportée par habitude et sans espoir de la voir cesser.

Quand les deux jeunes gens rentrèrent dans le grenier, Mlle Angélique était revenue chargée de provisions de toutes sortes, et les enfants affamés dévoraient à belles dents un déjeuner plantureux. La mère ne songeait en ce moment qu'à sa fille Polichinelle, et, quand elle jeta ses bras autour du cou de la malade, il sembla à Victoire que Dieu venait de l'absoudre d'une faute qui pesait terriblement sur son âme.

L'idiot mangeait sans s'occuper de ce qui se passait autour de lui. Le jeune médecin frissonna en pénétrant dans le grenier. Certes il avait l'habitude de voir des logements de pauvres et de misérables taudis; mais la folie, la misère, les infirmités réunies formaient un si épouvantable ensemble qu'il se sentit le cœur pris comme dans un étau.

— Eh bien! docteur? fit en s'approchant Mlle de Montgrand.
— Dans quinze jours, la blessure sera guérie.
— Merci pour cette bonne nouvelle, docteur.

Le jeune homme pâle se pencha vers Paule.
— Ce n'est pas la blessure qui m'inquiète, dit-il.
— Quoi donc, monsieur?
— La santé générale. Il y a trop de misère ici, mademoiselle.
— Grâce à Dieu, ce soir, j'aurai avisé au plus pressé.
— Alors je réponds de la blessée.

La grave figure de la concierge s'encadra dans la porte.
— Tout est prêt, mademoiselle, dit-elle.

Mlle Angélique et Mme Vermeil descendirent la jeune fille, qui tremblait déjà qu'on la conduisît à l'hospice.

Il ne fallut pas vingt minutes à la concierge pour faire dresser les lits et monter les armoires; elle fournit son linge, et Polichinelle se trouva bientôt couchée dans un lit moelleux. La pauvre créature oublia un moment sa souffrance; la sensation de bien-être qu'elle éprouvait rappelait sur son pâle visage le rayonnement de la vie.

— Vous êtes chez vous, ma chère enfant, lui répondit Posquères ; sans consulter Mlle de Montgrand, je me suis mis de moitié dans sa bonne œuvre.

Il s'inclina vers Paule et il ajouta :

— Je dois tout à votre père, mademoiselle, j'essaierai de payer ma dette aux malheureux.

Tandis que Victoire s'occupait des enfants et qu'Angélique aidait au médecin à préparer un bandage, Paule reprit :

— Je vous croyais en Orient... Mon père m'a souvent parlé de votre dernière visite; elle coïncidait avec un événement doublement tragique et malheureux.

— Lequel? demanda Posquères avec inquiétude.

— Notre ruine et l'assassinat du notaire de Nanteuil. Vous n'avez sans doute rien appris de tout cela?

— Rien, répondit Posquères qui était devenu subitement pâle. Comme votre père le savait, je partais pour l'Orient. Je n'ai point encore eu le temps de ranger mon atelier et de déballer les curiosités que j'ai apportées... C'est la Providence qui nous rapproche, mademoiselle, j'allais presque dire ma sœur...

— Ne craignez point de prononcer ce mot, monsieur Posquères; oui, en vérité, vous êtes bien un frère pour moi. Chaque fois que le bruit de vos succès est arrivé jusqu'à moi, j'ai senti une joie profonde m'épanouir le cœur. Nous avons grandi, je ne dirai pas ensemble, mais en même temps. Quand vous êtes devenu un jeune homme, je cessais d'être une petite fille. Mon père fait de votre talent et de votre caractère le plus grand cas, et j'imite mon père. Et puis, voulez-vous savoir pour quelle raison je vous admire et je vous conserve cette fraternelle affection à laquelle vous paraissez tenir? C'est que vous avez employé vos talents divers à la diffusion du bien et que, en devenant un homme célèbre, vous êtes, j'en suis certaine, demeuré un chrétien fervent.

Remy secoua la tête.

— Croyant, oui, mademoiselle Paule, mais non fervent.

— Eh bien! fit-elle, vous le redeviendrez, afin de prier pour mon père, pour mon frère Tancrède et pour moi.

— Que le Seigneur vous comble tous de ses bénédictions!

— Vous viendrez nous voir, j'espère?

— Ce soir, si vous le permettez...

— Nous habitons le petit hôtel de ma tante...

— Je le connais, fit Posquères, je me souviens d'y avoir dîné avec vous.

— Comme c'est loin ! fit Mlle de Montgrand.

— Chère sœur, je vous retrouve, et il me semble que c'était hier.

Paule tendit la main à Remy.

— Certes, dit-elle, en quelque occasion que ce fût, j'aurais été satisfaite de vous revoir, mais il m'est doux de partager avec vous une bonne action...

— ...dont vous avez pris l'initiative.

— Soit ! Mais vous en avez trouvé le couronnement.

Le docteur venait d'achever d'entourer le front de Polichinelle de bandelettes, et la tête blonde de la petite martyre reposait sur l'oreiller blanc.

— Mademoiselle, dit le médecin, c'est à vous que je confie mon ordonnance : une nourriture succulente, du vin de Bordeaux, et, s'il se peut, une part au gâteau du bonheur.

— Je surveillerai votre malade, monsieur.

— Voulez-vous me donner votre bras ? ajouta le médecin en s'adressant à Victoire.

Celle-ci le tendit avec indifférence. Elle se savait assez gravement atteinte pour ne rien attendre de la science ni de l'avenir.

Victoire regarda le docteur avec une sorte de pitié.

— J'ai mon compte, dit-elle, plus que mon compte.

Mlle de Montgrand avait compris le regard de Victoire ; elle se rapprocha du médecin.

— C'est grave ?

— Très grave, répondit le docteur.

— Quelle maladie a cette femme ?

— Une maladie noire qui s'appelle la misère.

— Et la science est impuissante ?

— Nous venons peut-être trop tard.

Paule baissa la tête, et une larme roula au bord de ses cils.

— Je n'épargnerai rien, docteur, dit-elle, rien.

— Et vous pouvez compter, mademoiselle, que mes soins ne feront pas défaut.

Victoire retourna près de Polichinelle, et les enfants s'assirent gravement sur des chaises. Ils semblaient tout heureux de voir le changement survenu dans l'intérieur de la famille.

Remy Posquières se rapprocha de Paule après avoir lu l'ordonnance du docteur.

— Par quel hasard vous trouvez-vous dans cette maison ? lui demanda-t-elle.

— Moi, j'y demeure.

— Vous avez donc changé d'atelier?

— Trois jours avant de partir pour l'Orient. C'est vous dire que, arrivé hier au soir, je n'ai point eu le temps de connaître le nom des locataires ni la position sociale de mes voisins. Seulement, à partir de cette heure, vous pouvez être certaine que j'adopte vos pauvres; n'est-ce point simplement un droit que j'acquitte? Et tenez, poursuivit l'artiste en regardant la jeune fille avec l'expression d'une admiration respectueuse, puisque la charité vous amènera souvent dans cette maison, vous seriez mille fois bonne de faire l'aumône à deux indigents à la fois.

— Êtes-vous un de ces indigents? reprit Paule.

— J'ai du moins à implorer une grâce.

— Laquelle?

— On veut bien m'accorder du talent, et, sans fausse humilité, je puis bien avouer, n'est-ce pas? que je me sens une certaine valeur. Eh bien! je ne me croirai un véritable artiste que le jour où vous aurez consenti à me laisser faire votre portrait. La comtesse de Montgrand, intéressée par le récit que vous allez lui faire, viendra, elle aussi, chez la petite bossue; daignez, en passant, entrer dans mon atelier. Vous savez combien votre mère vous aime, je tâcherai de bien saisir les lignes de votre visage et l'expression de votre physionomie, et je ferai un beau portrait.

— Monsieur Posquères, répondit Paule, j'y songerai. Si je quittais ma mère, elle s'estimerait en effet très heureuse d'avoir mon portrait peint par vous.

Paule dit ces mots : « Si je quittais ma mère » avec une expression de gravité dont Remy se souvint plus tard.

— Est-ce promis? demanda l'artiste.

— En ce qui me concerne, oui.

— Et pour le reste?

— J'essaierai d'obtenir le consentement de ma mère.

— Merci, ma sœur Paule ! fit Posquères avec joie.

Mlle de Montgrand se rapprocha du lit de Polichinelle qui venait de tomber dans une sorte d'assoupissement. Elle prit les mains de Victoire et murmura à voix basse :

— A bientôt.

— Vous reviendrez ! C'est bien vrai, vous reviendrez?

— Peut-être demain.

Au moment où Paule franchissait le seuil de la chambre, elle ajouta en adressant un sourire à Posquères :

— Je vais annoncer votre visite pour ce soir.

Mlle Angélique et Paule de Montgrand disparurent.

Tandis que l'artiste et Paule échangeaient leurs dernières paroles, le médecin s'était rapproché du pauvre fou. Le malheureux nouait et dénouait machinalement un bout de corde et répétait des phrases incohérentes. Mais, si aucune liaison ne pouvait être établie entre les mots qu'il prononçait, l'ensemble de ses exclamations, de ses reproches, de ses prières, prouvait qu'une pensée unique absorbait sa pauvre intelligence. Pour lui, la vie s'était arrêtée le jour où il comprit qu'on l'accusait d'assassinat. Serait-il possible de rétablir l'équilibre dans ce cerveau fatigué ? Des soins incessants triompheraient-ils de l'atrophie de l'idée et du souvenir ? C'est ce que se demandait le pâle jeune homme qui considérait l'idiot multipliant les nœuds de son bout de corde avec un plaisir enfantin.

— Les rets de la justice, murmurait-il, les rets de la justice... Je suis pris, pris... Les juges sont des hommes, des hommes ! Je vois toujours la route toute blanche sous la clarté de la lune et l'homme étendu en travers... avec ses yeux morts et sa plaie saignante... On ne doit jamais, jamais ! couper la corde des pendus...

Et il se mit lugubrement à rire en dénouant les nœuds de la ficelle.

— Cet homme n'est pas né idiot, dit le médecin ; sa folie provient de quelque événement... Plus tard, monsieur, quand nous connaîtrons mieux cette famille, vous et moi nous parviendrons peut-être à sauver le père comme nous sauverons la fille.

Posquères se rapprocha de Victoire et lui glissa dans la main quelques pièces d'argent.

— Ne vous inquiétez plus, lui dit-il, nous sommes voisins.

Il quitta le logis des Ségaud en même temps que le docteur.

Posquères hésitait à quitter si vite le médecin. Il lui semblait qu'il avait besoin de connaître davantage ce jeune homme, vers lequel l'attirait une instinctive sympathie. Il ne savait pas s'il devait oser l'exprimer tout de suite, et il restait immobile, la main à demi tendue. Mais Remy était l'homme des résolutions ; il avait jugé rapidement celui que la Providence mettait sur sa route, et, de cette voix franche qui était un de ses grands charmes, il lui dit :

— Je serais heureux de causer avec vous ; si vous en avez le temps, entrez chez moi, tout près, voici la porte. Je vous montrerai des choses qui vous intéresseront, et nous parlerons de mes protégés devenus vos clients... Ou plutôt, tenez, je suis à côté de la vérité ; vous me semblez un garçon de talent et de cœur, il me semble que je serais heureux de vous compter au nombre de mes amis. Je vous tends la main, serrez-la si vous éprouvez pour moi la moitié de ce que je ressens pour vous.

La pâleur du jeune homme devint plus grande encore; puis, un flot de sang montant à ses joues, sa physionomie maladive retrouva soudainement le rayonnement de la jeunesse et d'une beauté toute dans l'expression du regard. Il resta une minute sans répondre, comme si une joie inattendue l'étouffait. Peut-être aussi, avec la sagacité qui était l'une des qualités de son intelligence, analysait-il rapidement les goûts, les vertus, les défauts de Posquères; mais s'il y eut une seconde d'intervalle entre la question de Remy et la réponse du docteur Pierre, l'étreinte loyale de sa main compensa amplement cette hésitation.

Posquères ouvrit la porte de l'antichambre en ce moment encombrée de caisses et de ballots; puis il l'introduisit dans son atelier.

Après avoir fait les acquisitions commandées pour la famille de Polichinelle, la mère Vermeil s'était dit avec sagacité que le petit Arabe, composant toute la maison de l'artiste, ne viendrait jamais à bout de mettre suffisamment d'ordre dans l'appartement. Elle avait donc offert son aide à Agab qui s'était empressé de l'accepter, et, le plumeau de l'une, les balais de l'autre ne tardèrent pas à chasser la poussière qui ternissait l'or des cadres, les groupes de marbre et les tentures de Beauvais. Quand un ordre relatif fut rétabli dans l'atelier, la mère Vermeil songea au déjeuner. Elle descendit l'escalier avec la rapidité d'une soubrette, entassa d'excellentes provisions dans un vaste panier, et, lorsqu'elle revint, Agab achevait de dresser le couvert.

Il connaissait assez les goûts de son maître pour disposer toute chose avec art, et, au moment où Posquères ouvrit la porte de l'atelier, il aperçut, sur la table dressée, un poulet froid bien doré, une magnifique langouste étalant ses pinces rouges au milieu d'une bordure de persil, des harengs crus de Hollande, un pâté de foie gras, des fioles de vins d'aspect vénérable.

Il sourit, car Posquères, bien qu'il sût en voyage se montrer d'une sobriété spartiate, n'était point ennemi de la bonne chère; d'ailleurs, les cuisines exotiques auxquelles il venait de goûter devaient lui faire paraître meilleure une bonne table française.

— Voulez-vous que nous causions à table? demanda-t-il au docteur.

Le jeune homme pâle prit un siège, et Posquères ajouta :

— Quand nous aurons goûté le pain et le sel, nous serons tout à fait amis à la façon des Arabes, sous la tente desquels j'ai dormi... à la vie et à la mort...

LE CHATEAU DES ABYMES

— Le soir, je faisais des cours à de jeunes étudiants. (Voir page 89.)

## CHAPITRE VIII

### UN AMI

Les jeunes gens parlèrent peu durant le repas. Peut-être la présence d'Agab les gênait-elle; peut-être aussi Remy Posquères, remarquant avec quel appétit son convive appréciait le déjeuner servi par la mère Vermeil, se serait-il fait un scrupule de distraire son hôte de ses éloquents coups de fourchette. Et cependant, parfois, le jeune homme pâle s'arrêtait, pris de crainte. Il tremblait que l'on comprît qu'il avait faim. La pudeur de sa misère le prenait à la gorge et le portait à repousser son assiette remplie de mets délicats. Mais un sentiment meilleur que l'orgueil l'emporta : ce fut celui d'une reconnaissance vive, presque enthousiaste déjà pour l'artiste. Aussi, lorsque Remy lui tendit un cigare, le docteur l'examina en connaisseur et dit en souriant :

— Ce genre de poison est cher : il y a bien longtemps que je n'ai fumé !
— Voici une caisse remplie de tabac d'Orient, ajouta Remy.

Le jeune médecin alluma son cigare, puis il dit d'une voix presque triste :
— Vous souhaitez apprendre mon histoire, n'est-il pas vrai?
— Ce n'est pas absolument exact, répliqua Posquères; je désire vous connaître parce qu'il me semble que je suis sur le point de devenir votre ami. Ne souriez pas, dans votre misanthropie précoce et dans votre sagesse un peu hautaine; ce que je vous avoue avec naïveté est le résultat d'une impression que j'ai seulement sentie deux fois dans ma vie; et je suis très vieux, si je récapitule ce que j'ai souffert et ce que j'ai vu souffrir... Cependant, si vous ne croyez pas devoir me témoigner cette confiance, ou si vous jugez nécessaire de m'étudier auparavant, je vous laisse absolument libre...
— Mais vous seriez bien surpris si je profitais de cette permission !
— Faut-il vous l'avouer?
— Pourquoi pas?
— J'ai des défauts, sans nul doute, reprit Posquères; mais ces défauts ne m'empêchent point d'être digne d'amitié et de dévouement. Mes travers n'ont jamais fait tort qu'à moi, et mes vertus sont utiles à beaucoup. J'ai le cœur fier et tendre tout à la fois. Vous me trouverez tour à tour très sérieux et puéril jusqu'à l'enfantillage. Je juge tout de haut, et je méprise les hypocrites, les avares et les lâches. J'excuse les passions, parce que j'ai les miennes; mais je travaille à m'en corriger, et j'estime que notre vie doit se passer à chercher, non point la perfection qui est l'attribut de Dieu, mais l'amélioration qui est la marche de l'humanité vers le Christ. J'ai toujours regretté le mal commis; je ne me souviens pas d'avoir jamais fait une action vile. Je confesse que j'ai des caprices, des fantaisies, presque des folies intermittentes. Je m'engoue tour à tour pour une science ou pour un art. J'apprends tout avec une facilité trop grande pour tirer vanité de ce que je sais. Si je m'étais voué à une seule branche de l'art, je serais célèbre aujourd'hui ; mais je fais successivement de la poésie, de la peinture et du modelage. J'ai peint des vitraux et des fresques. Je serais capable de bâtir un palais et de rêver une cathé-

drale. La beauté m'attire sous toutes ses formes, mais la beauté morale me retient seule. Je gagne énormément d'argent, et je le dépense avec une facilité déplorable. Mon atelier renferme pour deux cent mille francs de bibelots, et jamais je n'ai fait un meilleur placement, puisque chacun de ces objets est à son heure, pour moi, une inspiration, une idée. Je me plais et je ne travaille qu'au milieu de ces tapisseries antiques dont les fils d'or se mêlent à la soie aux tons doux, de ces crédences chargées de spécimens de tous les émaux, de ces orfèvreries massives s'étalant sur des guipures de Venise. Tout cela me charme, m'émeut et garde le pouvoir d'évoquer devant moi des époques disparues... Il ne me reste plus qu'à vous parler de mon cœur... Peut-être ferais-je mieux de me taire à ce sujet... On décrit mal ce qu'on ignore... Je n'ai pas eu le temps de m'abandonner à des affections tyranniques : tout ce que je sais, c'est que je ne trouve dans mon âme que deux figures de femmes : celle de Mlle Paule de Montgrand et celle de la comtesse sa mère.

— Cette jeune fille est bien belle, dit le docteur.

— Oui, mais belle d'une beauté qui n'est point de ce monde. Chaque fois que j'ai regardé Paule (je puis bien l'appeler ainsi, car je l'ai connue tout enfant), il m'a semblé voir un être au-dessus de l'humanité. Cette impression a été chez moi plus vive aujourd'hui que jamais. Je n'avais pas vu Mlle de Montgrand depuis deux années, et je suis resté frappé du caractère de grandeur revêtu par sa physionomie. N'avez-vous point remarqué, vous qui devez voir vite et bien, quelle atmosphère à part semble envelopper cette jeune fille? On parle souvent des anges terrestres et des créatures qui se souviennent trop du ciel pour n'avoir pas, sans fin, l'ambition d'y remonter; croyez-moi, Paule est de celles-là. Toutes ses aspirations sont pour Dieu; toutes ses tendresses, pour les pauvres. Je l'admirais, plein de respect, tandis qu'elle appuyait contre son cœur la tête de cette pauvre petite blessée; et jamais expression d'amour et de pitié ne se traduisit mieux sur un beau visage. Si je voulais peindre l'image de la miséricorde s'inclinant au chevet des souffrants, j'exécuterais le portrait de Paule. Du reste, toute enfant, elle annonçait déjà qu'elle serait belle, et l'on sentait qu'elle était bonne. Je vous ai dit l'avoir vue encore toute petite, quand sa taille ne dépassait pas les grands boutons d'or des prairies. Voyez-vous, c'est que j'ai été seul en ce monde, seul et pauvre! avec des instincts mal définis pour l'étude, mais, à coup sûr, impossibles à développer et à satisfaire. C'est alors que la Providence m'envoya M. de Montgrand. Il m'a fait instruire : je lui dois le bonheur, la renommée et la fortune, et je ne serai pleinement satisfait que le jour où je pourrai lui rendre, à mon tour, un service éclatant. La reconnaissance ne me coûte pas, croyez-le ; mais je demande souvent à Dieu de me fournir l'occasion de prouver que je ne suis pas un ingrat.

— Voulez-vous que je vous dise pourquoi vous m'apprenez ces choses ? demanda le docteur.

— N'est-ce point pour causer?

— Non, répondit le jeune médecin, c'est pour m'empêcher de rougir de ma position.

— Ne croyez pas! s'écria Posquères.

— Je ne crois pas, je sais. Eh bien ! donc, ami d'une heure, et déjà vieil ami, si vous le voulez, je me nomme Xavier Argenal. Mon père était ouvrier zingueur : état bien payé, mais qui abrège la vie. Il laissa ma mère veuve à vingt ans. Son aiguille lui suffit pour me donner du pain ; mais quand il s'agit de chercher grâce à quel moyen ingénieux et rapide je pourrais gagner ma vie, je déclarai que je voulais m'instruire. M'instruire ! grand mot, élastique et troublant, pour une jeune femme manquant d'appui et de conseil. Ma pauvre mère aurait cru faillir à son devoir si elle n'avait pas tenté de satisfaire le vœu de son enfant, si déraisonnable qu'il fût ; elle ne consulta que son courage et sa foi et me promit de m'accorder ce que je souhaitais. Un vieux prêtre, à qui elle confia son embarras et mon vouloir, lui facilita le moyen de me faire étudier. J'appris beaucoup, j'appris vite, avec la hâte d'un écolier qui sait que le temps est cher et que le pain est rare. Il me fallait user de mille subterfuges pour apprendre mes leçons dans les livres de mes camarades, écrire les pensums de quelques-uns afin de me procurer du papier. A douze ans, je donnais des répétitions à des compagnons de huit. J'ai professé avant de savoir. Tous les ans, je remportais des prix nombreux ; ma mère devenait fière de moi ; mais, en même temps, ses forces s'en allaient. Le labeur, un labeur de tous les jours, de toutes les nuits, minait cette existence frêle. Le jour où je terminai mes études, je compris, oui, je compris que j'étais un mauvais fils. J'aurais dû porter ma part du fardeau, me faire manœuvre, s'il le fallait, pour aider à cette mère admirable. Au lieu de cela, j'avais employé dix ans à m'assimiler une part de science qui ne me faisait supérieur en rien et me classait au nombre des jeunes gens à peu près bons à tout. Du moment où je me reprochai mon égoïsme, je voulus essayer d'en réparer les suites La santé de ma mère s'en allait, je devais apprendre à prolonger sa vie. Je résolus de devenir médecin afin de la guérir. Ce fut dur, bien dur, croyez-moi ; mais j'avais déjà fourni des preuves de la force de ma volonté ; et, cette fois encore, je triomphai de difficultés énormes. Je devins préparateur de pièces anatomiques, et je gagnai ma vie à monter des squelettes, à blanchir des crânes, à rétablir la carcasse légère des poissons et des oiseaux. Le soir, je faisais, pour quelques francs par mois, des cours à de jeunes étudiants, assis autour d'un maigre souper ; ces moyens me permirent de poursuivre mes études médicales. La santé de ma mère se raffermissait. Ma tendresse la ranimait, pour ainsi dire ; elle m'aimait tant, qu'elle s'efforçait de vivre par affection pour moi. J'étais l'unique objet de son ambition et de sa joie. Elle était fière de moi avant que j'eusse fourni des preuves de mon savoir. Pour tenir mon humble ménage, elle multipliait des prodiges d'économie. Avec rien, elle réussissait à nous faire exister. Ah ! comme elle attendait mon dernier examen ! Avec quelle impatience elle comptait les jours !

— Pourvu que je puisse t'appeler « docteur » ! me disait-elle, en souriant.

Car elle souriait, quoiqu'elle fût faible et malade... Je ne m'y trompais pas : la science me répétait :

— Elle est perdue !

Mon cœur tentait de me persuader qu'on pouvait la disputer à la mort. Elle eut la dernière joie qu'elle ambitionnait en ce monde. Et, comme si elle n'eût attendu que cela, le jour même où la Faculté de Paris me donnait mes grades, ma mère mourut dans mes bras...

Xavier cessa de parler ; les larmes l'étouffaient.

Il reprit après un moment de silence :

— Je croyais avoir subi mes plus dures épreuves, il n'en était rien. Quand j'eus mon titre de docteur, pas un sou dans ma poche, et, derrière moi, les dettes contractées pour faire inhumer honorablement ma mère ; je me trouvai plus pauvre que le dernier des gueux de Paris. De même que j'avais voulu m'instruire, je voulais pratiquer la médecine. Mais il est mille fois plus facile de passer ses examens que de se créer une clientèle. J'habitais une mansarde. Je m'achetais à peine les vêtements indispensables : mes travaux prenaient une partie de mes nuits, car je devais garder mes jours libres afin de me trouver au service du premier venu qui me ferait demander. Que voulez-vous ? un médecin ne demeure pas impunément au sixième ! Les habits râpés n'inspirent nulle confiance, et je cherchais, depuis longtemps déjà, le moyen de sortir de mon ornière quand il me fut fourni par un de mes voisins Vincent

Hismer, l'herboriste chez qui vous êtes entré tout à l'heure, est un garçon intelligent, assez fort en botanique, ayant des dispositions médicales, mais plus raisonnable qu'ambitieux. Il s'est dit de très bonne heure qu'on pouvait faire fortune en vendant des simples, et il a pris la suite d'affaires d'un homme qui s'était créé une magnifique clientèle dans le quartier. Vincent me voyait passer chaque jour devant sa boutique ; une indiscrétion lui apprit ce que j'étais ; et, un matin, sous un prétexte, il m'attira chez lui. La connaissance ne fut pas longue à faire. Il me proposa de me venir en aide, et j'acceptai, les larmes aux yeux. Depuis la mort de ma mère, Hismer est le seul être qui m'ait témoigné de la sympathie. Voici ce que l'ingéniosité de son cœur lui suggéra : il m'offrit de me tenir dans la petite pièce lui servant de salle à manger. J'y pouvais travailler à l'aise et m'occuper du montage de pièces anatomiques. Un herboriste est accablé de demandes, de consultations. Vincent les prodiguait gratis ; il entreprit de me les faire donner moyennant une modique rétribution. Une mère portant dans ses bras un enfant malade s'adressait-elle à Vincent, celui-ci ouvrait la porte de mon cabinet, y faisait entrer le petit être souffrant, et ma consultation m'était payée un franc. C'était bien peu, n'est-ce pas ? Et cependant l'idée de Vincent devint mon salut. J'écoutais patiemment les malades, je leur parlais avec douceur ; j'avais assez souffert pour savoir les plaindre, et je me sentais assez pauvre pour m'incliner vers les éprouvés et les souffrants. Peu à peu je m'attirai une clientèle de travailleurs, d'ouvriers. Souvent je les soigne pour rien, ils me témoignent leur reconnaissance en m'adressant des camarades plus heureux. Bien lentement j'arriverai à compter des clients riches ; pour le moment je suis trop heureux de donner mes consultations à un franc dans le cabinet un peu sombre de mon ami l'herboriste.

Posquères tendit la main à Xavier.

— La Providence cache ses voies, lui dit-il. Qui sait si, à partir de ce jour, vous n'allez pas changer de situation ? J'ai tout d'abord été frappé de la sûreté de votre main, de la rapidité de votre coup d'œil. Vous êtes réellement médecin, et, j'en suis certain, vous avez du talent. La famille de Montgrand qui va prendre nos voisins sous sa protection est loin d'être riche, mais elle compte de grandes relations. Quant à moi, j'appartiens à un monde qui paie rarement ses médecins en argent comptant, mais qui les rembourse en réclames ; ce qui, parfois, est la meilleure des monnaies. Avant un an, si les *Conquistadores de la Marne* vous ont pris sous leur protection, vous serez connu à Paris et en passe de devenir célèbre.

— Mais qu'ai-je donc fait pour mériter le bonheur qui m'arrive aujourd'hui?

— Vous avez su attendre, répondit Posquères.

— Merci, dit Xavier, merci de vos bonnes paroles, de vos prophéties, de votre amitié. Je suis certain d'une chose, c'est que vous me porterez bonheur et que je dois marquer de blanc cette journée. Pauvre petite bossue! je lui devrai peut-être le bonheur qui me semblait toujours vouloir m'effleurer sans que je pusse le saisir.

— Cette enfant ne m'inquiète pas, dit Remy; le père me préoccupe davantage.

— Et a cure sera plus longue. Mais souvent je me suis demandé s'il ne serait pas possible de traiter les fous par une autre méthode que celles employées jusqu'à ce jour; et je ferai, pour ce malheureux, tout ce qu'il sera possible de réaliser.

En ce moment Agab parut, portant, sur un plateau d'argent niellé, des tasses à café turques, posées dans des supports en filigrane.

Autour d'Agab bondissait un grand chien de berger, au poil rude et fauve, à la prunelle pailletée d'or.

Xavier le caressa au moment où le chien posait sa grosse tête intelligente sur les genoux de son maître.

— Quel singulier chien vous avez! dit le docteur. Un chien de berger dans un appartement! Je me serais attendu, en remarquant vos goûts artistiques, à trouver ici, soit un lévrier d'Écosse, soit un magnifique chien de montagne, blanc comme la neige.

— Je n'ai pas choisi Hasard, répondit Posquères.

— On vous l'a donné?

— Non pas; il s'est bel et bien imposé à moi, et je puis dire qu'il a profondément dérangé mes projets pendant une semaine.

— Hasard a donc une histoire?

— C'est trop peu; Hasard est le héros d'un drame.

— Et vous n'avez jamais cherché à en connaître le mot?

— Le temps m'a manqué pour cela. Je suis parti pour l'Orient huit jours après avoir trouvé ce chien; et, je vous l'ai dit, je crois, je suis revenu hier.

Remy saisit le chien par son collier d'argent et lui dit en le caressant:

— N'aie pas peur, mon bon chien, ne tremble pas; Monsieur est mon ami; tu vas lui lécher la main et lui donner la patte.

Hasard obéit docilement.

— Regardez cette cicatrice, reprit le jeune homme.
— Elle est énorme, et la blessure a dû être horrible.
— Je l'ai guérie, docteur.
— Ainsi, vous avez trouvé ce chien blessé?
— Râlant.

Sans doute Hasard comprit que son nouveau maître parlait de la scène qui s'était passée, durant une nuit, sur la route de Nanteuil aux Bondons, car il poussa un faible hurlement.

— Il comprend, dit Posquères, il comprend tout... Et je vous jure qu'avec l'intelligence dont il est doué, si jamais il se trouve en face de l'homme qui lui porta ce coup, il lui sautera à la gorge et l'étranglera bel et bien.

Hasard lança un aboi furieux.

— Patience! lui dit Posquères, patience! mon bon chien; nous chercherons, et ce que je cherche, je le trouve.

Il remit le collier à la bête qui se roula sur le tapis, à ses pieds.

— Quand puis-je revenir? demanda Xavier en se levant.

— Pas ce soir; je ferai une visite à la comtesse de Montgrand. Demain matin, si vous le pouvez. Mes malles renferment des oiseaux magnifiques et curieux, je vous demanderai de leur rendre l'apparence de la vie.

— A demain, répondit Xavier Argenal.

Quand il partit, le jeune docteur rayonnait, et son cœur, comme ses lèvres, répéta :

— Un ami! j'ai trouvé un ami!

Le sentiment ressenti par Posquères, pour n'avoir pas la même intensité, n'était pas moins sincère. Ce qui dominait dans l'âme de l'artiste, c'était la joie de penser qu'il pourrait être utile et la certitude qu'il aiderait Xavier à se faire un avenir. Comme tous ceux qui ont eu besoin d'appui et dont le caractère est assez haut pour garder la reconnaissance, Posquères n'éprouvait pas de satisfaction plus grande que celle de rendre service.

Ce fut donc le cœur léger, le visage joyeux, que Remy suivit le chemin conduisant chez son bienfaiteur. Comme il venait d'accomplir le commencement d'une bonne action, il se trouvait moins indigne de paraître devant Paule, cette ravissante et admirable enfant dans laquelle il trouvait l'épanouissement de toutes les vertus.

Cependant, à mesure qu'il approchait du pavillon de Mlle Louise-Gonzague de Montgrand, le front de Posquères devint soucieux. Il se souvenait des rapides confidences de Paule.

Ainsi la ruine était pour la seconde fois tombée sur cette maison, une ruine complète, absolue. Quand M. de Montgrand paya les dettes de son frère, toute la famille pouvait, sans trop souffrir, se réfugier dans une tour patrimoniale et y passer les années consacrées à l'éducation des enfants. Nul ne serait témoin de la stricte économie qui présiderait à toute chose, ni des merveilles d'habileté réalisées par le vieil intendant.

Mais, cette fois, il ne restait plus ni terre ni château, et la famille tout entière avait dû venir s'installer chez Mlle de Montgrand, que son frère appelait, en riant, la *Grande Mademoiselle*.

C'était une solennelle et froide personne en apparence que cette vieille fille. Mais, à mesure qu'on la connaissait davantage, on ressentait pour elle une sorte de respect attendri.

Elle avait été belle, depuis dix-huit ans jusqu'à trente ; et si elle refusa de se marier, ce ne fut point par indifférence, car Dieu savait le secret de son âme. Elle se crut obligée, au moment où Hector-Tancrède soldait l'honneur de son frère, au prix de deux millions, d'immoler son bonheur personnel et de consacrer ce qu'elle possédait aux enfants de son frère. Tancrède et Paule résumèrent donc, pour la *Grande Mademoiselle*, toutes les affections sacrifiées. Cependant, tout en leur conservant le capital intact, Louise-Gonzague gardait un train de maison en rapport avec son nom. Elle avait d'anciens domestiques dont l'attachement doublait le zèle ; et, grâce à un goût exquis, elle était parvenue, avec beaucoup de patience, à meubler son appartement de telle sorte qu'on eût pu croire entrer dans un salon garni sous Louis XVI, quand on tranchissait le seuil de cette pièce aux boiseries délicatement sculptées, aux peintures gracieuses, aux meubles recouverts de tapisseries des Gobelins.

Ce fut pour la *Grande Mademoiselle* un chagrin violent quand une lettre de son frère lui apprit l'assassinat de M⁰ Refus et le vol des six cent mille francs versés par Grimber. Mais la vieille fille retrouva vite son énergie. Elle répondit au comte de Montgrand que la moitié du pavillon était préparée pour lui et qu'elle s'efforcerait de le consoler du malheur qui l'atteignait d'une façon si imprévue.

Six jours après, le comte, la comtesse Pauline et Paule embrassaient Mlle Louise-Gonzague et prenaient possession de leurs appartements.

La vieille fille s'efforça d'affaiblir, par sa bonne grâce, la valeur du service rendu. Elle combla Paule de marques de tendresse et remit à M. de Montgrand un petit coffret renfermant ses économies.

— Je les destine à Tancrède, lui dit-elle ; remettez-les-lui en toute confiance, je suis certaine qu'il en fera bon usage.

Il ne fallut pas longtemps à Paule pour s'installer. Elle était du nombre des femmes qui demandent peu et qui s'efforcent de borner leurs désirs afin d'arriver à un renoncement plus complet.

Le comte s'accoutuma moins vite à sa nouvelle situation, non par orgueil, il possédait un caractère trop haut pour cela, mais la tendresse qu'il portait à ses enfants l'entraînait à regretter une fortune reconstituée pour eux.

Quant à Louise-Gonzague, si elle ne s'était affligée du coup qui frappait son frère, elle se fût trouvée infiniment heureuse d'avoir près d'elle une belle-sœur charmante et une nièce qu'elle déclarait parfaite de tout point.

Au moment où Remy entra, toute la famille se trouvait réunie au salon. Le comte faisait la lecture, et les dames travaillaient à des tapisseries.

En entendant annoncer l'artiste, le comte laissa tomber son livre.

— Venez donc, cher enfant, lui dit-il ; vous ne sauriez croire combien votre absence m'a paru longue. Je me suis senti inquiet de vous plus d'une fois ; car, vous le savez, Remy, mon affection grandit en proportion de tous vos succès et surtout de la pureté de votre renommée. Je vous sais profondément bon, Remy, et j'aime encore mieux cela que de vous voir célèbre.

— Oh ! monsieur le comte ! répondit Posquères, n'est-ce pas mon devoir de rester digne de vos bienfaits ? Jamais je ne m'acquitterai, je le sais bien, mais je ferai en sorte que vous ne regrettiez point de m'avoir cru digne d'intérêt.

Le comte tendit les deux mains à Remy.

— D'où venez-vous, cette fois ?

— D'Orient.

— Mais l'Orient est vaste, mon enfant.

— C'est vrai ; et lorsque je m'embarquai, j'avais l'intention de visiter le plus grand nombre de pays possible. Il me semblait que je ne serais jamais rassasié d'horizons enflammés, de bois de palmiers, de golfes bleus. J'ai recueilli, pour vous, des souvenirs que votre piété vous rendra chers. Voulez-vous permettre, madame la comtesse, qu'Agab dépose à vos pieds le tribut d'un voyageur ?

— Certes, répondit Mme de Montgrand.

Un instant après Agab paraissait, portant avec peine un énorme coffre de nacre doublé de velours.

Posquères y prit des chapelets, des crucifix en nacre gravée, des palmes semblables à celles que les Juifs répandaient sous les pieds du Sauveur; un fusil admirable, pour Tancrède; un poignard richement incrusté, pour le comte; puis, un reliquaire que lui avait offert un Père Franciscain, pour le remercier d'avoir peint une Madone pour son église. Enfin il ouvrit un album d'aquarelles, et, le posant entre les mains de Paule :

— Voici ce que j'ai peint pour vous, là-bas. Je me suis attaché, non point à reproduire les sites trop connus par la gravure, mais ce que l'on ignore et ce que l'on dédaigne. Promettez-vous de garder cet album?

— Toute ma vie, répondit Paule, en quelque lieu que je la passe.

Pendant plus de deux heures, Remy parla de ses impressions et de ses aventures. Ce fut seulement plus tard que la comtesse lui demanda :

— Et la pauvre enfant soignée par vous et par ma fille?

— Elle va, ce soir, aussi bien que possible, grâce aux soins d'un médecin qui me semble fort habile et qui a tout de suite conquis ma sympathie.

— Toute la famille semble bien malheureuse. Vous avez assez de cœur, monsieur Remy, pour vous informer de ce que nous pourrons faire pour elle et pour trouver le moyen de l'obliger activement sans l'humilier.

— J'ai un système, répondit Posquères. Je donne du travail et je n'offre pas d'aumône.

— Du travail! répondit Paule. Le père est fou; la mère se meurt; les enfants, souffreteux, ne savent aucun état! Il ne reste donc que la petite blessée... Sait-elle travailler, celle-là?

— Un peu; mais, si peu que ce soit, je l'occuperai.

— A quoi?

— Elle aidera Agab à ranger dans l'atelier. Ses mains sont si petites qu'elle doit être adroite. De plus, la mère Vermeil m'a assuré qu'elle brodait un peu; ceci vous regarde, madame la comtesse.

— Oui, répondit Mme de Montgrand, et vous pouvez être certain, mon cher Remy, que cette enfant va devenir l'objet de toute ma sollicitude. Paule m'a rapporté les tristes paroles du médecin, il paraît que la mère n'a plus que peu de temps à vivre. Que deviendra cette disgraciée, entre un père fou et quatre pauvres petits? Oh! combien on regrette de n'être pas riche à millions en présence de semblables infortunes!

— Madame, répondit Posquères d'une voix renfermant ces exquises musiques du cœur qui expriment toutes les admirations et tous les respects dans la façon dont est prononcé le mot le plus simple, je suis loin de croire qu'il faille des sommes énormes pour réaliser de grandes, de vraies charités.

Tandis que, ce matin, je regardais Mlle Paule penchée au-dessus du lit de souffrance d'une enfant infirme, je me répétais que c'était bien là réellement la charité de Jésus, consolant du regard et de la voix, enveloppant de ses bras, réchauffant de son souffle, se faisant tout à tous pour l'amour de Dieu.

L'artiste ajouta plus lentement :

— Accompagnerez-vous Mlle Paule chez ses protégés, madame la comtesse?

— Certainement, dès demain.

— Eh bien! si vous êtes contente de l'orphelin que vous avez adopté, si vous l'estimez assez pour le croire capable d'opérer un peu de bien en ce monde, accordez-lui la faveur de vous arrêter chez lui en montant chez vos pauvres... et permettez-lui de faire le portrait de Mlle Paule...

— Faites-le, Remy, faites-le, répondit le comte. Je connais assez votre cœur pour croire que ce sera votre plus belle œuvre.

Le front de Posquères rayonna de joie.

L'artiste se leva, baisa respectueusement la main de la comtesse, s'inclina devant Paule et devant la *Grande Mademoiselle*, puis il quitta le petit hôtel.

Il y avait longtemps qu'il ne s'était senti si heureux.

— Oui, je ferai une belle œuvre, répétait-il, une œuvre vivante, ne ressemblant en rien à celles qui m'ont, cependant, valu des succès. Paule est si belle! belle à désespérer un artiste. Je sais bien qu'il est facile de reproduire les lignes d'un visage; mais rendre le charme, faire transparaître l'âme sur une physionomie, quelle tâche! Je réussirai, cependant; il faut que je réussisse!

Quand il entra chez lui, Posquères réveilla son petit domestique qui sommeillait sur l'ottomane de l'antichambre :

— Agab, lui dit-il, demain il me faut des fleurs partout, tu entends.

— Oui, maître, répondit Agab, je dévasterai le marché.

Remy se mit au lit et vit passer des anges dans ses rêves.

Ensemble elles faisaient de longues promenades. (Voir page 101.)

## CHAPITRE IX

## LA VOCATION DE PAULE

Mlle de Montgrand était seule dans sa chambre : une chambre ravissante, meublée par Louise-Gonzague, avec une grâce que l'on semblait ne pas devoir attendre d'une vieille fille. Des rideaux, d'un ancien brocard bleu pâle, décoraient les fenêtres dont le jour trop vif s'adoucissait en passant au travers de vitraux anciens. Le bois des meubles était blanc, finement laqué; l'étoffe couvrant les sièges ressemblait à celle des tentures. Le lit Louis XVI, à courtines, s'adossait à la muraille. D'un côté se trouvait un prie-Dieu curieux; de l'autre, une statue de marbre posée sur un socle. Une bibliothèque, renfermant environ deux cents volumes, surmontait un bureau plus encombré de papiers et de registres que ne l'est, d'habitude, celui d'une jeune fille. Depuis son arrivée à Paris, Paule tenait les comptes de la maison. M. de Montgrand aurait craint que sa sœur ne pensât qu'il cherchait à s'insinuer dans les affaires, en prenant le soin d'enregistrer ses dépenses, tandis que Paule, tout en soulageant Mlle Louise-Gonzague, s'essayait au rôle habituel de la femme.

En ce moment cependant les registres restaient fermés; Paule n'écrivait point. Assise près de la fenêtre, elle cousait activement, et ses belles mains assemblaient les pièces d'une brassière de flanelle. Son visage respirait un calme heureux. Tout en tirant prestement l'aiguille, elle pensait; et le sujet de ses pensées devait être pur comme son regard.

La porte fut discrètement ouverte, et Séraphine demanda :

— Mademoiselle peut-elle recevoir Mlle Léa Danglès?

— Faites entrer, répondit Paule.

Une minute après, Léa pénétrait dans la chambre de son amie avec un empressement bruyant.

Nous disons « son amie », car Paule avait presque grandi avec Léa. Jusqu'au jour où Jean Danglès, ayant perdu sa femme, plaça sa fille dans un pensionnat, les deux enfants partagèrent les mêmes leçons et les mêmes jeux. Elles s'aimaient beaucoup, avec l'ardeur naïve des êtres jeunes; cependant, dès qu'elle put réfléchir et comprendre, Léa sentit germer, au fond de son âme, un peu d'envie contre Paule.

Elle savait que les *Abymes* appartiendraient un jour à celle-ci.

Elle entendait les valets appeler le frère de Paule — monsieur le vicomte — et très rapidement elle se rendit compte de la position inférieure de Jean Danglès.

Sans doute, il se trouvait au-dessus du laquais, mais enfin il touchait des gages. Léa, tolérée dans la maison, ne faisait point partie de la famille. Un jour viendrait même où l'intimité qui la rendait heureuse et fière cesserait probablement, et où Paule de Montgrand ne tutoierait plus la petite Danglès.

Ces idées, qui gonflèrent trop vite le cœur de Léa, lui laissèrent quelque chose d'amer dans l'esprit. L'envie se mêla vite à son affection et parvin:

à la dénaturer. Quand elle quitta le *Château des Abymes*, elle eût souhaité entrer dans le même pensionnat que Paule ; mais, tandis que Mlle de Montgrand était conduite au Sacré-Cœur, Jean Danglès confiait sa fille aux soins de Mme Cardinet qui passait, à Paris, pour former d'une façon admirable les élèves qu'on lui confiait à la double vie du monde et de la famille.

Le but de Mme Cardinet n'était cependant pas aussi restreint.

Douée d'autant d'habileté que de patience, elle divisait ses élèves par catégories, suivant leur position sociale, leurs aptitudes, nous ajouterons même leur beauté ; car Mme Cardinet restait convaincue qu'une belle personne trouve souvent le moyen de se créer un avenir inespéré. Quinze jours après qu'une enfant était entrée dans le pensionnat modèle, elle se trouvait classée.

Il existait trois divisions dans la maison Cardinet.

Nous ne parlons pas en ce moment de celles des classes, mais d'une division pour ainsi dire morale et à laquelle se rattachait la direction des études.

Mme Cardinet comptait d'abord la division des sujets destinés à occuper, par leur fortune, une situation enviable ; celle des filles mal dotées qui, sans doute, épouseraient des employés ou de petits bourgeois ; enfin, celle des sujets brillants, promettant de faire le plus grand honneur au pensionnat et de briguer des succès dans le monde des arts et des lettres.

Dès l'apparition de Léa dans le salon de réception de Mme Cardinet, celle-ci devina le parti qu'elle tirerait un jour de cette jeune fille.

C'était alors une enfant de douze ans, grandie à l'air salubre des bois, fortifiée par l'exercice, bien développée pour son âge, et dont les traits et la taille promettaient une rare beauté.

La directrice du pensionnat préférait les jolies élèves aux enfants laides et mal tournées.

Jean Danglès ne marchanda sur rien ; il demanda les professeurs en vogue, et, s'il appuya sur la nécessité de faire de sa fille une maîtresse de maison capable, il ne put s'empêcher de sourire quand Mme Cardinet lui parla des succès que l'avenir réservait à sa fille.

Léa regrettait sans doute les ombrages des *Abymes*, la vie libre, les exercices bruyants ; elle regrettait, par-dessus toute chose, le petit poney noir sur le dos duquel elle faisait des courses folles, tandis que Paule poussait des cris d'épouvante. Mais, au pensionnat, Léa, vêtue avec un goût charmant, Léa, libre d'apprendre tous les arts, encouragée par chacun, et possédant déjà le sentiment de sa beauté précoce, n'allait point tarder à devenir une personne d'importance. Elle troquait une situation mal définie au château pour une position franche. Jean Danglès paraissait prêt à vider sa bourse pour le bonheur de sa fille, et celle-ci en conclut, comme le fit son frère, que l'intendant se trouvait à la tête d'une énorme fortune.

Avec une certitude et une logique presque effrayantes dans une enfant de douze ans, Léa choisit tout de suite les branches de l'instruction dans lesquelles la supériorité pouvait lui assurer des avantages d'orgueil. Elle se réserva de n'apprendre des autres que ce qui lui était absolument nécessaire.

A douze ans, sentant déjà une flamme bouillonner en elle, Léa se répétait bien qu'elle serait artiste, mais il lui était impossible de savoir quelle branche de l'art elle préférerait et laquelle lui assurerait des triomphes certains.

Dans le doute, elle essaya de tout, non point successivement, mais à la fois. La langue française et la littérature, qui permettent de briller et de produire, devinrent l'objet de ses études assidues. Elle commença le piano, la musique vocale, le dessin et le modelage.

Au bout d'une année, Léa chantait, d'une voix déjà jolie, des morceaux classiques, esquissait proprement un paysage d'après nature, jouait une sonate avec goût et maniait la glaise sans gaucherie.

Certainement, le calcul, la géographie et l'histoire, les travaux manuels et la religion restaient négligés; mais Léa, pour s'excuser, se disait que jamais elle n'entrerait dans le commerce, qu'elle apprendrait la géographie en voyageant, l'histoire de France en lisant les romans d'Alexandre Dumas, la religion en assistant à quelques beaux offices dans les églises à la mode de Paris.

Et comme ni Mme Cardinet ni ses professeurs n'élevèrent d'objections contre les raisonnements de Léa, celle-ci travailla à sa manière.

Lors de la distribution des prix, elle remporta toutes les récompenses artistiques, et revint aux *Abymes*, le cœur gonflé d'orgueil.

Elle y retrouva Paule; mais, à l'égard de la fille du comte de Montgrand, Léa, tout en restant affectueuse, ne fut cependant plus la même. Dans le pensionnat de Mme Cardinet, elle avait puisé des idées égalitaires. Le château ne l'écrasait plus; elle se jurait d'en posséder un à son tour. Le nom du comte ne lui inspirait même plus le même respect.

— Je m'en ferai un, pensait-elle.

Léa éblouit franchement la fille de la comtesse Pauline. L'élève du Sacré-Cœur avait profité d'une façon bien différente des leçons reçues. Elle revenaît plus instruite, plus grave, plus pieuse encore. Elle avait appris à mieux prier et à chercher davantage les pauvres. La même différence se retrouvait dans la physionomie et dans l'attitude de ces deux enfants : Paule, sérieuse et calme, ressemblait à ces belles figures d'anges que l'on place sur les tombeaux ; Léa paraissait prête à partir pour de mystérieuses conquêtes. Mais ni la comtesse, ni Paule, ni même Jean Danglès ne comprirent quel commencement de transformation venait de subir Léa. On la trouva plus grande, plus belle; on admira naïvement ses croquis et ses ébauches, Léa passa ses deux mois de vacances aux *Abymes*, vivant avec Paule sur le pied d'une parfaite égalité; ensemble elles faisaient de longues promenades dans les champs; ensemble elles chantaient le soir au salon; puis Léa retourna chez Mme Cardinet, et Paule rentra au Sacré-Cœur.

Pendant trois ans, l'existence des deux enfants se suivit d'une façon pareille et cependant opposée. Lors de la distribution des prix qui suivit la troisième année, chez Mme Cardinet, Léa fut décidément mise en avant comme une réclame. On imprima des programmes pour le jour de la distribution solennelle, et le nom de Léa Danglès s'y trouva plus d'une fois, comme on l'avait inscrit à chaque ligne sur le palmarès. Sa beauté, rendue plus éclatante par une simplicité voulue, produisit une grande sensation; le rayonnement de son visage, l'éclair de ses yeux, sa grâce mêlée d'une aisance parfaite, en faisaient une jeune fille réellement remarquable.

Danglès pleura de joie, quand il prit le bras de Léa pour la conduire à la voiture qui l'attendait.

Cette année-là, pour la première fois, la comtesse de Montgrand resta frappée et attristée de la direction donnée aux études de la fille de son intendant.

Elle constata chez Léa une indifférence religieuse à peu près complète, elle s'affligea de voir que cette brillante personne ne savait ni coudre ni broder; mais ce qui l'effraya davantage, ce fut d'entendre la jeune fille parler du rôle de la femme dans les arts, avec un feu, un enthousiasme pouvant faire craindre qu'elle imaginât un jour de réaliser ses idées.

Avec des précautions infinies, la comtesse Pauline essaya de faire comprendre à Jean Danglès qu'il existait là un danger pouvant plus tard lui occasionner de grandes peines; mais, à cette époque, Danglès n'était plus, à proprement parler, un intendant. Il y avait longtemps déjà que la ruine, en s'abattant sur les Montgrand, permettait à Jean Danglès de prouver son attachement pour cette famille. D'ailleurs on l'aimait, on l'estimait trop pour l'affliger.

Quand la comtesse parla de ses craintes à son mari, celui-ci se contenta de répondre :

— L'orgueil de Léa, comme ses projets, ressemblent à des objets fragiles ; elle les brisera elle-même de ses mains, comme fait un enfant des jouets qu'il dédaigne.

— Ne crains-tu pas qu'elle communique à Paule quelques-unes de ses idées ?

— Mon amie, répondit le comte, notre fille est de la nature de ceux qui passeraient dans une fournaise sans se brûler un cheveu ; Dieu l'aime, et Dieu la garde.

L'appréciation du comte parut un moment sur le point d'être justifiée. Quand elle approcha de dix-huit ans, Léa devint plus grave et parla moins d'avenir. Elle commençait à se demander, du reste, quel serait cet avenir, et il lui semblait parfois qu'elle avait bâti le sien comme le château de Mélusine la magicienne qui ne repose que sur des brouillards.

La nouvelle de la ruine de M. de Montgrand atteignit Léa comme un coup de foudre. Quand elle questionna son père sur le chiffre de sa fortune personnelle, celui-ci répondit avec un sourire triste :

— Je te laisserai du pain...

— Du pain ! C'est bien de cela qu'il s'agissait pour cette orgueilleuse fille !

Pour la première fois, l'inquiétant problème de la destinée lui apparut ; elle se demanda comment il lui serait possible de le résoudre.

Elle ne pouvait aucunement compter sur son père.

L'intendant lui avait déclaré, avec une grande douleur, qu'ils vivraient tranquillement à Paris et que Tiburce accepterait un emploi.

C'était la vie bourgeoise dans toute sa simplicité et toute sa monotonie. Léa, trop forte pour ne pas savoir se contraindre, se promit d'attendre le premier voyage de son frère, pour le questionner et pour apprendre quel fonds on pouvait faire sur lui. Son instinct déjà très sûr lui disait que Tiburce étouffait dans un milieu raisonnable et qu'il réaliserait des efforts surhumains pour se frayer une voie conduisant à la fortune.

Un soir, Tiburce arriva inopinément chez son père. Il lui apprit à la fois l'assassinat de M⁰ Refus, la ruine absolue de M. de Montgrand et sa résolution de tenter la fortune par un coup d'audace et d'éclat.

S'il prévoyait la résistance paternelle, il se savait certain de l'appui de sa sœur.

Jamais deux êtres ne s'entendirent comme Léa et Tiburce.

Peut-être cependant l'âme de l'un s'emplissait-elle de plus de ténèbres; mais Léa gardait, comme son frère, des ambitions inassouvies, et déjà la fièvre de l'orgueil, la soif du succès enflammaient ses veines et son cerveau.

Il lui fut impossible et il lui aurait paru impolitique de raconter à Paule de Montgrand ses rêves dangereux et enthousiastes; cependant, il était difficile que, au milieu d'une longue causerie, elle ne trahît point ses secrètes aspirations.

Paule l'écoutait songeuse, presque triste, se demandant sur quelle voie courait cette belle et audacieuse créature pour qui tout serait piège et danger.

Peut-être les différences qui s'accentuaient chaque jour davantage dans leur caractère auraient-elles porté Mlle de Montgrand à s'éloigner de Léa; mais la tendre bonté de la jeune fille plaidait la cause de Mlle Danglès. Elle se figurait qu'un jour viendrait où Léa aurait besoin d'elle; que ses conseils, son exemple étaient nécessaires à la folle créature, et elle continua à l'appeler son amie, à la garder près d'elle de longues heures. Quelquefois aussi, grâce à sa beauté attirante, à son charme indéniable, à son éloquence primesautière, Léa entraînait Paule, non pas à sa suite, mais dans un monde idéal, où régnait la sœur de Tiburce.

Paule n'y pouvait rester longtemps; nul terrain ne lui paraissait solide si la croix n'y était plantée; et le plus grand reproche qu'elle adressait à Léa était de trop s'éloigner de Dieu.

Ce matin-là, au moment où Mlle Séraphine annonça la fille de l'intendant, Paule eut besoin de descendre des régions où son esprit était monté, pour se retrouver sur la terre à côté de Léa Danglès.

Celle-ci portait avec aisance une ravissante toilette. La situation que son frère commençait à se faire dans le monde de la finance expliquait ce luxe. Plus que jamais elle se montra caressante à l'égard de son amie. Avec un art parfait, car le cœur seul ne dictait point ses paroles, elle rappela les années heureuses écoulées sous les grands arbres des *Abymes* et les bontés dont la comtesse de Montgrand l'avait comblée.

— Vous avez été toutes deux mes bons anges! dit-elle à Paule en lui prenant la main

— Et maintenant? demanda Paule.

— Oh! fit Léa, vous êtes restées des anges.

— Non, dit Paule, mais des femmes qui t'aiment, des amies véritables, mille fois plus sincères que celles dont tu t'entoures depuis quelque temps.

— Ah! fit Léa, ce ne sont pas des amies; des connaissances, tout au plus.

— Alors, permets-moi de te le dire, tu leur donnes trop d'importance dans ta vie.

— Puis-je faire autrement?

— Sans doute.

— Tu te trompes; je suis la volonté de mon frère.

— Quelle raison a-t-il de te l'imposer?

— Ceci, reprit Léa est bien complexe; mais, puisque tu souhaites l'apprendre, je te le dirai. Tiburce, ambitieux, instruit, habile, a résolu de faire fortune, et de faire fortune avec rien! Sa dot, la mienne, deux misères! L'apport d'un camarade, voilà le point d'appui avec lequel il a résolu de soulever le monde. Il comptait d'abord sur mon père pour le soutenir moralement, mais mon père ne comprend rien au désir de parvenir que possède Tiburce. Il le juge presque ingrat et semble se refroidir à son égard. Alors Tiburce s'est tourné de mon côté, il m'a suppliée de lui donner mon aide, de tenir sa maison, de faire accueil à ceux avec qui il se trouve en relation et de l'accompagner à quelques soirées; et j'ai accepté.

— Tu as eu tort, dit gravement Mlle de Montgrand.

— La vie eût été trop triste près de mon père.

— Qui sait si elle ne deviendra point difficile avec Tiburce?

— Il m'aime, et nous avons franchement associé nos deux avenirs.

— J'aurais mieux aimé te voir te contenter de celui que te ménageait ton père.

— Mais ce n'était pas un avenir, cela! Sais-tu ce que possède mon père?

— Il ne doit pas être riche; il est si probe!

— Cent mille francs! pas même cinq mille livres de rentes. Que voulais-tu que je devinsse avec cinq mille francs par an à administrer. Il m'eût fallu me passer de servante, me priver de toilettes, ne jamais sortir, vivre...

— ...comme une enfant chrétienne, modeste et bonne.

— Je suis chrétienne, Paule, j'assiste à la messe et je chante au mois de Marie. Je m'habille à la mode, mais mes robes sont d'étoffes bien simples. Je chéris mon père, tout en le blâmant...

— De quoi le blâmes-tu?

— D'avoir préparé mon malheur.

— Il s'est sacrifié pour toi.

— Peut-être; mais il a manqué de prudence.

— Tu deviens injuste et cruelle, Léa.

— Ne me condamne pas avant de m'écouter. Mon père a eu tort, grandement tort de nous donner, à mon frère et à moi, une éducation au-dessus de notre position. Est-ce que la fille de Jean Danglès avait besoin de savoir chanter, modeler et peindre? Fallait-il l'encourager dans une voie que, trop tard, on lui signale comme dangereuse? Il est trop facile aujourd'hui de me crier : « Arrêtez-vous sur cette pente! Brisez les idoles que vous avez élevées à deux mains; repoussez les triomphes qui vous attendent! » Mais le puis-je? Ma jeunesse s'est éveillée, le souffle créateur a passé dans mon âme, j'ai mes heures d'inspiration et mes moments d'ivresse. J'aspire à des couronnes tendues par des mains invisibles. Il ne fallait pas me montrer l'idéal, si on ne voulait pas me voir m'en éprendre; il ne fallait pas me combler d'encouragements et de louanges, si plus tard on avait l'intention de briser mes pinceaux, ma plume et mon ébauchoir.

— Léa! Léa! dit Paule avec tristesse.

— Tu me blâmes?

— Je te plains davantage encore.

— Il n'est plus temps de m'arrêter.

— Plus temps! Mais tu es une enfant, Léa, qui prends tes rêves pour des réalités et qui crois tenir la moisson quand les semailles sont à peine faites. Prends garde. Ton cœur n'est pas méchant, mais tu pourrais commettre le péché des mauvais anges...

— Peut-être, répondit Léa. Tu as raison, je suis fière, et c'est l'orgueil qui me fera réaliser de grandes choses.

— De grandes choses! Crois-tu vraiment dépasser la moyenne des êtres intelligents et atteindre jusqu'au génie? Ne rougis pas, Léa, ne prends pas en mauvaise part ce que je crois devoir te dire. Je te reconnais des talents multiples, mais leur nombre même me fait redouter que l'un nuise à l'autre. Tu ne saurais à la fois rester peintre, poète et sculpteur; tu devras choisir, si tu ne veux rester faible dans ces trois branches de l'art. Ah! pauvre chère enfant! je t'ai vue grandir avec moi, nous sommes du même âge, et pourtant il me semble qu'il m'appartient de te conseiller. Cela vient sans doute de ce que, mes regards se levant plus haut, je ne comprends point que l'on fasse tant de cas des bruits de ce monde. Et puis le rôle que tu vas jouer n'est pas celui de la femme; Dieu nous créa pour remplir de grands, d'austères devoirs...

— Je sais d'avance ce que tu vas ajouter, repartit Léa, un mari, des enfants...

— Je ne dirai point cela, fit Paule en secouant la tête. Sans doute, pour la généralité des femmes, la voie ordinaire est celle dont tu parles : un mari qu'elles choisissent, des enfants que Dieu leur envoie et dont elles font des filles sages et des hommes honnêtes. Mais il en est encore a qui le Seigneur ne permet pas de contracter des liens terrestres, et qui, dès que s'ouvre leur pensée, se regardent comme les fiancées du Seigneur.

— Ce sont les filles laides, répliqua Léa avec un rire sonore.

Paule se leva toute droite.

— Regarde-moi donc, Léa, regarde-moi; je suis belle, n'est-ce pas?

— Autrement que moi, mais très belle !

— Eh bien ! Léa, je me ferai religieuse.

— Toi! s'écria la sœur de Tiburce.

— Moi, répondit Mlle de Montgrand.

Léa poussa un soupir profond.

— Je comprends... murmura-t-elle.

— ... pourquoi j'entrerai au couvent ?

— Oui.

— Et que crois-tu donc?

— Ta famille est ruinée, chère Paule...

— Crois-tu donc que je prononcerai des vœux parce que je suis pauvre ?

— Tu portes un grand nom, ton père ne peut plus te compter de dot. Le sentiment de ton devoir t'empêchera de jamais déroger, et tu jetteras un voile noir sur ta tête, et tu feras retomber une lourde grille entre le monde et toi.

— Ah! Léa ! Léa ! Combien tu me comprends mal ! Mais, si dépossédée que je sois, je pourrais toujours vivre ; je trouverais avec mon nom, mes alliances, et avec ma beauté, un gentilhomme qui m'appellerait à l'honneur de tenir son foyer. Non, Léa, non, ce n'est pas cela ! Je me ferai religieuse, parce que le cloître me semble l'idéal de la vie humaine; parce que mon cœur, affamé d'amour, sait bien qu'aucune créature, si noble qu'elle soit, ne vaudra le don de tout mon être. Je me ferai religieuse, pour m'entourer du silence au sein duquel Dieu me parlera, et je parlerai à Dieu. Enfin je choisirai le couvent, parce que la porte des cellules s'ouvre sur le ciel et que, dans le ciel, je veux conquérir une place.

Une sorte de stupeur se peignit sur la physionomie de Léa, tandis que Paule parlait. La fille de Jean Danglès ne sentait point assez l'influence des idées religieuses pour comprendre la vocation de son amie. Léa se sentait trop attirée vers les biens de la terre pour ressentir les saintes ardeurs de Paule vers le renoncement. Ne sachant comment combattre une résolution qui lui semblait une folie, elle demanda :

— Que dit de ton projet la comtesse de Montgrand?

— Je ne lui en ai point parlé. Si tu ne m'avais confié tes rêves d'avenir et d'ambition, sans doute j'aurais gardé le silence. J'ai besoin du secret quelque temps encore, non pas dans la crainte de rencontrer de l'opposition de la part de ma mère, elle est trop franchement chrétienne pour ne point m'approuver, en apprenant que je veux me donner à Dieu; mais il faut que j'aie rempli certains devoirs avant de m'occuper de mon bonheur. Tu me promets le secret?

— Je te le jure.

— Merci, dit Paule.

En ce moment, un coup discret fut frappé à la porte de Mlle de Montgrand. Elle se leva et ouvrit en souriant.

Le jeune vicomte Tancrède entra.

C'était un beau jeune homme de vingt-cinq ans, à la physionomie martiale et digne, au sourire fin, au regard lumineux comme celui de sa sœur.

Il y avait longtemps que Léa et Tancrède ne s'étaient vus; et le laps de temps qui s'était écoulé avait suffi pour douer la fille de Jean Danglès de séductions presque irrésistibles, et pour faire un homme de ce Tancrède dont elle avait partagé les jeux.

Le regard rapide de Léa enveloppa le vicomte; puis elle amena la causerie sur les années écoulées et sur les vivaces amitiés de l'enfance.

A défaut de cœur, Léa possédait une éloquence naturelle. Le son de sa voix possédait une harmonie pénétrante, et son beau visage reflétait, comme un miroir fidèle, les pensées de son âme et les images éveillées par son imagination. Elle sut se montrer, tour à tour, aimante et simple, hardie et fantasque. Elle emprunta mille figures diverses, comme un paon, qui fait la roue, fait étinceler les couleurs du prisme sur sa queue déployée. Elle souhaitait être trouvée charmante et remplacer, dans le souvenir de Tancrède, la petite compagne jouant dans le parc des *Abymes* par une jeune fille intelligente et belle.

Elle y réussit; car, plus d'une fois, le vicomte l'écouta avec une admiration à peine dissimulée.

Sans nul doute, Léa comprit qu'elle devait se retirer en laissant le jeune homme sous le charme de son esprit, car elle se leva, lui tendit la main, embrassa Paule et sortit.

A peine eut-elle quitté son amie que l'expression de sa physionomie devint tout autre. On eût dit qu'elle méditait un grand projet, dont l'exécution lui semblait difficile, car elle secouait la tête d'un air assez découragé ; puis, soudain, elle releva le front, comme s il s'agissait d'affronter une lutte, et elle rentra chez elle comme une conquérante.

— Qu'as-tu donc? lui demanda Tiburce. D'où viens-tu?

— J'ai vu Paule.

— Elle t'a appris?...

— ... qu'elle entrerait au couvent.

— Elle a raison.

— Comment, toi, Tiburce, tu l'approuves? Que dirais-tu donc si je parlais de l'imiter?

— Ne faisons pas d'enfantillages, Léa.

— Tu ne me crois donc pas capable...

— ... de vivre de privations et de prières, de coucher sur la dure et de jeûner toute l'année, de voir sans cesse le Sauveur crucifié devant le regard de ton âme? Non, Léa, je ne crois point que tu puisses jamais accepter une semblable existence. Paule de Montgrand est une sainte...

— Serais-tu donc assez fort pour me dire ce que je suis?

— Léa, dit Tiburce d'une voix sombre, nous appartenons tous deux à la race de ceux qui luttent et conquièrent, sans se demander, le succès obtenu, quel fût le premier échelon de ce succès. Nous passons à travers les obstacles ; nous commettrions une faute, un crime peut-être, pour toucher au but de nos convoitises... Tu vois donc bien que nous ne sommes pas dignes de juger des anges comme Paule de Montgrand, et qu'elle nous ferait beaucoup d'honneur en nous permettant de baiser le bas de sa robe.

Tiburce prononça ces mots d'une voix âpre qui fit trembler Léa.

Jamais elle n'avait vu sur le visage de Tiburce une expression si sombre ; et, sans doute, elle en fût restée surprise et même effrayée, si le souvenir du vicomte de Montgrand n'avait chassé l'image de Tiburce.

Vers dix heures les salons commencèrent à s'emplir. (Voir page 116.)

## CHAPITRE X

## CHEZ LÉA

Deux coups de bourse, d'une hardiesse imprudente, et couronnés par un succès inespéré, suffirent pour placer Tiburce Danglès au rang des banquiers habiles.

Son esprit, son élégance, des relations dues à la protection bienveillante de la famille de Montgrand lui assurèrent vite une place dans le monde de la finance, le moins rigoriste et le moins défiant des mondes.

Où en seraient les hommes d'argent, s'ils devaient chercher le pourquoi d'une foule de choses?

La richesse, le bon goût de l'installation de Tiburce, la beauté et la grâce de sa sœur qui recevait avec dignité, sans roideur, tout contribua à favoriser les débuts du jeune capitaliste.

Un seul être resta froid devant le succès de Tiburce, ce fut Jean Danglès.

Probe jusqu'à la rigidité, austère de mœurs, économe par nécessité, et connaissant le prix de l'argent, l'ancien intendant ne voulut jamais approuver par sa présence ce que sa conscience ne tolérait pas. Pour lui, Tiburce, aventurant sa dot et celle de sa sœur, agissait en imprudent et en mauvais frère; et Léa, lui préférant Tiburce, causait à son cœur une peine dont il ne devait jamais guérir.

Que le jeune homme tenté par l'éclat d'une rapide fortune, agité par des passions tumultueuses, eût, en dépit des prières et des conseils de son père, suivi une voie plus facile et plus large que celle d'un travail régulier, monotone, et souvent peu rémunérateur; qu'il préférât la société d'amis jeunes, ardents et fous, à la grave compagnie d'un vieillard, Danglès le comprenait tout en le déplorant. Mais que Léa, sur qui Danglès avait compté pour répandre la joie à son foyer, l'eût quitté pour Tiburce, voilà ce qui coûtait des larmes amères à Danglès.

Cependant il se gardait bien d'avouer qu'il blâmait la conduite de sa fille. Il s'efforçait de montrer ses qualités brillantes, il parlait de ses talents, faute de pouvoir vanter son cœur. Quand le comte de Montgrand, qui lui laissait l'administration de ses faibles revenus, amenait la conversation sur ses enfants, Danglès se contentait de répondre :

— Je ne suis qu'un vieux bonhomme à demi paysan, incapable de leur être utile et de les comprendre, et ne sachant que les aimer. Je suis bien aise qu'ils aient pris le parti de vivre ensemble. Les talents de Léa lui feront rapidement une situation honorable, et, vous le savez, monsieur le comte, je ne lui laisserai pas de quoi vivre.

— Mais leur absence doit grandement vous faire souffrir, Danglès?

— Ils viennent me voir souvent, très souvent. Tiburce me parle de ses affaires, de ses soucis d'argent; Léa m'entretient de ses ambitions. Pendant qu'ils causent tous deux, assis de chaque côté de mon fauteuil, j'essaie de vivre de leurs illusions et de leur jeunesse. Tous deux veulent arriver haut, l'un par la finance, l'autre par le talent. Tiburce a gagné cinq cent mille francs d'un coup de filet. C'est un garçon adroit. Comprenez-vous cela, monsieur le comte? Cinq cent mille francs! pour avoir donné un ordre à un agent de change! Il ne s'arrêtera pas là. Il prétend gagner des millions. Je me contenterais de moins pour lui et pour elle. Quant à Léa, profitant de l'instruction que je lui ai donnée, elle se lance dans les arts avec enthousiasme. Elle prépare un volume dont elle dessine elle-même les illustrations, et je crois qu'elle doit exposer au Salon prochain. Jamais je ne lui aurais conseillé de passer sa vie autrement que sa mère, mais on ne peut étouffer le talent, et je serai fier des succès de ma fille!

Le comte de Montgrand connaissait trop Danglès pour ne point deviner que cette tranquillité apparente, cette prétendue satisfaction cachaient une douleur secrète; mais il respectait la tendresse admirable de ce père s'efforçant de cacher la plaie que ses enfants lui avaient faite au cœur.

Ceux-ci allaient rarement chez le vieillard. En dépit de son amour paternel, ou plutôt en raison même de cet amour, Danglès ne pouvait leur dissimuler ses angoisses. Le chagrin le minait. Il ne consentait point à vivre avec eux dans le magnifique appartement de la rue Laffitte, mais il ne s'accoutumait pas à la solitude. Quand ils venaient près de lui, son bonheur même n'était pas sans mélange. Il savait combien leur visite serait courte. Il songeait qu'ils comptaient les minutes passées à son foyer, et sans doute dérobées à leurs plaisirs. Tout l'embarrassait et l'attristait. Ils ne parlaient point la même langue et ne pouvaient se communiquer leurs pensées. Au départ, ils échangeaient un baiser presque froid, et, quand ils avaient disparu, les yeux de Jean Danglès se remplissaient de larmes.

Le frère et la sœur poussaient un soupir de soulagement. Ce n'était point qu'ils n'aimassent pas leur père dans l'acception complète de ce mot, mais ce père leur semblait une conscience vivante dans laquelle ils n'osaient pas se regarder.

Léa travaillait énormément.

Une des pièces de l'appartement avait été disposée pour être un atelier des tentures anciennes, des meubles rares, des plantes magnifiques l'embellissaient. Dans un angle, se trouvaient les selles portant des bustes de terre cuite ou des statuettes; près de la fenêtre, sur un chevalet d'ébène, s'étalait une grande toile représentant une ravissante petite Italienne écorçant une orange. Sans être d'une grande puissance, sans attester encore les qualités d'un maître, cette toile avait des qualités de fraîcheur et de grâce. Un piano à queue régnait au centre de l'atelier, et un bureau antique faisait face à la fenêtre. Le piano pliait sous le poids des partitions, et sur le bureau s'entassaient des livres et des manuscrits.

Oui, Léa venait d'écrire son premier livre. Était-ce un chef-d'œuvre? Non, assurément ; mais elle avait semé, dans ces pages, un peu de l'emportement de son imagination, elle avait créé une héroïne à son image, et cette créature se composait d'assez de charmes et de contrastes pour que le livre, écrit avec une facilité un peu abandonnée, fût au moins signalé comme une promesse. Quant au buste exécuté par Léa, c'était une tête dans le caractère du seizième siècle, une figure de femme coiffée à la vénitienne d'un toquet de perles, laissant retomber de lourdes torsades de cheveux.

Rien de tout cela ne donnait la preuve du génie, mais il était déjà assez étrange de trouver dans une fille de vingt ans ces talents divers, pour que le public fût tout prêt à s'enthousiasmer. Léa comptait sur sa beauté, sur son esprit, sur ses relations, pour frapper subitement un grand coup. Il lui fallait une triple couronne à ses débuts dans trois arts divers. Elle l'attendait avec une confiance orgueilleuse. N'étant pas assez profondément artiste pour ressentir les angoisses du doute et les défaillances dont souffrent les plus forts au moment de lutter avec la critique, elle gardait une attitude sereine et préparait son atelier avec une coquetterie recherchée. Encore quelques jours, et Léa convierait la presse tout entière pour la juger.

Tiburce l'aidait de tout son pouvoir. La fête qu'il donnait pour Léa était la première. Il profitait de cette circonstance pour ouvrir ses fastueux salons. Il trouvait de bon goût de commencer à recevoir dans le but fraternel de mettre sa sœur en lumière.

Quinze jours à l'avance, on commença les préparatifs de cette soirée.

La chose la plus importante fut la liste d'invitations.

En ce qui concernait les hommes, rien n'était plus simple. Tiburce connaissait beaucoup de monde. Il rencontrait au théâtre la plupart des journalistes connus. Le bruit, habilement répandu, qu'il saisirait la première occasion pour devenir acquéreur d'un grand journal, groupait autour de lui un certain nombre de jeunes gens avides d'occuper un poste de « rédacteur en chef ». Les critiques d'art ne manqueraient point à son rendez-vous. Mais Léa ne se tiendrait point pour satisfaite, si elle ne comptait, dans son salon, que des artistes, des littérateurs et des gens de finance. Son ambition était de réussir à avoir chez elle, ce soir-là, la famille de Montgrand.

Elle en parla à Tiburce qui hocha la tête :

— Ce sera difficile
— Paule m'aime trop pour me refuser.
— Essaie, répondit le frère.

Léa se rendit donc chez la comtesse de Montgrand. Elle déploya toutes ses séductions afin de réussir; Mme de Montgrand, craignant, dans sa délicatesse infinie, que Léa prît pour une preuve d'orgueil un refus qu'elle se trouvait embarrassée pour motiver, accepta au nom de son mari et de sa fille.

Le soir, quand elle parla devant Tancrède de la visite de Léa Danglès, le jeune homme dit à sa mère avec une nuance de regret respectueux :

— J'aurais préféré vous voir refuser.

— Le pouvais-je? D'ailleurs, j'aime sincèrement Léa; rien, jusqu'à ce moment, ne motive que l'on réponde par un refus à une de ses avances.

— Peut-être, répondit Tancrède, et cependant...

— Connais-tu quelque chose au désavantage de Léa?

— Je lui reproche de ne point habiter avec son père.

— Danglès affirme qu'il veut rester seul. Du reste, Léa prend toutes les précautions pour sauvegarder sa réputation. Comprenant que la tutelle d'un frère souvent absent n'est pas suffisante, elle a près d'elle une honorable jeune fille, Léopoldine des Genels, qui a déjà fait une éducation dans le meilleur monde, et dont le contact ne peut qu'être avantageux à Léa. Cette chère enfant se trompe, sans doute, en se croyant appelée à de hautes destinées; mais je ne suis point de celles qui dénient du talent aux femmes; et, de ce qu'elles osent affronter la critique, je n'en conclus point qu'elles sont indignes de conserver de respectables amitiés.

— Vous avez sans doute raison, ma mère, et, pourtant, je vous demanderai une promesse.

— Je la fais d'avance.

— Tiburce reçoit le jeudi; cette semaine, je me rendrai pour la première fois à ses soirées intimes; si j'en reviens avec la conviction que la place de ma sœur n'est point dans ce salon, vous n'y conduirez certainement point ma chère Paule.

— Je connais ton discernement et le tact dont tu fais preuve en toute chose. Observe et décide. Je suis certaine d'ailleurs que Paule s'y rendrait comme moi par complaisance. Elle aime mille fois mieux visiter ses pauvres que d'étaler une toilette dans un salon.

— Oh! c'est que Paule est une vraie femme, une mère, une femme formée par vous, et c'est tout dire.

— Tu deviens flatteur, Tancrède!

— Ne peut-on se montrer juste?

Le jeune homme plia le genou sur le coussin placé devant sa mère, et il porta la main de la comtesse à ses lèvres.

— Dieu nous a repris la fortune de nos pères, il nous a même retiré le fruit de vos économies pendant vingt ans, mais nous serons toujours assez riches, tant que vous nous resterez.

Au même instant Paule entra. Son beau visage trahissait sa joie intérieure. Elle embrassa sa mère, serra la main de Tancrède et s'assit sur un tabouret très bas, de telle sorte qu'elle aussi semblait agenouillée. D'un mouvement rapide, elle enleva son chapeau, puis elle dit avec un sourire :

— Tout va bien chez mes pauvres; quand je dis : « Tout va bien! » la petite bossue s'est levée aujourd'hui pour la première fois. Il fallait voir son sourire, en trouvant près de son lit des vêtements chauds, et d'une forme telle qu'ils dissimulent le plus possible sa difformité. J'ai assisté à sa toilette, et j'ai voulu peigner moi-même son admirable chevelure blonde. Il est impossible d'en voir une plus soyeuse et plus longue; et, quand j'eus tourné autour du front de la pauvre fillette une grosse natte formant un diadème d'or, je t'assure que, avec son teint pâle et ses yeux bleus, elle ne semblait pas laide du tout. Ses frères et ses sœurs avaient déjà subi une complète métamorphose, et la douce créature les regardait à travers un brouillard de larmes. Le fou lui-même avait meilleure mine. Le soin de ses vêtements et de sa personne contribue à lui donner l'air moins égaré. La femme seule me laisse de grandes inquiétudes, et le médecin ne semble pas conserver d'espérance. Mais dans tout ce qu'elle dit, comme dans l'expression de son visage, on comprend que, si Dieu la rappelle, elle mourra avec moins de regrets, en pensant que ses enfants ne sont pas tout à fait orphelins. J'ai fait les démarches nécessaires pour faire entrer les garçons chez les frères et les petites chez les sœurs. Tout ce jeune monde apprendra la religion et le travail, et, durant les heures de classe, Polichinelle et sa mère auront le loisir de s'occuper du ménage et de travailler. Léa Danglès, à qui j'ai recommandé ma petite bossue, vient de lui envoyer du travail pour un mois, et ce travail, Polichinelle le fera, tout en s'occupant du ménage de Remy Posquères. Encore un brave cœur, ma mère! Et comme vous avez bien placé vos bienfaits le jour où vous vous chargeâtes de lui! M. Remy et le docteur Xavier se sont mis dans la tête de guérir le père de Polichinelle, et, pour commencer leurs épreuves et leur traitement, ils attendent que la fillette puisse leur raconter quelle catastrophe a coûté la raison à ce malheureux. Ils ont bien essayé de faire parler Victoire, mais celle-ci s'est mise subitement à pleurer et s'est tordu les bras avec de grands signes de désespoir, tandis que le fou, subitement éveillé de sa torpeur, se rapprochait de sa femme en répétant d'une voix plaintive : « Les juges sont des hommes; on ne devrait jamais relever un cadavre ni toucher la corde d'un pendu ! » Nous attendrons donc, et je ne désespère point que toute cette famille soit un jour sauvée.

— Chère fille ! dit Mme de Montgrand, encore une de tes œuvres !

— Je sortais de l'église, Dieu mit des pauvres sur ma route... Il avait ses raisons pour cela, je les ai ramassés et réchauffés... Mais qui donc m'apprit la charité, sinon toi, ma mère?

— Qui donc m'enseigna le culte de l'honneur et fit de moi un homme? ajouta Tancrède.

La comtesse de Montgrand ouvrit les bras, et ses deux enfants s'y précipitèrent.

— Et mon portrait, reprit Paule, n'irons-nous point aujourd'hui à l'atelier de M. Remy? Vraiment, c'est une œuvre très belle, et il me tarde de le voir là, dans un grand cadre, souriant toujours au milieu de ceux que j'aime.

— Soit, tu poseras aujourd'hui. Posquères affirme qu'il ne lui faut plus que trois séances.

Tandis que la famille de Montgrand se rendait chez l'artiste, Léa rentrait chez elle, souriante d'orgueil.

— Les Montgrand viendront à la soirée, dit-elle.

— Ces dames aussi?

— Ces dames surtout.

— Tu es très forte ! répondit Tiburce.

— Je n'ai pas besoin de te recommander de te montrer aussi respectueux qu'aimable à l'égard de la comtesse; mais je tiens à ce que tu renoues avec Tancrède des relations d'amitié qui me semblent affaiblies. Le tourbillon des affaires t'entraîne, je le sais, mais rappelle-toi que je tiens à voir ici Tancrède de Montgrand le plus souvent possible.

— Daigneras-tu me faire part de tes projets?

— Je n'en ai point encore d'une façon absolue.

— Je comprends cependant, je comprends; mais tu vises trop haut, ma pauvre Léa... Et cependant, oui, ce serait l'oubli, le salut, la réparation...

Je te donnerais une riche dot, dussé-je pour cela me ruiner... Mais les de Montgrand sont fiers, et notre père a été leur intendant.

— C'est mon affaire, dit Léa. Je t'ai indiqué un moyen, ne le néglige pas ; de mon côté, je me rapproche de Paule, qui croit utile de me donner des conseils... Qui sait si elle ne me viendra pas en aide?

Deux jours plus tard, le jeudi soir, tandis que Léa et sa demoiselle de compagnie, Léopoldine des Genets, chantaient le duo d'Haydn : *C'est la fête au Lido*, le vicomte de Montgrand vint serrer la main de Tiburce.

Léa s'était aperçue de l'entrée du vicomte, et une sensation d'orgueil satisfait fit monter une flamme à son visage. Les quelques paroles que Tancrède échangea avec elle furent polies, sans chaleur. Le jeune homme se proposait surtout d'étudier le milieu dans lequel il se trouvait. Certes, on ne pouvait dire qu'il se trouvât, dans le salon de Léa Danglès, une société mêlée dans l'acception complète de ce mot ; mais ce n'était pas non plus une société choisie. On sentait trop la vanité de la finance combinée avec l'aisance artistique. Les femmes portaient beaucoup de diamants, les hommes paraissaient étaler leur surface commerciale dans leur port de tête, dans la cambrure de leur taille épaisse, dans le son dominateur de leurs voix.

Ce fut, en somme, une agréable soirée, pendant laquelle on fit d'excellente musique, et on effleura tous les sujets de conversation. Léa passait et repassait dans les groupes, avec une grâce souriante, et nulle femme n'aurait fait mieux qu'elle les honneurs de ses salons merveilleux. La simplicité de sa toilette rehaussait encore sa beauté ; elle paraissait si bien comprendre qu'elle n'avait pas besoin de parure pour être la plus remarquée !

Plus d'une fois, elle surprit le regard de Tancrède attaché sur elle ; mais, si elle se réjouit pendant une minute rapide, sa joie orgueilleuse ne fut pas complète, car le vicomte ne s'approcha d'elle qu'à de rares intervalles, et les éloges qu'il lui adressa ne sortirent pas des bornes d'une politesse flatteuse.

Cependant la présence de ce dernier à ses jeudis lui parut de bon augure, et Léa ne songea plus qu'à rendre sa grande soirée digne des invités qu'elle y recevait. Pendant huit jours, les chroniques des journaux retentirent du nom de Léa. L'on vantait son tableau, un critique louait sa statuette ; l'éditeur de son livre lançait ses réclames, et cette jeune et belle fille, transformée subitement en héroïne parisienne, portait sans faillir le poids d'un triple laurier.

Vers dix heures, le jour de cette soirée tant annoncée, les salons commencèrent à s'emplir.

Les hommes arrivèrent les premiers, puis les femmes parurent en toilette d'un goût exquis en ce qui concernait les femmes de finance, et un peu plus bizarre dès que l'on était dans le monde littéraire. Les tons un peu crus, les modes exagérées, des bijoux faux, des coiffures visant à la muse, firent sourire quelques hommes. Léa portait avec une grâce parfaite une toilette d'un bleu pâle l'enveloppant comme un nuage ; des guirlandes couraient sur sa tunique, bordaient le corsage, et des brins de ces mêmes fleurs se mêlaient à sa chevelure. Jamais elle ne parut plus complètement belle et ne conquit un plus grand nombre de suffrages.

A côté d'elle se trouvait Mlle des Genets. Vêtue d'une robe gris argent, cette jeune fille paraissait extrêmement jolie, même à côté de Léa. L'expression calme de ses yeux, la modestie de son maintien, le charme contenu de son sourire lui concilièrent à la fois les hommes et les femmes. Elle ne témoignait ni hardiesse déplacée ni pruderie farouche. On la devinait bonne et simple, digne et sage. Jamais l'habile Léa n'avait donné une plus grande preuve de tact qu'en prenant à ses côtés cette charmante fille. Il fallait certes que la sœur de Tiburce se sentît bien sûre de sa beauté et de ses talents pour souffrir la possibilité d'une comparaison dangereuse.

Cependant onze heures venaient de sonner, les salons étaient pleins, et les seules personnes qu'attendît Léa ne paraissaient point encore.

Les compliments commencèrent à l'ennuyer, et, pour tenter d'échapper au partage de ceux qui l'entouraient, elle prit le bras de Léopoldine et se promena dans les salons et dans l'atelier.

Un nom prononcé la fit se retourner plus vite que ne lui eût permis la réflexion, si elle avait pris le temps de réfléchir.

Elle avait entendu annoncer « de Montgrand », mais c'était tout. Incapable de maîtriser son impatience, elle entraîna Mlle des Genets, afin de se trouver tout de suite dans le premier salon pour y recevoir la comtesse et sa fille, mais Tancrède seul s'inclina devant elle.

— Mademoiselle, lui dit-il, veuillez excuser ma mère et ma sœur de manquer à une promesse qu'elles auraient été si heureuses de tenir. Ma mère s'est trouvée subitement indisposée, et Paule est occupée à la soigner.

— Croyez, monsieur le vicomte, répondit Léa Danglès, que je prends la part la plus vive à cette triste nouvelle. J'irai demain m'informer si la santé de madame votre mère s'est améliorée.

Mais Léa ne crut point au mensonge poli du vicomte ; elle comprit que Mme de Montgrand et sa fille refusaient de se rencontrer chez elle, et, un flot d'amertume passant sur son cœur, elle cessa de trouver du plaisir à voir cette foule empressée. Un seul dédain lui fit oublier toutes les louanges entendues.

Cependant elle ne se tint pas pour vaincue. Il lui restait une conquête à faire, conquête possible après tout; et un moment après, se trouvant en face du vicomte, elle lui dit d'une voix humble et douce :

— Je vous en prie, venez me donner votre avis sur mes œuvres.

— Je ne suis point un critique, mademoiselle.

— C'est un mot sincère que je demande.... Jadis vous avez été mon ami, mon compagnon, dans les jours heureux où nous jouions au milieu du parc des *Abymes*. Est-ce que Paris posséderait cette influence néfaste de porter au renoncement de ce qui nous fut cher ?

— Il n'en est pas ainsi, pour moi, du moins.

— En ce cas, ne me refusez pas, et dites-moi ce que vous pensez de cette toile.

— Je la trouve charmante.

— Un compliment!

— Une vérité.

— Et mon buste?

— Il me fait songer à une figure de Michel-Ange.

— Ceci est une raillerie.

— Non pas!

— Voilà mon livre, ajouta Léa, le lirez-vous?

— Non, répondit Tancrède.

Léa devint fort pâle.

— Vous ne le lirez pas, mais vous couperiez les feuillets de l'œuvre d'un inconnu!

— Cela m'est arrivé quelquefois.

— Expliquez-vous alors, dit Léa, en se penchant sur le dos d'un fauteuil et en fixant sur le vicomte ses grands yeux remplis de l'expression d'un reproche intime.

Tancrède était debout en face de Léa Danglès. Lui aussi la regardait, et dans ses yeux, une pitié vague se mêlait à l'admiration.

— Vous avez rappelé, tout à l'heure, nos jours d'enfance passés sous les ombrages des *Abymes*, et vous m'adjurez, au nom de cette amitié, de vous apprendre ce que je pense de vous et pourquoi je ne lirai pas votre livre. Vous avez raison, Léa. Peut-être, si l'on faisait beaucoup de bruit autour du nom d'une jeune femme inconnue de moi, aurais-je la curiosité de voir ses statues et ses tableaux, de chercher dans ses volumes un reflet de sa pensée! Elle m'intéresserait comme une créature exceptionnelle, et mon intérêt n'irait point au delà. Certes, je ne suis point rigoriste, et je ne compte pas au nombre de ceux qui veulent refouler dans la femme tous les élans vers le beau, toutes les propensions vers l'idéal. Je la crois susceptible, comme nous, plus que nous peut-être, en raison de sa sensibilité, de se prendre pour toutes les nobles choses d'une saine et grande passion. Il faut même, pour diminuer la lourde part qui lui incombe dans le fardeau de la vie, qu'elle puisse se reposer dans un coin d'Éden réservé. Mais avant tout, Léa, la femme est l'être du dévouement. La femme est l'âme de la famille, l'ange du foyer, et ceux qui s'imaginent changer ce rôle pour un plus brillant ne sont, je le crois, ni dans la vérité de la raison ni sur la route du bonheur. Vous avez un père qui vous aime jusqu'à l'adoration, ne le quittez pas pour courir après la renommée. Je vous le jure, par cette affection dont vous m'avez rappelé le souvenir, dans la voie que vous prétendez suivre, vous perdez un peu, sinon beaucoup, de cette fleur de respect dont les hommes doivent entourer une jeune femme. Tenez, ici, ce soir, vous réunissez l'élite de la critique et des lettres, de la finance et des enrichis; chacun vous encense et vous admire, on vous trouve belle, et on ose trop vous le dire. Tel critique à qui vous venez de remettre votre volume se permet de vous regarder en face en vous promettant un article qui ne sera qu'un long éloge. Eh bien! Léa, dans cette voie, vous trouverez la louange, une sorte d'enivrement capiteux qui a son danger pour l'âme, comme l'ivresse du vin pour le corps. Le bruit des louanges vous troublera d'une façon nerveuse; vous travaillerez au chant de la flatterie, berçant les songes de votre orgueil; mais le bonheur, Léa, dites-moi, où trouverez-vous le bonheur?

— Ainsi, demanda Léa d'une voix tremblante, loin de m'aider à mériter, à conquérir la tendresse d'un homme noble dans toute l'acception de ce mot, ces qualités d'intelligence dont vous me douez l'éloigneront de moi...

— Fatalement, oui, Léa, fatalement. Une femme, si elle se voue aux lettres, ne saurait être la protectrice d'un foyer. La mère chasse la muse, ou la muse bannit la mère... Maintenant, croyez-vous les jouissances de l'orgueil supérieures aux saintes tendresses du cœur? Vous seule pourriez le dire, et je sais bien qu'à cette heure vous n'oseriez pas l'avouer... Voilà pourquoi je ne lirai point votre livre, Léa... Je veux me souvenir de la petite fille aux cheveux flottants qui courait sur les collines des *Abymes* on s'enfonçait dans les trous de verdure comme une petite dryade ; je veux me rappeler la jeune fille de seize ans qui priait agenouillée dans la chapelle ; et ces deux images l'emportent beaucoup, croyez-moi, sur la fière créature qui a modelé ce buste, peint cette toile et écrit ces pages, pendant des nuits enfiévrées...

Léa resta le front baissé ; elle sentait tomber sur elle, dans la parole de ce loyal gentilhomme, une condamnation sans appel. Elle ne se fit plus illusion. A cette heure, la partie qu'elle avait eu la hardiesse d'entreprendre était déjà perdue. Cependant elle ne pouvait demeurer longtemps sous le coup de l'humiliation qui lui poignait le cœur, et, sans doute, elle allait répondre à M. de Montgrand par quelques phrases de révolte orgueilleuse ; mais, lorsqu'elle laissa retomber une de ses mains qui voilait à demi son visage, Tancrède avait disparu. Elle allait s'éloigner, quand Tiburce entra dans l'atelier ; il était accompagné de Remy Posquères.

— Ma chère Léa, dit-il, monsieur vient te féliciter, et ses éloges ne sont point chose banale, je te le jure. Il excelle dans tous les arts, et il a visité toutes les belles œuvres sorties des mains des hommes. Ta statuette et ton buste, ton livre et tes toiles seront jugés par lui ; demande-lui beaucoup d'indulgence, car, si on le considère comme un maître, on le cite également pour la sévérité de ses jugements.

— Oh ! répondit Léa, j'ai doublement droit à l'indulgence, je débute, et je suis femme...

Remy regarda longtemps les terres cuites et la toile, puis il revint se placer près de Léa.

La jeune femme le regardait sans le voir ; elle se souvenait des paroles de Tancrède qui venaient de tomber comme une douche glacée sur son cœur.

— Cette jeune fille est bien belle, pensa Remy. Mais où donc l'ai-je déjà vue ?

Il n'en pouvait douter, c'était bien elle. (Voir page 132.)

## CHAPITRE XI

### AU FOND DU TIROIR

Depuis son retour à Paris, Remy Posquères ne se ressemblait plus. Jusqu'alors il avait mené une existence un peu décousue, prenant la fantaisie pour règle et négligeant de tirer parti, autant qu'il l'aurait dû, des dons que le Seigneur lui avait départis.

Deux incidents décidèrent son changement de conduite : sa rencontre avec Paule de Montgrand, tandis que celle-ci s'occupait de la petite bossue, et la soirée donnée par Tiburce Danglès.

Paule rappelait à Remy ses heures d'étude, de piété, de foi naïve. Léa le ramenait sur la terre et lui faisait concevoir de lointaines espérances.

Sous cette double influence, il régularisa sa vie et se rapprocha de la seule parente qu'il se connût, une vieille fille, d'origine normande, qui, après avoir gagné son pain à faire de la dentelle, vivait maigrement dans une chambre froide, rue Rambuteau. La pauvre créature n'en put croire ses yeux quand elle vit entrer ce beau jeune homme qui l'appelait « ma tante » et lui serrait les mains en lui adressant de bonnes paroles qui réchauffaient son vieux cœur.

Il fut convenu que Gélina Audiard viendrait de temps en temps dans l'atelier de la rue Madame.

Posquères éprouvait subitement le besoin de prouver qu'il avait du talent et du cœur, de la reconnaissance et une grande force de volonté.

Dans le pauvre intérieur de ses voisins, il se montrait d'une et bonté d'une générosité rares.

Polichinelle était sauvée, les enfants allaient à l'asile et aux écoles, et la mère sentait se ranimer une vie trop longtemps menacée.

Grâce aux soins de Xavier Argenal, le mal qui minait Victoire céda progressivement. Depuis quinze jours, elle restait levée et travaillait durant les heures où l'absence des petits lui laissait un peu de calme.

Paule, en pénétrant dans cet intérieur, semblait y avoir apporté la lumière de la foi et les flammes pures de la charité.

Victoire comprenait qu'elle s'était montrée injuste à l'égard de la petite bossue ; elle s'efforçait de le lui faire oublier et comblait la pauvre disgraciée des témoignages de sa tendresse.

Victoire avait tant rougi de sa fille en la voyant difforme qu'elle ne s'était jamais inquiétée de lire au fond de son âme. Maintenant qu'elle en prenait la peine, elle s'étonnait d'y trouver des vertus douces et fortes, écloses à l'ombre de la douleur.

Dans le cœur de Polichinelle, ni rancune du passé, ni souvenir des anciens froissements. Elle trouvait des mots admirables pour consoler sa mère de ses injustices et de son indifférence passées. Elle priait parfois près de son lit avec des élans de ferveur et de tendresse qui arrachaient des larmes à la malade.

— Oh ! Dieu me punit ! Dieu me punit ! murmurait-elle. J'ai peur de mourir à l'instant où je serais si heureuse de vivre pour te récompenser de ta piété filiale.

— Mais vous vivrez, mère, vous vivrez! Je prierai tant pour vous!

— Alors Dieu t'exaucera, tu as assez souffert pour que tes prières soient précieuses.

Chaque jour, Polichinelle montait à sept heures du matin chez Remy Posquères.

Mme Vermeil s'occupait du gros ouvrage; le rôle principal d'Agab était de se promener en riche costume dans l'atelier en faisant résonner ses anneaux de pieds. Quant à Polichinelle, elle enlevait la poussière des cadres, brossait délicatement les étoffes de soie, blanchissait les guipures rares, arrosait et soignait les fleurs.

Quand elle se trouvait dans l'appartement de Remy, il lui semblait habiter un palais enchanté dans lequel des génies avaient pris soin d'entasser les merveilles; puis, suivant la pente de sa pensée, elle se regardait elle-même comme une petite créature affligée d'une bosse par quelque méchante fée, mais qui reprendrait un jour une forme irréprochable.

Du reste, quand elle passait devant les grands miroirs de Venise, Polichinelle ne s'apercevait plus autant de sa disgrâce, ses robes un peu longues la grandissaient, un fichu de mousseline noué derrière la taille dissimulait sa double bosse sous ses plis bouffants, et sa tête pâle et souffrante, couronnée de cheveux blonds, semblait même adoucie par le reflet de cette blancheur transparente.

Jamais l'atelier n'avait été si coquet, si pimpant. Tout brillait sous la main intelligente et légère de Polichinelle.

Mais c'était surtout quand Mlle de Montgrand devait venir poser pour son portrait que la petite bossue dépensait toute son ingéniosité. Alors des fleurs garnissaient l'antichambre, elles encombraient le salon et formaient des colonnes dans l'atelier. Une corbeille de roses coupées se trouvait toujours à portée de la main de la comtesse et de sa fille.

Jamais Remy n'avait fait une œuvre de cette valeur. Tout ce qu'il possédait de science, il le dépensait dans le portrait de Paule. La jeune fille était représentée debout, le front incliné. Elle tenait un livre à la main et semblait méditer ce qu'elle venait de lire. L'expression de son visage était d'une douceur, d'une pureté angéliques. Remy avait voulu peindre la jeune fille vêtue de blanc, comme si ce costume seul pouvait s'allier à l'air de sa physionomie.

— Savez-vous bien, Remy, lui dit un jour la comtesse de Montgrand, que ce portrait est admirable?

— Vous ne sauriez croire combien je souhaiterais que votre affection ne vous influençât pas. Je voudrais en vérité réaliser un chef-d'œuvre, puisque je ne puis vous offrir que cela.

— Je suis payée, Remy, répondit la comtesse; chaque fois que j'entends prononcer votre nom, on y ajoute un éloge.

Puis, profitant d'un instant où sa fille feuilletait un album d'Overbeck :

— Mon cher enfant, ajouta-t-elle, vous devriez achever de renouveler votre vie.

— Qui vous dit que je l'ai commencé?

— Je le vois bien.

— J'avoue, alors. Oui, je me renouvelle; apprenez-moi ce que je dois faire de plus.

— Vous marier, répondit la comtesse.

— J'y songe, répondit gravement Remy.

— Depuis longtemps?

— Non, depuis quinze jours.

— Ce n'est point assez d'y songer, il faut commencer à mettre ce projet à exécution.

— Je ne puis aller trop vite, répondit Posquères, sans crainte de me heurter à de grandes difficultés.

— Oh! je ne parle point de hâter le moment de votre union. Je veux dire simplement ceci : Un jeune homme, avant d'entrer dans la vie grave et sainte du mariage, doit agir comme les néophytes païens et brûler ses faux dieux... Ne vous récriez point, mon cher Remy; quand j'ai consenti à ce que ma fille vînt chez vous pour son portrait, je savais parfaitement qu'elle ne trouverait ni un croquis ni un livre capables de blesser son regard. Mais ce qu'on ne voit pas toujours, on le devine souvent. Il y a bien des toiles retournées dans les coins, bien des statues voilées par des draperies ou ensevelies au milieu du feuillage; les rideaux de soie de cette bibliothèque sont tirés avec un soin scrupuleux. Dans ce bahut flamand, dans les tiroirs de ce cabinet italien fait d'écailles et d'ivoire, se cachent bon nombre de secrets et de souvenirs... Ce sont les vestiges d'une folle vie, Posquères, et, si vous voulez devenir réellement grand, vous devez renoncer à tout ce qu'ils vous rappellent... Tenez, pendant une longue soirée, ouvrez l'un après l'autre ces meubles, videz-les dans le foyer, et regardez ce qu'ils contiennent de cendres... Après cela, vous vous trouverez le cœur plus léger, et vous vous sentirez plus digne de fonder, à votre tour, une famille.

— Vous êtes la raison même, répondit Posquères.
— M'obéirez-vous ?
— Je vous le promets.
— Ce soir ?
— Non, pas ce soir, je ne serai pas libre.
— Où irez-vous ?
— Chez Tiburce Danglès.
— En effet, reprit la comtesse, vous êtes fort lié avec lui.
— Il me témoigne une vive amitié, et sa maison est charmante.

La comtesse reprit un moment après :
— Les affaires de Tiburce prospèrent, n'est-ce pas ?
— Je le crois. On ne parle que de ses succès à la Bourse.
— Et que pensez-vous de Léa ?

Le visage de Posquères refléta une vive émotion, et la comtesse s'en aperçut.
— Ne me confiez rien, Remy, lui dit-elle, mais réfléchissez beaucoup... Ce serait étrange, ajouta-t-elle, que l'enfant de mon adoption et la fille de Danglès... Mais vous connaissiez Léa avant la soirée où mon fils s'est rencontré avec vous chez Tiburce ?

— Non, madame la comtesse, répondit Remy. Quand Léa, enfant, courait dans le parc des *Abymes*, je travaillais dans un collège, et, lorsque je revins vous voir à de longs intervalles, Mlle Léa à son tour était en pension. Plus tard je fis de longs voyages, et, lorsque son père la retira de la Maison Cardinet et qu'elle vint s'installer ici avec Tiburce, je venais de partir pour l'Orient où j'ai passé deux années... Je suis certain de ne jamais m'être rencontré avec elle, et cependant plus je regarde ce beau visage, plus il me semble l'avoir vu dans un temps déjà éloigné... Où et quand ? Je ne saurais le dire... C'est lors de la soirée dont vous parlez que j'ai été présenté à Mlle Danglès, et depuis ce temps je vais assez souvent chez son frère.

— Croyez-vous que Léa possède réellement du génie ?
— Elle est du moins admirablement douée.

La comtesse de Montgrand serra la main de Remy.
— Je vous aurais peut-être souhaité une femme moins brillante, dit-elle.
— J'avais toujours pensé, dit Remy, que nous avions besoin, nous autres qui vivons sans fin dans la fièvre, d'avoir à nos côtés une femme dont le calme et la mansuétude nous reposeraient de nos agitations. Je m'étais

même créé un idéal en ce genre, et, cet idéal, je l'ai promené avec moi durant mes longs voyages, ces voyages pendant lesquels la nuit et le jour se confondaient dans un double rêve. Je puis vous dire, à vous, toutes ces choses, car vous êtes à la fois maternelle et intelligente, et jamais vous ne riez de ce qui se remue de songes ou de désirs dans le cœur et dans la tête de celui que vous avez moralement adopté. Voici donc quelle fut longtemps la femme rêvée par moi : une créature placide comme une matrone romaine, jolie et gracieuse, ayant le regard pur et la bouche souriante. Elle aplanissait devant moi le chemin de la vie, ses mains écartaient les épines et les ronces de ma voie. Quand elle me voyait préoccupé, sa présence allégeait le fardeau de mon cœur. Elle savait m'interroger sur mes œuvres ; elle les écoutait et les critiquait avec une justesse imprévue. Je trouvais en elle mon premier juge, et la meilleure louange tombait de ses lèvres...

— Remy, dit Mme de Montgrand, vous étiez dans le vrai.

— Puis un soir, reprit Posquères, tous mes plans se sont trouvés renversés ; mon idéal s'est confondu avec les nuages, et, à la place de cet être imaginaire, j'ai vu devant moi...

— Léa Danglès?

— Oui, Léa.

— Je dois beaucoup à son père, reprit la comtesse, et je serais heureuse de m'acquitter envers les enfants. Ce que je crois devoir vous dire, Remy, ne changera rien à vos vues ; je désire presque que vous suiviez votre inclination!... Si Léa vous épouse, Léa est sauvée ; sans cela je redouterais pour elle les dangers d'un monde qu'elle brave sans le connaître. Tout va devenir piège pour cette belle jeune fille qu'un père ne guide pas et reste impuissant à protéger. L'audace et l'ambition sont la base du caractère de Tiburce. Il appartient à la légion de ceux qui prennent pour devise : « Parvenir à tout prix. » Sans s'en apercevoir, Léa se laissera glisser sur une pente fatale. Je suis restée impuissante pour l'empêcher de quitter la maison de Jean Danglès ; elle a cessé d'écouter Paule, et les paroles presque sévères que mon fils lui adressa le jour où vous la vîtes pour la première fois lui seront sans doute peu profitables. Votre mariage avec Léa serait son salut. Tandis que je me croirais obligée d'éloigner discrètement de ma maison la jeune fille artiste bravant la critique et se mêlant un peu trop aux amis de son frère, j'ouvrirai mon foyer à la femme de Remy Posquères. Plus vous avez aimé la liberté, plus vous aimerez votre intérieur quand vous vous serez créé une famille.

— Ainsi, vous m'encouragez dans ce projet?

La comtesse demeura perplexe.

— Je vous ai dit, reprit-elle au bout d'un instant, que Léa serait sauvée, je n'ai point ajouté que vous seriez heureux. Étudiez encore le caractère de cette jeune fille, voyez assez souvent Tiburce pour le juger. Vous allez vous engager dans une voie qui ne sera ni sans dangers ni sans surprises; n'abandonnez rien au hasard. Mais soit que vous deveniez le mari de Léa, soit que vous lui préfériez une autre compagne, rangez votre existence, Remy.

— Et brûlez vos faux dieux, avez-vous ajouté.

— Oui, mon enfant.

Paule revint souriante vers sa mère.

— Quel homme que cet Overbeck! dit-elle. Nous ne le comprenons pas, nous, et, il faut l'avouer à notre honte, bien peu de Français le connaissent... Monsieur Posquères, vous peignez d'une façon large et grande, et je vous crois appelé à un grand avenir; mais je ne serai complètement heureuse que le jour où vous aurez peint pour moi, ou pour une église, un tableau religieux, donnant la mesure complète de votre valeur.

— J'essaierai, mademoiselle Paule.

La séance se termina, et la comtesse monta chez la petite bossue.

Remy passa chez lui le reste de la journée, et bientôt il songea qu'il ferait bien de mettre à exécution le conseil de Mme de Montgrand.

Il s'assit près du foyer; puis, enlevant un des tiroirs du cabinet d'écaille et d'ivoire, il le renversa sur la table.

Il renfermait de tout, ce tiroir : des pages écrites au collège, un palmarès de distribution de prix, des croquis railleurs représentant la caricature d'un maître d'étude et le portrait d'un condisciple mort depuis de longues années. Toute la vie d'enfant de Remy se déroula devant lui. Il se revit collégien, s'efforçant d'apprendre afin de ne point rendre inutiles les bienfaits de M. de Montgrand. L'amour du crayon l'emportait encore en lui sur l'amour de la plume. Il dessinait avant de savoir écrire. Qu'était devenu le maître d'étude dont le profil anguleux, sec et triste, revivait sur cette feuille de papier arrachée d'un cahier de devoirs? Il n'en savait rien. Peut-être la misère l'avait-elle rongé lentement, et s'en était-il allé de ce monde avec un grand cri de soulagement! Ils s'étaient montrés si méchants, ces enfants sans pitié!

Remy brûla les caricatures, les pages de verbes; mais il garda les palmarès qui semblaient lui prédire longtemps à l'avance les succès qu'il recueillait dans le présent.

Le second tiroir exhalait une faible odeur de roses séchées, de brins d'herbes fanées, de violettes mortes. Ces pauvres plantes, ces calices parfumés, jadis avaient été cueillis sur des bords divers. Il les avait apportés entre des feuillets de livres ou des pages d'albums. Leur faible odeur évoquait le souvenir de grands horizons, de magnifiques paysages, des images souriantes disparues depuis longtemps dans la brume du passé. Il lui semblait tenir, entre ses doigts, une poignée de cendres, tandis qu'il gardait ces herbes jaunies et ces pétales décolorés dans ses mains. Il les laissa tomber plutôt qu'il ne les jeta dans la cheminée. Elles y produisirent un léger crépitement, avivèrent la flamme ; puis une gerbe d'étincelles s'envola, et ce fut tout...

Pendant un moment il demeura pensif. Quelle rosée du ciel avait baigné ces plantes! Quelle pluie de larmes avait tenté de les faire renaître!

Et maintenant?

Remy passa au troisième tiroir.

Il renfermait un mouchoir d'indienne bleue, à pois blancs, une bague de cuivre et une mèche de cheveux blancs : tout ce qui lui restait de sa mère. Elle avait longtemps porté ce mouchoir d'étoffe commune qui, neuf, avait coûté quelques sous... Cette bague fut bénite par le prêtre, car la jeune fille n'avait pas même assez d'argent pour acheter une alliance, quand elle épousa Benoist Posquères... Remy enleva du doigt de la morte cette bague humble et sainte; d'une main tremblante, il coupa sur le front cette mèche de cheveux...

Voilà tout ce qui lui restait de celle qui l'avait bercé, nourri, veillé, qui l'avait aimé jusqu'à la mort, et qui dormait maintenant dans le coin d'un cimetière de village.

Posquères couvrit son visage du mouchoir d'indienne, et il pleura.

Après avoir essuyé ses yeux, il prit ces reliques sacrées et les enferma dans une boîte de bronze ornée d'anneaux précieux.

Un monceau de lettres d'amis ou d'hommes réputés tels couvrit bientôt la table.

Remy reconnut plusieurs écritures avec une satisfaction marquée. Il en regarda d'autres comme on fait de certains objets, de certains visages dont on a oublié le nom et l'emploi. Plusieurs furent tirées de leurs enveloppes. Il tressaillit à la vue de l'encre jaunie, du papier coupé aux angles. Oh! combien ces pages renfermaient d'enthousiasmes jeunes, d'ardentes sympathies. Combien le cœur battait, tandis que la main les traçait à la hâte. De ceux qui avaient couvert ces pages, beaucoup étaient endormis depuis longtemps. Pas un, peut-être, n'avait atteint son rêve, et tous s'en étaient allés avec le sentiment de leur impuissance et du néant des vanités humaines. Plusieurs émanaient d'hommes vivants, qui avaient fait leur trouée dans la foule et dont le nom s'environnait d'un peu de gloire. La plupart étaient restés les amis de Posquères ; d'autres, envieux de ses succès, n'avaient point sur leur ombre les rayons de son soleil. Deux ou trois même étaient devenus ses ennemis... Oui, cela était triste à dire et à constater : de tant d'amitiés jurées, il ne restait pas deux affections véritables et fortes.

Remy jeta au feu les lettres des indifférents, des jaloux, de ceux qui s'en étaient allés avant la dernière bataille, et il ne garda que celles des rares et chers amis qui lui restaient fidèles. Trois de ceux-là faisaient partie des *Conquistadores de la Marne*.

Des manuscrits ! Il trouvait maintenant des manuscrits dans un tiroir large, profond, énorme, occupant toute la longueur du cabinet italien.

Il y avait là des tragédies en cinq actes sur des sujets classiques, des drames du moyen âge remplis de couleur locale, des ébauches de romans mettant en scène les désespérés de la vie, dont Werther commença la série, et qui s'est continuée jusqu'à Musset. Il retrouva des vers écrits sous l'influence lamartinienne et qu'il datait du fond d'un bois ou des rives d'un lac. Puis ce furent des stances rutilantes de soleil, des ballades mauresques, des fantaisies de rythmes, des récits dont la grandeur était toute artificielle : maladifs produits d'une muse de vingt ans qui s'ignore elle-même. Que de talent naïf gaspillé ! Que de fraîches descriptions, de rêves angéliques, de légendes mystérieuses ! Mais tout cela était-il absolument perdu ? Non, Remy avait forcé la langue à s'assouplir dans ces chants incomplets. Il s'accoutumait à la propriété, à la richesse du vocabulaire. Les pièces informes, mal équilibrées sur leurs cinq actes, n'avaient, sans doute, jamais été jouées : mais il avait tiré de ce sujet un tableau qui lui avait fait grand honneur. Rien ne se perd de ce que l'homme apprend. Le gaspillage juvénile des facultés ne nous appauvrit guère. Avant de semer le bon grain, on vanne ses premières idées. Il éprouvait une joie bizarre à relire ces *scenario*, ces plans, ces pages, ces odes. La vingtième année chantait en lui, se servant tour à tour de la flûte de Mélibée, des pipeaux de Tityre, et réveillant la lyre endormie de quelque jeune fille née au temps d'Homère. Oui, dans ces pages entassées, il retrouva le germe de ce qu'il possédait maintenant, et, tout en souriant de ces travaux enfantins, il en conserva une partie, afin de mesurer la route parcourue aux jalons laissés derrière lui.

En ouvrant un des petits compartiments du meuble, il se signa.

Dans ce tiroir s'entassaient des reliques, de véritables reliques, reçues de la main de saints personnages ou recueillies dans des lieux sacrés : un rameau d'olivier rapporté du Jardin de l'Agonie, un caillou ramassé dans le lit débordé du Jourdain, un morceau de granit arraché à une muraille de Bethléem. Puis dans de petites boîtes d'or ou d'argent, des fragments presque invisibles, enveloppés d'une étroite bandelette de parchemin, sur laquelle un nom se trouvait écrit en caractères microscopiques. Tout au fond du tiroir une médaille de bronze, sur laquelle était gravée la date de sa première communion...

Oh! combien tout cela était précieux! et comme la prière lui monta du cœur aux lèvres en regardant ces souvenirs! Il se reprocha son oubli temporaire de Dieu, ses infidélités, ses défaillances. Les objets qu'il tenait lui paraissaient palpitants entre ses doigts. Des larmes roulaient sous ses paupières, et son âme se laissait envahir par l'immense regret qui nous saisit lorsque nous nous sentons loin de Dieu. Il lui semblait qu'il ne pouvait plus vivre, et ses mains se tendaient en avant, serrant ces reliques bénies sur lesquelles il collait ses lèvres

— Dieu! répéta-t-il, Dieu!

Sous tous ces objets il trouva un vieux volume jauni aux coins, et dont la reliure s'écaillait, le livre dans lequel il avait lu tout enfant; il l'ouvrit à l'endroit où se trouvaient les Psaumes et lut, avec le bonheur qu'éprouve le voyageur altéré en découvrant une source, les admirables vers de David.

Puis, ayant porté le volume sur la table placée à côté de son lit, il reprit sa place près de la cheminée.

Le feu menaçait de s'éteindre, Remy renversa un autre tiroir et un déluge de cartes roula à ses pieds.

Il s'en trouvait de tous les formats, de tous les genres : les unes minces et glacées, les autres en carton épais; quelques autres affectaient les tons d'ivoire du papier de Hollande, plusieurs se tintaient de vert ou de gris pâle. Les noms qu'elles portaient se trouvaient écrits en anglaise modeste, en gothique prétentieuse, ou s'ornaient d'une devise; le plus petit nombre se timbraient d'un blason. Ces cartes gardaient le cachet de cent individualités diverses. Rien qu'à les voir, on pouvait deviner le caractère de celui qui les avait envoyées. Toutes les nationalités défilaient sur ces cartons : les gloires s'y rencontraient fraternellement, les nullités s'y confondaient.

En somme, parmi ce monceau de cartes, bien peu appartenaient à des hommes connus. Combien s'étaient arrêtés en chemin, tout prêts de toucher à la gloire ! Combien en avaient saisi les premiers fruits et n'avaient pu en supporter l'âcre saveur ! Que d'oubliés ! Que de dédaignés parmi ces noms !

Posquères prit toutes les cartes, et le feu s'aviva d'une flamme claire.

La main de Remy trembla légèrement quand sa main tourna la clef d'un nouveau tiroir.

On eût dit un écrin étrange composé de bijoux plus que modestes, de nœuds de velours, d'épingles de fantaisie, de petits livres dont une page était pliée. Énigme brillante et bizarre, dont Posquères lui-même ne trouvait pas le mot. A quel jour de brume ou de soleil répondaient ces souvenirs ? Il s'interrogeait et n'osait se répondre. Enfin il prit une résolution, jeta les bijoux dans une coupe et murmura :

— L'argent qu'ils produiront paiera du vin de Bordeaux pour Victoire.

Quant au reste, le feu le dévora en une seconde.

Il ne restait plus qu'un seul tiroir.

Posquères y prit lentement des collections de portraits. C'étaient des amis, des indifférents, des gens qui, aujourd'hui, vous offrent leur portrait comme ils vous tendent la main, sans y attacher aucune idée affectueuse. On sait que vous possédez un album, il s'agit tout simplement de vous aider à le remplir.

L'un après l'autre, Remy regarda ces visages, jeunes ou vieux, laids ou beaux. Les uns trahissaient les flammes de l'intelligence, les autres semblaient s'endormir dans une existence momifiée. Parmi les personnages qu'ils représentaient, beaucoup avaient vieilli depuis que ce souvenir avait été offert à Posquères. Plusieurs se trouvaient à l'étranger, un grand nombre dormaient du sommeil éternel.

Une mélancolie profonde s'empara du jeune homme. Certes, la plupart de ces images ne lui rappelaient point des affections ardentes ; mais, enfin, il avait donné un peu de lui, un lambeau de son cœur à presque tous.

Des étapes de sa vie s'espaçaient devant les physionomies de cette galerie. Il se prenait à regretter d'avoir, pour ainsi dire, disséminé son âme. Alors il ne réfléchissait point que les sentiments s'affaibliraient par leur diffusion.

Cependant Posquères, quoique beaucoup de ceux dont il retrouvait les traits fussent éloignés ou morts depuis longtemps, ou disparus de son intimité, n'eut pas le courage d'anéantir cette collection ; il la laissa sur la table ;

et, en cherchant au fond du tiroir, pour s'assurer qu'il n'y restait rien, sa main rencontra deux objets : un nouveau portrait, puis un petit carnet de maroquin bleu.

Le portrait était un portrait de femme.

Posquères y jeta un regard et poussa un cri de surprise :

— Léa! murmura-t-il. Le portrait de Léa!

Il chercha dans sa mémoire, si Mlle Danglès lui avait donné son portrait; mais il la connaissait depuis peu de temps et ne se regardait point comme assez lié avec elle ou avec Tiburce pour le lui demander.

Il n'en pouvait douter, cependant, c'était bien elle... Il retrouvait, dans cette image, la hardiesse de son port de tête, l'éclat de ses grands yeux, le dédain de son sourire, quand elle ne daignait point en adoucir l'expression.

— Léa! c'est Léa! répétait-il à la façon dont il aurait demandé le mot d'une énigme.

Cependant une chose le frappa. Comme tous les artistes, Remy se trouvait fortement au courant des modes féminines; un regard, un croquis suffisaient pour le renseigner et l'empêcher de confondre la nouveauté de la saison avec ce qui se portait deux années auparavant. Un rien suffit pour assigner une date à un portrait : une boucle, un nœud, le jabot d'une manche... Et Léa, sur ce portrait que Remy tenait dans ses mains, Léa portait une toilette et une coiffure remontant à deux années.

Or, il y avait deux ans, Remy allait partir pour l'Orient, et Remy ne connaissait ni Léa ni Tiburce.

Tout à coup, un souvenir le frappa comme un trait de lumière.

— Je me souviens! fit-il, je me souviens! Ce portrait, on ne me l'a point donné, je l'ai trouvé... je l'ai trouvé...

Un coup frappé à la porte le fit rejeter, dans le dernier tiroir, le portrait de Léa et le carnet bleu.

— Entrez! dit-il.

C'était Xavier qui venait passer sa soirée avec Posquères.

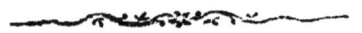

Même au cabaret, il restait triste et s'isolait. (Voir page 139.)

## CHAPITRE XII

### SECRET DE POLICHINELLE

— Je viens te parler du pauvre fou, dit Xavier.

Remy leva la tête avec un mouvement brusque, comme si les mots du jeune docteur répondaient à une intime pensée.

Il avança un siège à son ami, et celui-ci reprit :

— Ma conviction est que les naïfs, les bonnes gens seront toujours les meilleurs aliénistes. Les spécialistes entasseront les théories sans rien prouver. Un fou est un malade. Traiter la folie par la violence équivaut à n'administrer que des toniques en guise de remède. Tout aliéné garde une blessure au cerveau, et, cette blessure, il s'agit de la cicatriser. Depuis que je connais ce misérable intérieur, je suis frappé de deux choses : de la tristesse latente de la femme, imparfaitement motivée par son état maladif, et de la préoccupation persistante de l'idiot. Ses pensées, dont le nombre reste fort restreint, se rapportent toutes à un fait que nous ignorons. Cette famille a sa lèpre morale, et cet homme garde son secret. Comme sa folie est le résultat d'un accident, il ne me sera possible de le soigner, de le guérir, que le jour où je connaîtrai la cause de sa tristesse et de sa folie.

— A qui la demander? reprit Remy Posquères.

— Une seule créature t'apprendra ce que nous voulons, ce que nous devons savoir : Polichinelle... ne t'y trompe point; d'ailleurs, Polichinelle est la plus vaillante de la famille. Cette disgraciée cache une grande âme dans un corps contrefait.

— Je le sais, et pourtant j'hésite.

— Pourquoi?

— Le courage me manque pour dire à cette enfant : « Il est dans votre vie une page honteuse, et je veux que vous me la dévoiliez. »

— Cette page est plutôt triste que honteuse, reprit Xavier. Remarque bien que sans trêve le pauvre fou répète : « Les hommes ne sont pas justes ! Les juges sont des hommes ! » — Certainement le malheureux est une victime. Un insensé ne persisterait pas à nier dans sa folie ; la finesse dont il aurait besoin finirait certainement par lui faire défaut. Au lieu d'accabler de honte Polichinelle, ta demande la soulagera. Toute cette famille étouffe sous le poids de son secret. Il y a plus ; la concierge, Mme Vermeil, les appelle les *Sémais*, eh bien ! j'ai lieu de supposer que ce nom n'est pas le leur. Deux fois déjà, tandis qu'on le prononçait, la malade ne répondait pas. Évidemment il ne lui est pas familier. Elle se trouve obligée de faire un effort de mémoire afin de se rappeler que, pour les gens de la maison, elle se nomme Victoire Sémais. Cherche donc, cherche jusqu'au fond. Je me suis souvent trouvé en face de blessés portant des plaies hideuses, et je les pansais presque sans les faire souffrir, à force d'y mettre de la légèreté de main et l'attention de ne les point blesser. Tu es, certes, de ceux qui peuvent effleurer les blessures de l'âme sans faire souffrir les patients. Pour cela, Remy, tu possèdes une douceur sérieuse et cette compatissance sincère qui s'incline vers le pauvre avec quelque chose de fraternel. Polichinelle ne croira jamais qu'une vaine curiosité te porte à l'interroger. Elle comprendra tout de suite que tu lui veux du bien, et son cœur s'ouvrira comme s'ouvrent les sources longtemps fermées...

— Eh bien ! dit Posquères, je lui parlerai demain.

— As-tu besoin d'une consultation personnelle? demanda Xavier.

— Moi ! Qui te fait croire...

— Pouls fréquent, œil fébrile, peau brûlante.

— Une maladie, peut-être...

— Non point, un état habituel depuis quelque temps.

— Je t'assure...

— Un mot de plus et tu mentirais.

— Je n'ai aucune peine, reprit Posquères.

— Je n'attribue pas ton état à un chagrin ; il s'agit plutôt d'une préoccupation. Il ne te convient pas de me l'avouer, soit. Un jour tu me diras tout dans un moment d'abandon. Je suis assez ton ami pour ne point forcer ta confiance... Parlons d'autre chose, Remy, de la soirée de Tiburce Danglès par exemple, de la beauté, des talents multiples de sa sœur, des instincts dangereux de cette jeune fille, des peines que se réserverait pour l'avenir celui qui fonderait sur elle quelque espérance... Tu deviens pâle, Remy... Ce n'est point encore de cela qu'il faut t'entretenir... Que faisais-tu tout à l'heure?

— Une de ces exécutions auxquelles nous nous livrons tous dans la vie... J'ai brûlé des cartes, des lettres, des fleurs séchées, même des portraits... Au moment où tu es entré je tenais d'une main le portrait de Léa Danglès, qui jadis est tombé entre mes mains d'une façon bizarre. Laisse-moi tenter d'apprendre par suite de quels événements. Plus tard je te raconterai tout.

— Même ce que je devine ? reprit Xavier.

Remy serra la main du jeune docteur.

— A propos, reprit celui-ci, j'ai des malades sérieux. Mlle Louise-Gonzague de Montgrand m'a appelé près d'elle, et je soigne deux amis de son père. Je ne te remercie point, tu ne le souffrirais pas.

— Comment vas-tu faire? demanda Remy.

— Guérir mes malades, parbleu!

— Ce n'est point là ce qui m'inquiète. Mais du moment où la clientèle vient à toi, tu ne peux continuer à donner tes consultations dans l'arrière-boutique d'un herboriste. Il faut de la tenue. Si l'on te croit pauvre, on paiera ta science à raison de cinq francs la visite. Monte ta maison simplement, mais suffisamment. Il te faut un appartement dans une maison convenable et quelques meubles choisis avec goût. Je puis d'ici à huit jours te faire nommer médecin d'un théâtre ; ce n'est pas lucratif au premier abord, mais on ne tarde pas à s'apercevoir qu'il y a de nombreux maux de gorges dans le personnel des artistes. Une société de secours mutuels cherche également un médecin ; ceci non plus n'est pas très avantageux, mais on se fait connaître, et plus tard il devient possible de choisir sa clientèle...

Posquères prit trois papiers soyeux dans un coffret et les tendit à Xavier.

— Emporte ces trois mille francs, tu me les rendras dans un an.

Xavier voulut refuser.

— Je te croyais mon ami, dit Posquères.

Une larme brilla dans les yeux de Xavier. Il serra la main de l'artiste sans ajouter une seule parole.

— Es-tu invité à dîner chez Danglès la semaine prochaine? demanda Remy.

— Oui

— Tu iras?

— Certainement.

Le médecin se leva et quitta Remy.

Celui-ci s'endormit tard et ses rêves furent terribles. Il lui semblait qu'il se trouvait brusquement transporté dans une forêt habitée par des monstres et que ces monstres le menaçaient des griffes et des dents.

Le lendemain matin il se leva las, nerveux, et il attendit avec impatience l'arrivée de Polichinelle. Celle-ci entra en même temps que Mme Vermeil.

Tandis que l'une balayait les tapis, frottait et brossait les meubles, la seconde maniait avec adresse les pâtes tendres et les bibelots fragiles. Elle paraissait douée d'une patience infinie et d'une sollicitude à toute épreuve pour les riens charmants s'entassant sur les étagères et les crédences. Elle s'était prise tout d'un coup à les aimer. Il lui semblait désormais qu'ils faisaient partie de son existence. Elle gardait des prédilections pour des bergères enrubannées peintes de couleurs délicates sur des pâtes de Saxe transparentes d'émail. Elle souriait en regardant les pièces d'un service royal accumulées sur une crédence. Il se trouvait là des dindons de faïence étalant la roue bleue d'une queue fantastique, des paquets d'asperges liés d'un oignon doré et agrémentés d'un piment aux tons de corail. Des saladiers remplis de fruits dont le moulage défiait la nature, des coquillages, des oiseaux curieux posés sur des socles, des singes grignotant des noix. L'art du modeleur et celui du porcelainier confondus avaient réalisé des merveilles. Remy avait acheté ces raretés un peu partout : dans les vieux châteaux et dans les fermes, chez les brocanteurs et à la salle Drouot. Il en avait rapporté de Bohême, d'Autriche et d'Italie.

Puis, à côté de ces objets charmants carminés comme des pétales de roses et frais d'une idéale verdure, elle maniait des ivoires délicats de toutes dates et de toute provenance : des statuettes de saints raides dans leurs robes monacales; des figurines d'anges souriants, des crucifix sculptés à Mexico dans des défenses colossales et enlevés avec une inspiration presque farouche. Sur ces ivoires se trouvaient les vestiges de colorations à demi effacées. Les bordures des tuniques et des manteaux gardaient des traces d'or; les cheveux avaient des tons bruns; le front des crucifix saignait sous les épines de la couronne. Polichinelle s'imaginait que tout à coup on l'avait transportée dans une chapelle dont elle devait entretenir les guipures, les figurines et les fleurs... Elle se plaisait à étaler sur les guéridons les lourdes étoffes brodées d'or, à faire reluire les plats de cuivre en rondes bosses, et les vases d'argent conquis sur les dressoirs allemands. Elle savait mettre dans leur jour les choses précieuses de Posquères, et celui-ci n'éprouvait jamais de crainte quand il voyait la fillette errer au milieu des raretés encombrant l'atelier.

Ce matin-là Remy regarda Polichinelle avec un redoublement d'attention.

La petite bossue était toujours pâle; son regard reflétait une douleur sourde, profonde, inguérissable. Dans sa pensée, quoi qu'elle fît ou pût dire, surnageait pour ainsi dire un souvenir terrible glaçant le sourire sur ses lèvres et tuant l'espérance dans son cœur. Il y avait quelque chose d'immuable dans l'expression de sa détresse; rien d'exagéré, de théâtral, cependant; une souffrance lente, une douleur qui la dévorait au dedans, et dont elle mourrait avant de l'avoir révélée.

Remy venait de s'installer devant son chevalet, et, à de rares intervalles, il ajoutait une retouche légère au portrait de Paule de Montgrand.

— Polichinelle! dit-il tout à coup.

La fillette se retourna.

— Est-ce ressemblant? demanda le peintre.

— Oh! oui, monsieur, oui, bien ressemblant et bien beau. Si, au lieu de de vêtir Mlle de Montgrand comme vous l'avez fait, vous lui aviez mis une tunique blanche et placé une palme entre les mains, on l'aurait prise pour une jeune sainte.

— Vous l'aimez bien, mon enfant?

— Oh! monsieur, pouvez-vous me demander cela?... Vous et elle, n'êtes-vous point mes bienfaiteurs, mes anges gardiens?...

— Et cependant, reprit Posquères, vous n'avez pas confiance en moi...

— Je manque de confiance envers vous?

— De la façon la plus complète, et j'ajouterai la plus nuisible pour ceux que vous chérissez... Si vous me croyez votre ami, si vous êtes persuadée que je vous porte un intérêt réel, pourquoi ne me livrez-vous que ce nom ridicule, odieux, de Polichinelle? Est-ce un nom d'enfant et de jeune fille? Ne semble-t-il pas, chaque fois qu'on le prononce, qu'on vous jette une injure à la face?

— Tout le monde m'appelle comme cela, monsieur Remy.

— Mais il me convient à moi de vous nommer autrement.

— Alors, reprit la petite bossue rougissant, appelez-moi Véronique.

— Un joli nom, modeste et doux. Oui, je vous appellerai Véronique... Et, puisque voilà un pas de fait sur le chemin de la confiance, laissez-moi vous parler de ceux qui vous intéressent, de votre père...

— On ne le sauvera jamais, monsieur, voyez-vous... Il restera une sorte de grand enfant.

— Ce n'est pas l'avis du docteur.

— Il croit qu'on pourrait le guérir?

— Il en est certain, mais il faudrait pour cela...

— Beaucoup d'argent, sans doute?

— Non, Xavier ne vous demandera rien, et, d'ailleurs, je suis là.

— Quoi donc alors, monsieur?

— Tout simplement m'apprendre à la suite de quels événements la raison de votre père s'est altérée.

Polichinelle s'appuya défaillante contre un meuble.

— Ne demandez pas cela, monsieur, ne demandez pas cela!

— Véronique, dit Remy en prenant la main de l'enfant frémissante, il me faut la vérité, la vérité tout entière. Ce que j'en devine ne saurait me suffire. Les demi-mots échappés à la folie de votre père m'ont mis sur la voie, achevez cette confidence... Quelque chose de pire que la misère vous courbe et vous tue. Le secret que vous cachez est un secret de honte... ou plutôt c'est un secret de douleur, car votre père ne fut point coupable du crime dont on l'accuse.

— Vous savez tout! s'écria Polichinelle.

— Non, rien de précis ; je cherche, et je veux savoir, non point pour satisfaire une vaine curiosité, mais afin de vous venir en aide et de triompher de vos ennemis, afin de me liguer avec vous contre ceux qui vous ont réduits à cet excès d'infortune... A qui avouerez-vous votre secret mieux qu'à moi? Je vous le répète, le docteur se regarde comme certain de guérir votre père, si la connaissance du passé lui permet d'établir une base de traitement.

Polichinelle leva vers le jeune homme des yeux noyés de larmes.

— Quoi que vous appreniez, lui dit-elle, vous ne nous retirerez point votre protection, vous ne cesserez point d'avoir pitié de nous?

— Je vous le promets, Véronique.

— Et mon secret mourra dans votre mémoire?

— Je ne m'en servirai que pour vous être utile.

La petite fille frissonna de tous ses membres.

— C'est horrible ! c'est tellement horrible ! répéta-t-elle...

Polichinelle tomba sur un coin du divan, laissa glisser ses mains jointes sur ses genoux, et reprit :

— J'ai eu tort, monsieur, j'ai eu grand tort de vous cacher la vérité, car vous vous montrez à notre égard un ami véritable... Plus d'une fois, vous trouvant si bon, j'ai été tentée de tout vous dire... Mais, si dans le présent vous allégiez notre misère, que pouviez-vous pour les malheurs du passé? Je ne soupçonnais pas que la science gardait encore le moyen de guérir mon père... Maintenant que vous faites luire une espérance à mes yeux, je serais coupable de vous sceller nos secrets par mauvaise honte... Vous nous avez trouvés dans une misère profonde, monsieur, sans pain, sans feu, presque sans haillons, dévorés par la douleur et la maladie, et cependant, autrefois, nous avons été heureux... Il faut que je reprenne de loin mon histoire, soyez indulgent pour mes lenteurs... Et puis, si je pleure au souvenir des jours anciens, n'y faites pas attention, monsieur Remy... j'y suis habituée.

— Je vous écoute, pauvre enfant.

— Il faut vous dire, monsieur, que mon père exerça longtemps un métier dont vous connaissez les dangers, puisque vous avez habité les pays voisins de La Ferté. Il était meunier, c'est-à-dire qu'à trente ans, à force de piquer la meule, ses poumons étaient déjà malades. Il se croyait perdu, buvait pour s'étourdir, mais il n'y parvenait pas. Même au cabaret, il restait triste et s'isolait. Le médecin lui ordonna la vie au grand air. Alors il acheta une immense voiture, organisée comme une maison, s'associa avec un étameur et se mit à parcourir les campagnes, vendant ou fondant des couverts, raccommodant les chaudrons, les bassines de cuivre. Il gagnait assez d'argent, et la vie était presque douce. Souvent le cheval faisait halte sur la route, près du bois; nous allumions de grands feux en hiver, et nous nous chauffions, faisant cuire notre dîner comme des bohémiens. Nous cueillions des fleurs plein nos bras, et la voiture ressemblait à une chapelle de Fête-Dieu. Mes petits frères et mes petites sœurs grandissaient en belle santé; moi, j'étais ce que vous savez, contrefaite et triste. Ma taille s'était de plus en plus déviée à force de porter les petits, trop lourds pour mes bras. J'avais le sentiment de ma laideur, de ma faiblesse, et ma mère ne dissimulait pas toujours la répugnance qu'elle éprouvait à mon endroit... Que voulez-vous? Je lui faisais honte... Je m'isolais le plus possible, cousant dans des coins ou lisant des fragments de journaux et de brochures. Le peu que je savais me consolait. Tour à tour je rêvais que des fées prises de pitié me rendaient la taille droite et flexible ou que des anges m'emportaient dans un pan de leur robe blanche... J'appris mon catéchisme toute seule, et, durant un assez long séjour de mon père à La Ferté, je fis ma première communion... Ce jour-là je connus ce que c'est que la consolation... Certainement, si nous eussions habité la ville, je ne me serais point trouvée si malheureuse, le trop-plein de mon cœur se fût épanché dans les églises, mais le père courait toujours, et c'était un rare bonheur que celui d'assister à la messe. Mon âme se referma presque après l'épanouissement de ma première communion. J'éprouvais parfois des rages sourdes, des douleurs concentrées. Je ne pouvais m'accoutumer à ma laideur; elle me pesait comme un fardeau. Le nom dont on m'appelait me paraissait une fustigation permanente : Polichinelle! Et je voyais apparaître, quand on le prononçait, une figure de bois grimaçante, au nez formidable, à la bouche démesurément ouverte, au dos voûté, à la poitrine bombée... Polichinelle! On n'avait trouvé que ce nom à me donner... Mes frères le répétaient avec des éclats de rires, ma mère avec indifférence, mon père avec une sorte de dédain... Ne croyez point, monsieur, que je veuille les accuser : loin de moi cette pensée. Qui se fût jamais avisé de croire que le laideron que j'étais était doué d'un cœur qu'une caresse aurait inondé de joie, qu'un mot emplissait d'amertume?... Mais tout ceci ne concerne que moi, et, dans la terrible histoire que je dois vous raconter, je tiens fort peu de place... J'arrive au drame dont nous fûmes victimes, et dont jamais, sans doute, nous ne saurons le dernier mot... Une nuit, tandis que la voiture allait sur la route de La Ferté, mon père aperçut en travers, presque sous les pas du cheval, un corps immobile. Descendre de voiture, relever le malade ou le blessé fut l'affaire d'un instant; mais, au lieu d'un malade, mon père n'avait dans les bras qu'un cadavre... Comprenez-vous cette chose horrible, monsieur, rencontrer subitement dans la nuit un homme assassiné dont la poitrine est trouée de deux coups de couteaux?... Mon père plaça le mort sur ses épaules; puis il appela ma mère afin de lui aider. Peut-être ce pauvre corps gardait-il un peu de vie! Le médecin seul pouvait l'éclairer là-dessus, et, puisque nous allions à La Ferté, mon père pensa qu'il pourrait consulter un docteur dont la servante nous connaissait...

Polichinelle s'arrêta un moment, comme si la force lui manquait pour poursuivre. Alors le chien de Remy s'approcha lentement de la petite bossue, posa sur ses genoux sa grosse tête intelligente, la regarda fixement; puis il poussa un aboiement lugubre.

— Paix, Hasard, paix, mon chien! dit Posquères.

La petite bossue reprit :

— Les braconniers sont nombreux dans les bois environnant La Ferté, et les gardes particuliers, les gardes champêtres et les gendarmes ont assez à faire pour défendre les propriétés contre les tendeurs de collets. Le malheur voulut que cette nuit-là Claude Freneux, guettant un braconnier de profession, se trouvât dans la partie du bois voisin de l'endroit où mon père venait de trouver le cadavre... Au moment où ma mère et mon père se disposaient à monter le blessé dans la voiture, le gendarme posa la main sur l'épaule de mon père, en lui demandant qui était cet homme mort... Il répondit la vérité, et la vérité était qu'il ne savait rien. Après s'être consulté un moment, le brigadier décida qu'il conduirait le corps au *Château des Abymes.*

— Au *Château des Abymes!* répéta Posquères.

— Oui, monsieur; puisque vous êtes ami de la famille de Montgrand, vous le connaissez sans nul doute?

— J'y ai passé des jours heureux, mon enfant; mais la dernière visite que j'y fis me laissa longtemps sous l'impression d'une tristesse lugubre.

— Peut-être avez-vous entendu dire, monsieur, qu'on ne devrait jamais relever un mort ni couper la corde d'un pendu?... Mon père avait cette idée-là, et il n'eut pas plus tôt cédé à son premier mouvement, qui était de ranimer la vie d'un chrétien, si cela était encore possible, ou tout au moins de ne point l'écraser sous les roues de la voiture, qu'il s'en repentit. Un malheur lui viendrait de cet acte d'humanité... De l'heure où le brigadier lui posa la main sur l'épaule, il eut froid jusqu'au cœur et comprit qu'il était perdu... Ce fut seulement quand nous arrivâmes au *Château des Abymes* que nous apprîmes le nom de l'homme assassiné...

— Il s'appelait? demanda Remy.

— M. Refus.

Un hurlement lugubre de Hasard parut répondre à ce nom.

— Paix donc! fit Posquères en essayant de calmer le chien.

Celui-ci se tut; mais, au lieu de reprendre son attitude alanguie, il s'assit sur ses pattes de derrière, et son œil clair ne quitta pas Polichinelle.

— M. Refus était notaire à Nanteuil, n'est-ce pas, Véronique?

— Oui, monsieur. Le médecin que le vieux serviteur alla chercher à La Ferté ne put que constater la mort; au matin, la justice arriva à son tour et commença par nous interroger tous... Nous ne savions rien, sinon que, fort avant dans la soirée, Coco s'était brusquement arrêté et que mon père avait crié par deux fois d'une voix épouvantée : « Victoire! Victoire! » Ensuite, à la lueur d'une des lanternes de la voiture, nous avions vu une tête pâle et un corps dont les membres s'abandonnaient... Un juge apprit alors à mon père que le notaire portait six cent mille francs sur lui au moment où il avait été assassiné... Qu'était devenu cet argent? Mon père était pauvre, vivait sur les routes; on le soupçonna... Des hommes nous questionnèrent; puis, en dépit de nos pleurs et des protestations de mon père, on l'emmena dans la prison de Melun... Ce fut à la fois notre désespoir et notre ruine. Quant à lui, on l'aurait dit frappé de stupeur. Il était de ceux qui croient que l'homme sur qui la justice pose la main est condamné d'avance. Il se laissa tomber dans un marasme complet, absolu. Ce pauvre homme accoutumé à la liberté, au grand air, se sentit mourir entre les murailles d'une prison. Mon père était d'une nature honnête et douce; les rapports forcés qu'il eut avec des misérables lui semblèrent à la fois une souillure et un supplice. Et puis que pouvait-il? Nier simplement. Il n'empêcherait pas une foule de circonstances de se grouper pour le rendre suspect... Ne s'était-il point trouvé sur le théâtre du crime? N'avait-il pas pris le corps sanglant dans ses bras... On crut longtemps que mon père avait caché dans le bois les six cent mille francs du notaire... L'époque des assises arriva... L'avocat de mon père nous demanda de venir tous à l'audience, et l'on nous fit asseoir sur un banc non loin de celui que nous ne pouvions plus regarder qu'à travers nos larmes... Comme il était changé, mon Dieu! Ses cheveux étaient devenus tout blancs; ses mains tremblaient comme celles d'un fiévreux; on voyait bien sur sa face livide qu'il ne pensait plus et ne gardait pas l'intelligence de comprendre ce qui se passait. L'emprisonnement, la vie en commun avec des misérables assassins ou voleurs, l'idée d'un déshonneur dont rien ne saurait enlever la tache l'avaient à peu près rendu fou. Il répondit à l'interrogatoire du président par des protestations d'innocence presque vagues; on voyait bien que le malheureux homme n'avait plus sa raison. L'avocat chargé de défendre mon père n'eut pas beaucoup de peine à combattre victorieusement les faibles charges s'élevant contre lui, et, quand il montra aux jurés ce malheureux homme brisé, anéanti, dont le bonheur se trouvait détruit à jamais et la raison perdue, l'émotion gagna toute la salle... Nous pleurions à sanglots, monsieur Remy... Ce qui se passa durant l'heure suivante nous parut plein de mystères et d'angoisses... Les jurés sortirent, puis ils rentrèrent... L'un d'eux déclara que mon père n'était pas coupable, et on entendit une rumeur dans la salle... Le cœur nous battait dans la poitrine... Mais mon père restait sur son banc, la tête courbée. Il n'avait pas compris. Ma mère se jeta à son cou en sanglotant; il ne parut pas la reconnaître. Quand on lui enleva les menottes, il parut étonné. Dans la rue il resta comme étourdi. Un médecin l'entraîna dans une pauvre auberge et tenta de réveiller son intelligence. Rien n'y fit, rien! L'âme était morte dans ce pauvre corps. La prison l'avait tuée... Ce fut ma mère qui dut prendre les dernières résolutions... Nous n'avions plus que peu d'argent; la voiture, le cheval avaient été vendus... Mon père ne pouvait plus exercer son état, et d'ailleurs, dans les campagnes, un acquittement ne suffit pas toujours pour laver un homme d'une accusation terrible. Ma mère crut que le meilleur moyen de cacher notre misère et notre honte était de venir à Paris...

— Ainsi, reprit Posquères, c'est la douleur causée par son emprisonnement et le désespoir d'être accusé d'un crime qui ont conduit votre père à la folie. Xavier avait bien jugé le cas.

— Croyez-vous donc qu'il soit possible de garder une espérance?

— Xavier Argenal est un savant et un homme de cœur. Je serai obligé de lui répéter votre confidence; mais, vous le savez, mon enfant, un médecin est comme un confesseur.

— Vous ferez, monsieur, ce que vous croirez le plus utile pour mon pauvre père... et, maintenant, il me reste à vous apprendre notre véritable nom... Vous l'aviez deviné, nous ne nous nommons pas Sémais, mais Ségand... Nous avions peur, en gardant notre nom, que l'on se souvînt du procès de mon père... Cette affaire n'est pas vieille, monsieur, elle ne remonte qu'à trois ans à peu près... Et voyez donc, si l'on avait appris à Mlle de Montgrand que mon père est ce Ségaud qui fut jadis accusé de l'assassinat du notaire de Nanteuil et du vol de six cent mille francs !...

Le chien aboya d'une voix sourde, puis il vint doucement lécher les mains de Polichinelle.

— J'étais en Orient quand se passa le drame de ce procès, reprit Posquères, de telle sorte que je n'ai rien su, sinon la ruine du comte de Montgrand... Apprenez-moi la date de l'assassinat.

— Il fut commis dans la nuit du 17 octobre.

— C'est étrange ! bien étrange ! répéta Posquères.

Il resta un moment plongé dans ses réflexions. Quand il releva le front, Polichinelle le regardait avec angoisse.

L'artiste prit la main de la petite bossue.

— Mon enfant, dit-il, Xavier ne peut sauver votre père qu'en faisant comprendre à ce malheureux que tout le monde croit à son innocence. Et pour arriver à ce but, il ne me reste qu'un moyen : retrouver le coupable, convaincre de son crime le meurtrier du notaire de Nanteuil.

— Qui pourrait cela, monsieur ? La justice est restée impuissante.

— Dieu le sait, mon enfant ; mais vous venez de mettre dans mes mains le fil d'Ariane, et j'essaierai de le dévider jusqu'au bout... Au revoir, Véronique. Je serai bien heureux le jour où je pourrai vous consoler.

— Monsieur, demanda Polichinelle, puis-je vous demander ce que vous allez faire ?

— Je me rends chez le comte de Montgrand.

— Et vous allez lui dire...

— ...tout ce que vous venez de m'apprendre.

— Mais alors, Mlle Paule ?...

— Paule de Montgrand est une ange ; ne l'oubliez pas.

— Je ne serai jamais votre femme, jamais. (Voir page 162.)

## CHAPITRE XIV

### DEMANDE EN MARIAGE

Léa tendit la main au critique et lui désigna un fauteuil. Posquères s'y laissa tomber avant d'avoir trouvé autre chose à dire à la jeune fille qu'un mot de banale politesse. Il lui fallut un peu de temps pour se remettre de l'émotion qu'il ressentait, et, en attendant qu'il ait reconquis son empire sur lui-même, il mit la causerie sur l'art et les artistes.

Léa voyait vite et juste ; et comme Posquères passait pour être un des critiques les plus judicieux de Paris, elle aimait beaucoup sa causerie. Le récit fait par Léopoldine l'avait attristée ; elle accueillit donc Remy avec plus de grâce et de joie que d'ordinaire. D'ailleurs elle possédait une double raison pour rester avec le critique dans des relations excellentes. Elle savait que l'amitié des Montgrand pour Posquères se doublait d'une estime profonde, que jamais cette famille, qui l'avait adopté, protégé, ne gardait pour lui de secrets ; et plus d'une fois elle avait eu l'art d'amener la conversation sur le vicomte Tancrède. Sans doute les paroles presque sévères du jeune homme lui laissaient peu d'espérance, mais une femme, douée comme Léa d'une indomptable volonté, ne s'avoue pas aisément vaincue. Les difficultés la stimulent, et une bataille perdue n'est pas pour lui faire renoncer à la lutte.

Ce jour-là encore, la jeune fille résolut de se montrer assez adroite pour apprendre quelque chose de nouveau. Cependant Léopoldine était là. En dépit de la grande candeur de cette jeune fille et de son honnêteté parfaite, la demoiselle de compagnie gardait assez d'intelligence pour comprendre à demi mot, et le secret de Léa ne devait être connu que du seul être capable de lui aider dans ses projets : son frère Tiburce.

Un hasard vint favoriser les projets de Mlle Danglès ; la femme de chambre entra et prévint Léopoldine que Polichinelle souhaitait lui dire quelques mots :

— Il paraît que son père est pris d'un accès de fièvre, dit la femme de chambre.

— Mademoiselle, demanda Léopoldine, me permettez-vous d'aller chez ces pauvres gens ?

— Allez, je vous y rejoindrai.

Le critique et Léa se trouvèrent seuls.

— Vous êtes bonne, lui dit celui-ci, meilleure même que vous ne le croyez vous-même.

— Vous vous trompez, répondit Léa, je ne suis pas bonne, en ce sens que le mot bonté comprend la patience et le courage de poursuivre un acte de bonté. Je n'ai que des élans, et toute chose durable me fatigue. Tenez, si vous voulez établir une comparaison, prenez Paule de Montgrand et moi ; Paule est pieuse et bonne ; je garde, moi, l'inspiration du bienfait et le mérite d'un mouvement généreux, primesautier, mais peu durable.

— Mlle de Montgrand est une sainte, répondit Posquères.

— Que vous admirez grandement !

— Je la vénère plus encore.

— Faites-vous autant de cas de son frère Tancrède?

— Sans aucun doute. Le vicomte possède toutes les qualités d'un gentilhomme; et, quelque carrière qu'il embrasse, il la remplira avec honneur.

— Malheureusement, reprit Léa, la médiocrité de sa fortune lui en fermera beaucoup; il ne peut entrer dans une ambassade; l'officier d'un grand nom a besoin de revenus importants pour soutenir son rang. Une seule chance reste aux Montgrand, c'est que le vicomte épouse une femme très riche.

— Peut-être; mais Tancrède est trop fier pour ne point regarder beaucoup à la source de cette fortune, et il préférerait rester obscur toute sa vie que de compromettre son nom.

— Est-il donc nécessaire que la naissance de sa femme égale la sienne?

— Pas absolument, peut-être; mais il tiendra cependant à ce qu'elle se trouve sur un pied d'égalité, d'ancienneté. Je connais les Montgrand mieux que vous, je crois, non parce qu'ils m'aiment davantage, mais simplement parce que je suis homme, et que souvent on traite devant moi de questions qui ne seraient point soulevées devant vous. On a bien tenté, depuis la Révolution, de proclamer l'égalité des rangs et de ne reconnaître d'autre niveau social que celui de l'intelligence ou du talent; mais la tentative de quelques-uns ne saurait prévaloir contre le sentiment de tous. Il existe dans l'hérédité des grands souvenirs, dans la continuité de nobles lignées, dans les héritages de bravoure et d'honneur transmis de père en fils, quelque chose de sacré qui se communique au sang comme à l'âme. Je n'interdis certes point à tout homme loyal et intelligent de mériter les premiers emplois et de s'élever aux plus hautes vertus, mais je prétends que la vieille noblesse se doit à elle-même de transmettre ses titres sans interruption, et que les mésalliances n'ont jamais eu d'excellents résultats.

— Allons donc! s'écria Léa, nous avons vu un héritier des Jagellans, et de ceux-là vous ne discuterez pas la noble origine, épouser une jeune fille dont la dot fut gagnée sur un tapis vert.

— Tant pis, répondit froidement Posquères; un pareil entraînement coûtera cher à ce jeune homme, et vous ne savez point si déjà il ne le regrette pas.

— Vous blâmeriez donc Tancrède d'épouser une riche héritière?

— Cela dépendrait de la source de sa dot.

— La banque, par exemple.

— En ce cas, oui, je blâmerais Tancrède.
— Et vous le dissuaderiez d'une semblable alliance?
— De tout mon pouvoir, Léa.
— Savez-vous, dit Léa en souriant, que vous n'êtes guère gracieux quand vous vous y mettez?
— Pour qui?
— Mais pour moi.
— Je ne comprends pas quel rapport existe entre ma réponse et le mécontentement que vous en pourriez éprouver; je ne vois aucun rapport...
— Cela est bien simple, cependant : mon frère est banquier...
— Sans doute, mais Tancrède ne vous demande pas en mariage.
— Qu'en savez-vous? demanda Léa.

Posquères resta un instant comme étourdi. Il fixa sur Léa des yeux scrutateurs, puis il reprit d'une voix plus basse :

— Tancrède ne vous épousera jamais, Léa. Si vous en aviez conçu l'espérance, il faudrait au plus vite l'étouffer dans votre âme. Je suis un enfant pauvre, adopté par la charité du comte de Montgrand, et je me jugerais aussi fou qu'ingrat si l'idée me venait de lever les yeux jusque sur cet ange qui s'appelle **Paule de Montgrand**. Comme celle-là est née pour le ciel, elle entrera quelque jour dans un cloître... Vous, Léa, vous êtes riche aujourd'hui, grâce à la munificence de votre frère ; mais, ma pauvre enfant, n'oubliez pas que votre père, l'honnête Danglès, fut l'intendant du comte de Montgrand... Ne rougissez point de dépit; ne croyez point que je veuille vous blesser dans votre origine, vous que je sais si altière. Je voudrais, au contraire, vous apprendre aujourd'hui que vous cherchez le bonheur dans une voie où vous ne pouvez le trouver. Vous vous marierez, Léa, parce que sans cela votre vie serait semée de trop d'écueils, pour que la femme n'eût pas, un jour, à souffrir dans l'artiste. Eh bien! prenez le compagnon de votre existence dans un milieu conforme à celui que vous avez choisi, un homme assez intelligent pour vous comprendre, pour vous guider même, et qui, tout en travaillant à vos côtés, vous laissera tout le mérite de votre individualité. Choisissez-le honnête, sincère, sans tache. Il peut avoir des défauts, vous l'en corrigerez ; mais qu'il soit exempt de vices, car une âme gâtée se guérit difficilement. Qu'il soit assez favorisé de la fortune pour ne vous rien devoir; car vous ne tarderiez point à dédaigner celui que vous auriez enrichi; mais surtout, Léa, qu'il vous aime beaucoup, qu'il vous chérisse assez pour savoir que vous n'êtes pas parfaite, et que cependant il vous préfère à toute autre. Vous êtes belle, très belle, mais cet avantage serait bien peu de chose à mes yeux si je ne vous jugeais douée de qualités sérieuses. Peut-être aviez-vous échafaudé des rêves ambitieux, irréalisables; oubliez-les pour voir la vie réelle, avec son charme grave, ses bonheurs sérieux, ses longues tendresses. Mettez loyalement votre main dans celle d'un honnête homme, et, croyez-le, Léa, vous serez heureuse, réellement heureuse!

Le critique tendit la main à Mlle Danglès.

Celle-ci ne la prit point. Stupéfaite, très pâle, interrogeant Remy du regard, elle craignait de se tromper. Elle venait de comprendre que Remy Posquères la demandait en mariage; mais elle ne voulait pas y croire.

— Léa, reprit le critique, un mot, je vous en supplie, voulez-vous être ma femme?

— Moi, répondit Léa, moi!

— Oui, vous.

— Mais vous me connaissez depuis trop peu de temps, monsieur Posquères, vous me voyez à travers un prisme... Et puis si les sympathies sont rapides, les affections sont plus lentes à s'implanter en nous.

— Croyez-vous donc que je vous aie vue pour la première fois il y a trois mois?

— Jamais je ne vous ai rencontré auparavant.

— Cela est vrai, mais je possède votre portrait depuis deux ans.

— Mon portrait...

— Il y a deux ans, quand vous fîtes faire votre portrait, vous étiez habillée d'une robe sombre, carrément coupée comme les tuniques à la Raphael. Vos cheveux, très élevés au-dessus du front, descendaient en floconnant sur les tempes, comme, d'ailleurs, vous êtes encore coiffée maintenant. Un collier de jais retombait sur votre poitrine; est-ce vrai?

Léa se leva, ouvrit un album, le feuilleta; puis elle dit à Posquères:

— Vous voulez parler de celui-ci?

— Oui.

— Vous l'avez en votre possession?

— Oui, Léa.

— Qui vous l'a donné?

— La Providence.

— La Providence n'envoie point de portraits.

— Je la trouve au fond de toute chose, Léa.

— Soyez franc, monsieur Posquères, et cessez de chercher à m'intriguer. Un ami vous l'a donné?

— Non pas, je l'ai trouvé.
— Où cela?
— Dans un fossé.
— Et ce qui est au fossé...
— ...appartient au soldat! Oui, Léa. Eh bien! du jour où j'eus ce portrait en ma possession, je me promis d'en retrouver l'original, et lorsque, entrant ici pour la première fois, je vous reconnus, je me jurai que vous deviendriez ma femme.

— Monsieur Posquères, demanda la jeune fille, voulez-vous une réponse franche jusqu'à la brutalité?

— Il suffira peut-être qu'elle soit franche pour me faire beaucoup souffrir.

— Eh bien! je ne serai jamais votre femme, jamais, entendez-vous.

— Pourquoi?

— Est-il donc nécessaire de vous le dire?

— Indispensable, sans cela je continuerai d'espérer...

— Voyez-vous, reprit Léa, chacun de nous se fait un idéal dans la vie et se propose un but à atteindre. Savez-vous quel est le plus grand de mes défauts, monsieur Posquères? C'est l'orgueil. Je ne sais pas si Satan en avait davantage. Je ne compte pour rien le bonheur sans les satisfactions de la vanité. J'éprouve le besoin du bruit autour de moi; il faut que je vive dans une atmosphère d'encens et de louanges... Vous me direz peut-être que l'éloge peut mentir et que l'encens peut être une résine grossière dans laquelle il entre à peine un peu de cinnamome... C'est possible. Mais cette musique me charme et m'enivre. Je compte pour rien les joies du foyer, et je leur préfère le tourbillon dont le tumulte me grise. Est-ce que la vie de famille n'était pas toute faite pour moi? Mon père est le plus honnête homme du monde, et il me chérit jusqu'à l'adoration! Mais, avec mon père, j'aurais vécu dans un appartement triste et froid, j'aurais porté des robes de toile ou de cachemire, et ce n'était point cela qu'il me fallait! Je joue une partie dangereuse; mais je suis sûre de la gagner, parce que je suis prête à tricher au jeu, s'il le faut. Mon frère est déjà riche, et mon frère me dotera magnifiquement, sinon par tendresse, du moins par vanité. Nous courons tous deux au même but. Il faudra que mon mariage lui rapporte en relations ce que je puiserai dans son coffre-fort. Quant à moi, moi la fille de l'intendant Jean Danglès, je veux un blason authentique que je redorerai s'il le faut avec un million! Je trouverai toujours le moyen d'être contente, quand mon amour-propre sera satisfait.

— Ce que vous dites n'est pas vrai, s'écria Posquères ; vous vous prêtez des défauts monstrueux, et je vous crois bonne et sincère. Du reste, quand vous agiriez dans votre seul intérêt, la pire manière de l'entendre ne serait-elle point de tout immoler à votre vanité? N'est-ce donc rien que de se sentir protégée par un honnête homme et de traverser la vie à son bras? Vous parlez d'orgueil, Léa; moi aussi, je suis un orgueilleux! J'arriverai à une place enviée. La femme qui aura placé en moi ses espérances d'avenir connaîtra des jours de fierté légitime. Ne me répondez pas tout de suite, prenez le temps de la réflexion; je suis certain qu'elle plaidera ma cause. Peut-être me reprochez-vous encore un peu de désordre dans ma vie ; souvenez-vous que j'étais orphelin, Léa... J'ai pour amis de bons et charmants artistes qui sont restés presque des frères pour moi ; ensemble nous avons fait de grands voyages, et nous étions bien un peu fous, au temps où notre navire voguait sur la Marne dont nous nous appelions les *Conquistadores*... Mais, de toute cette effervescence jetée au vent de la première jeunesse, il n'est rien résulté de mauvais ni de dangereux pour le cœur, je vous le jure. Je suis resté chrétien, et je crois n'être pas méchant.

— Prouvez-le-moi, répondit Léa.

— Parlez, oh! parlez!

— Serrez ma main comme celle d'un camarade, et ne songez plus jamais au rêve que vous m'avez raconté.

— Jamais?

— Non, fit durement Léa, jamais! Si vous ne me promettez point d'oublier, comme j'oublierai moi-même, cette conversation, nous ne pourrons plus nous revoir... Je le regretterai; vous avez un esprit que j'apprécie et un talent incontesté...

Remy Posquères se leva :

— Le prétendant éconduit se retire...

— Et le critique?

— Le critique reviendra.

— Vous ne m'en voulez pas?

— Nullement, répondit Posquères; j'ai pour cela deux excellentes raisons.

— La première?

— C'est que je me suis trompé sur votre compte.

— Vous voyez bien. Et la seconde?...

— C'est que vous-même me prierez un jour de renouer cet entretien.

— Moi, je vous demanderai...?

Léa laissa éclater un rire sonore et prolongé.

Remy lui saisit vivement le poignet.

— Ne riez pas, lui dit-il, ne riez pas; je vous le défends! J'ai été fou, c'est possible, mais il ne me convient pas qu'on rie de ma démence. Pauvre enfant! vous l'avez dit, vous avez l'orgueil de Satan, et c est dans cet orgueil que vous serez châtiée... Comment? par qui? à quelle heure? Je l'ignore. Pourquoi, à ce moment même où mon cœur saigne et se brise, ai-je la certitude que vous souffrirez, avant peu de temps, des douleurs si grandes que vous appellerez la mort à grands cris, je ne puis vous l'expliquer; c'est un pressentiment... Mais je sais que je venais vous offrir le bonheur et que vous l'avez repoussé avec dédain... Je sais que je voulais vous sauver de vous-même et de votre entourage, et vous m'avez repoussé... N'importe, je vous l'ai dit, je reviendrai... Il ne faut pas que vous triomphiez trop de ma faiblesse...

Léa devint blême.

Sans qu'elle comprit pourquoi, il lui sembla que les paroles de Posquères renfermaient une prophétie sinistre. Ses yeux restaient baissés, ses lèvres tremblaient.

Remy s'inclina gravement devant elle.

— A bientôt, lui dit Léa.

— Vous m'avez fait l'honneur de m'inviter à dîner jeudi prochain, mademoiselle, je n'aurai garde de manquer cette occasion de vous revoir.

Il salua de nouveau et sortit.

Léa s'approcha d'une magnifique fougère et en déchiqueta les feuilles de dentelle verte.

— Un fou, ce Posquères! fit-elle.

D'un mouvement brusque elle jeta un linge mouillé sur la statuette de la *Canéphore;* puis, s'approchant de son piano, elle commença un morceau brillant.

Elle ne put jouer longtemps, bouleversa la musique et s'assit à son bureau. Mais sa pensée n'avait plus la logique, la lucidité dont elle avait besoin pour continuer l'œuvre commencée. Elle cessa d'écrire comme elle avait cessé de sculpter et de faire de la musique, et se prit à rêver.

— Ce Remy! fit-elle, il m'a porté malheur.

Tiburce entrait en ce moment :

— Je viens de gagner cent mille francs, petite sœur, dit-il en riant; ce sont les diamants de ta corbeille.

— Tu ne crois pas si bien dire, Tiburce ; je viens d'être demandée en mariage.

— Toi ?

— Moi-même... Que veux-tu, une femme aussi artiste et aussi littéraire que moi ne se demande peut-être pas à son père ! On se permet d'aller droit au but !

— Tu railles, Léa.

— Oh ! sois tranquille, il n'y a pas de quoi être bien fière du parti qui s'offrait à moi.

— Il ne s'agit donc point du vicomte ?

— Accepterais-tu Remy pour beau-frère ?

— Quelle folie !

— C'est ce que je lui ai dit.

— Tu es forte, Léa, très forte ; il ne s'agit pas pour toi, dans la question de ton mariage, d'écouter une préférence. Tous deux nous avons besoin de protecteurs. Il nous faut un grand nom et le patronage d'une haute famille, ne l'oublie jamais. Je gagne de l'argent, mais la fortune est aujourd'hui la moindre de mes préoccupations. J'ai réussi à échafauder le rude édifice de notre situation ; un seul mot le peut faire crouler. Ne regarde ni à droite ni à gauche, va devant toi, te souvenant que je t'ai entraînée dans ma voie, et que, si je tombais dans quelque abîme, en même temps que moi, tu te trouverais perdue, perdue à jamais !

— Que veux-tu dire ? demanda la sœur de Tiburce, incapable de maîtriser l'émotion qui lui serrait la gorge.

— Rien, rien. Nous sommes de la race de ceux qui atteignent les sommets ou qui roulent dans la boue.

— Tais-toi, fit Léa ; tout à l'heure j'avais presque froid en écoutant Posquères.

— Que pouvait-il te dire ?

— Lui-même, à la vérité, ne le savait pas bien peut-être. Il par comme un rêveur ou un somnambule. Mais il semblait vouloir me prémunir contre un malheur épouvantable, et il ajoutait que lui seul pouvait me devenir un espoir de salut.

Tiburce resta un moment le front baissé, le visage pâle. Un souffle pressé soulevait sa poitrine et passait sur ses lèvres ; enfin il prit les deux mains de sa sœur, et, la regardant les yeux dans les yeux, il lui dit d'une voix calme :

— Si ce fou de Remy prophétisait, si une catastrophe imprévue fondait sur nous, Léa, serais-tu comme moi résolue à mourir?

— Une catastrophe, la ruine?

— Peut-être, fit Tiburce d'une voix sombre.

Puis, sans transition, il ajouta :

— Je suis vraiment fou de t'alarmer, petite sœur! Eh bien! si la Bourse me fait perdre un jour ce qu'elle m'a donné, je recommencerai avec de nouveaux fonds. Ah! reprit-il brusquement, Remy avait-il son chien avec lui?

— Non. Il l'avait laissé dans l'antichambre.

— Une terrible bête, fit Tiburce, une bête dangereuse!

Le jeune homme s'éloigna et Léa demeura seule.

La visite de son frère l'avait calmée. Elle recommença son long rêve, éveillée, et parvint à oublier totalement les fâcheuses impressions que lui avait laissées la visite de Remy Posquères.

Celui-ci, en quittant Léa Danglès, se trouvait sous le coup d'une émotion terrible. Son orgueil et son cœur se trouvaient frappés à la fois. Le refus hautain de Léa ne lui laissait nulle espérance d'obtenir jamais la main de cette indomptable et fière créature. Sans doute, il n'était pas en sa puissance de repousser son image et d'empêcher son nom de retentir dans sa mémoire, mais il comprenait l'obligation de réagir contre sa faiblesse et de surmonter le premier étourdissement causé par la souffrance.

Il gagna rapidement la rue Madame, et il allait rentrer chez lui quand il entendit un bruit de sanglots sortir de l'appartement des Ségaud.

Remy possédait trop de cœur pour ne point s'oublier lui-même en présence d'une grande infortune.

La mère de Véronique se mourait, et peut-être la petite bossue avait besoin de lui.

Quand il entra dans la chambre de la malade, un spectacle grave et touchant frappa son regard.

Xavier se tenait près du pauvre fou et s'efforçait de calmer le malheureux pris d'un accès de fièvre terrible. Les enfants, groupés autour, confondaient leurs prières et leurs sanglots. Deux jeunes femmes s'unissaient aux douleurs de la famille, Paule de Montgrand et Mlle des Genêts.

Quand celle-ci reconnut le jeune homme, elle se leva, adressa quelques mots consolants à Victoire. Puis, se rapprochant de Remy, elle murmura :

— Courage!

— Vous savez donc que j'en aurai besoin?

— Ne sommes-nous pas tous condamnés à souffrir? Allez, les âmes tourmentées deviennent les plus grandes ; remerciez Dieu qui semble vous éprouver et qui jamais, peut-être, ne veilla mieux sur vous.

En ce moment, le chien de Remy, lassé de rester dans le corridor, entra dans la chambre, erra lentement d'un enfant à l'autre ; puis il vint lécher les mains de Véronique.

Remy Posquères étouffa un cri ; il se souvenait de la façon dont le chien de M. Refus avait été mêlé au drame nocturne dont Ségaud était la seconde victime.

Aussi attendait-il avec impatience le moment où Pluton s'approcherait du père de la petite bossue. Ce moment ne se fit pas attendre ; le chien s'avança avec lenteur vers le fou, le regarda longuement, comme s'il cherchait au fond de son souvenir où il pouvait l'avoir vu ; puis il poussa un léger grognement d'amitié et vint poser sa tête sur les genoux de Ségaud.

— Véronique, dit Posquères, vous demandiez hier si je croyais à l'innocence de votre père? Ce chien vient de la proclamer pour moi plus haut que tous les jurys du monde. Si Ségaud avait donné à Pluton le coup de couteau dont il faillit mourir, il ne lécherait pas en ce moment la main de votre père.

— Aussi, reprit Polichinelle, vous comptez toujours vous occuper de le guérir?

— Plus que jamais, mon enfant.

Une pensée rapide, brûlante, venait de traverser le cerveau de Posquères ; mais cette pensée était si invraisemblable qu'il s'en voulut presque de l'avoir eue, bien qu'il l'eût rapidement et complètement repoussée.

Dans le coin où il restait couché, le fou caressait Pluton avec bienveillance et lui adressait d'amicales paroles :

— Les bêtes, c'est bon, disait-il ; elles aiment ceux qui les nourrissent et les accueillent... Les hommes seuls sont injustes... On devrait fuir les hommes et vivre avec les bêtes, tout seul, dans les bois... dans les bois...

Un moment il garda le silence ; puis il reprit de sa voix traînante d'insensé :

— Seulement, les hommes ne vous laissent point en sûreté dans les bois... Les braconniers s'y cachent et les gendarmes arrivent et vous arrêtent sans raison...

Il s'arrêta pris d'un frisson ; puis il commença à se lamenter doucement, lentement, avec des cris d'enfant effrayé.

Pendant ce temps Victoire priait.

Posquères restait immobile, assis sur une chaise, le coude sur la table. Il n'était certes point égoïste, et, ce qu'il eût été possible de faire pour soulager humainement cette douleur, il l'aurait accompli. Il s'absorbait dans le désespoir de cette famille. Entre cette folie et la souffrance causée par les dures et orgueilleuses paroles de Léa, la vie lui paraissait peu de chose. Il appartenait, d'ailleurs, à la race de ceux qui gardent au cœur une fierté capable de leur fournir toujours une armure. Le dédain de Léa venait de tuer quelque chose en lui. Certains sentiments, pour avoir la pureté du cristal, en garde la fragilité. Une main maladroite laisse tomber la coupe précieuse qui se brise en éclats sur le sol ; une amère parole détruit le charme que, jusqu'alors, on avait cru impossible à rompre.

En ce moment, un rayon de soleil, passant à travers la fenêtre, mit une couronne enflammée sur les cheveux à reflets d'or de Mlle des Genêts. Pendant une minute le regard de Posquères s'arrêta sur ce front pur reflétant une âme angélique ; puis, son souvenir évoquant Mlle Danglès, il compara les deux jeunes filles. Et à mesure qu'il étudiait l'une davantage et se souvenait de l'autre, son âme s'apaisait comme si une main légère se fût posée sur son cœur pour en calmer les battements trop forts.

Enfin il se leva du siège sur lequel il était tombé, et dit à Léopoldine :

— Priez pour moi, mademoiselle.

— Je n'y ai jamais manqué depuis que je vous connais, répondit-elle.

Puis elle se laissa presser entre les petits bras d'une des enfants de Victoire.

Que, dans une soirée, on me demande de chanter.. (Voir page 172.)

## CHAPITRE XV

## UNE CICATRICE

Le jour du grand dîner offert par Tiburce et sa sœur était arrivé. Comme d'habitude, quand il s'agissait d'une réception, un grand luxe avait été déployé. Le jeune banquier posait toujours un peu, devant ce public composé d'hommes d'argent, d'artistes et d'étrangers.

Le vicomte de Montgrand, invité, s'était excusé avec toutes les précautions délicates d'un homme de cœur qui craint de causer un froissement, mais aussi d'un homme sérieux qui ne saurait se compromettre dans la réunion mêlée que présentaient si ordinairement les salons de Tiburce Danglès.

Léa comprit cette fois que la partie était bien perdue ; mais comme elle comptait pour rien dans ses projets les questions de sympathie, elle se consola vite en regardant le grand nombre de cartes portant des armoiries étrangères, qu'elle réunissait dans une vasque de Chine avec l'affectation d'une personne tenant à prouver la qualité des gens qu'elle reçoit, comme si quelque chose de leur valeur rejaillissait sur elle. Sa toilette merveilleuse, toute rose, d'un rose pâle d'aurore, lui seyait à ravir ; sa coiffure, dans sa fantaisie charmante, eût dérouté d'une façon absolue les artistes du démêloir et de la bandoline. Ses cheveux étaient noués de fleurs et répandus en longues boucles avec un apparent désordre plus charmant que tous ces apprêts. Elle se savait bien sous les armes, et prête pour la lutte, quand la porte du salon s'ouvrit et que Posquères parut.

La hâte du critique parut d'abord de mauvais augure à Léa. Elle crut que, loin de se rebuter, Remy arrivait le premier pour se ménager avec elle quelques minutes d'entretien ; mais l'expression de la physionomie du jeune homme était trop grave pour qu'elle gardât longtemps cette pensée. Elle ne vit sur son front qu'un calme auquel il lui fut impossible de se tromper ; aussi lui tendit-elle la main avec un sourire :

— Je savais bien que vous étiez un homme d'esprit, lui dit-elle.

— Vous pouvez ajouter : et un honnête homme.

— Oui, un honnête homme, répéta Léa.

— Si loyal, reprit Posquères, qu'il ne veut pas même conserver ce qui ne lui fut point donné et ce qu'il trouva sur une grande route.

— Je ne vous comprends point, dit Léa.

Posquères tira un portefeuille, y prit une photographie et la tendit à la jeune fille.

Celle-ci la regarda très attentivement ; puis elle la jeta sur la table.

— Il est bien étrange que vous l'ayez ramassée sur le grand chemin, dit-elle ; je ne me rappelle l'avoir donnée à personne, si ce n'est à mon frère...

— Ainsi, demanda Posquères, vous croyez que votre frère l'a perdue...

— Je ne crois encore rien, répondit-elle, et vraiment la trouvaille ou la perte d'une carte photographique n'est point chose grave, ce me semble.

— Mademoiselle, poursuivit Posquères d'une voix dont l'altération s'augmenta, je vous conseille, au contraire, d'insister grandement pour savoir si cette photographie a bien appartenu à M. Tiburce.

— De quel air sérieux vous me dites cela!

— Tout est grave dans la vie, mademoiselle.

L'arrivée de deux invités interrompit cette conversation. Léa dut remplir ses devoirs de maîtresse de maison, et Remy se rapprocha de Léopoldine.

La demoiselle de compagnie portait la même robe de soie grise que Remy lui avait vue les jours de réception. Elle n'ajoutait ni une fleur à ses cheveux ni une dentelle à son corsage. On eût dit que, par avance, elle portait le deuil de sa jeunesse et de son avenir. Cependant l'expression de sa belle physionomie parut plus sereine que jamais à Remy Posquères.

— Vous avez beaucoup souffert, lui demanda-t-il, pendant que, debout à côté d'une toile de Léa, Remy laissait son regard reposer sur la jeune fille.

— Plus que personne peut-être, répondit-elle, car j'ai vu se briser le cœur de ceux que j'aimais le plus au monde... Mais j'ai prié, monsieur, et la prière m'a consolée de tout.

— Vous avez raison, lui dit-il; mais que doivent faire ceux qui ne savent pas prier?

— Ne pas savoir prier! répéta Léopoldine. Mais de quel cœur n'a pas jailli la prière à l'heure de la détresse. Il ne s'agit point de réciter des formules et de lire des pages dans des livres. Laisser éclater son âme devant Dieu dans la douleur ou dans la joie, c'est prier; et il n'est pas un être qui partout et à toute heure ne puisse et ne sache le faire.

— Et la prière est votre secret unique?

— Oui, monsieur, parce qu'elle m'a donné la résignation. Je ne l'ai point seulement pour les maux irréparables du passé, mais aussi pour les tristesses de l'avenir, pour la pauvreté acceptée et la solitude prévue, pour la jeunesse ensevelie dans le deuil, pour la vieillesse abandonnée... Et cependant je reste calme, puisque toutes ces choses tombent de la main de Dieu qui sait le pourquoi de ces épreuves.

— Ainsi vous n'attendez rien de l'avenir?

— Si, j'attends des épreuves sans cesse renouvelées : le changement de foyers, car aujourd'hui j'accompagne Mlle Danglès et dans huit jours je puis être chargée de commencer l'éducation de petites filles maussades, dont la mère me traitera avec autant de dédain que sa femme de chambre... Je compte sur l'humiliation de toutes les heures, sur le sourire avec lequel on écoutera l'énumération de mes talents et le genre des emplois que je cumule ici. Que, par hasard, une sympathie s'égare jusqu'à moi, quand on saura que la sérieuse petite personne qui vous parle est une demoiselle de compagnie, elle sera classée parmi les êtres sans conséquence. On ne me demandera point en mariage, je suis pauvre. On ne s'inquiétera guère de mon intelligence, je suis obligée d'en avoir par état. Nul ne s'avisera de me trouver spirituelle, parce que l'on se croira le droit de me taxer de pédantisme... Que, dans une soirée, on me demande de chanter, nul ne songera à me remercier; cette complaisance ne fait-elle pas partie de mes fonctions?... Et vous-même, monsieur Posquères, vous dont le volume, *Sara Blunt*, obtint il y a trois ans un si légitime succès, ne connaissez-vous point, mieux que personne, pour les avoir devinées, les souffrances de ces pauvres filles classées dans la double catégorie des demoiselles de compagnie et des institutrices? Tenez, depuis longtemps, la plume des écrivains s'est exercée sur cette classe mélancolique et souffrante. Depuis *Jean Eyre*, chef-d'œuvre tombé de la plume d'une femme, jusqu'à *Béatrix*, combien de fois ce thème a-t-il été choisi?... Eh bien! cependant, ni vous ni personne n'avez jamais décrit, dans un roman, le drame poignant et mystérieux qui se renouvelle dans ces âmes solitaires et torturées... Celles qui ne croient à rien s'aigrissent et deviennent mauvaises; elles sèment le désordre dans les familles et s'efforcent de mordre la main qui les paie... Les autres, les résignées regardent le calvaire et trouvent encore la force de sourire... Les invités se pressent maintenant dans le salon, monsieur Posquères; tous les hommes sont parés de leurs plaques et les femmes sont constellées de diamants... Tâchons de nous mettre à l'unisson de ce monde heureux, et efforçons-nous de sourire...

En effet, le salon et l'atelier de Tiburce s'emplissaient d'hommes et de femmes en toilettes brillantes. Les étrangers et les boursiers dominaient dans cette réunion. On parlait un peu haut, comme font les gens qui gardent l'habitude de faire la roue. Quelques hommes, accoutumés à penser et à peindre ce qui les frappe, prenaient moralement des notes.

Léa, au milieu d'un groupe d'hommes, répondait en anglais à une plaisanterie un peu lourde d'un Lord; lançait, dans la langue de Gœthe, une épigramme à un Allemand, et citait un vers du Dante à un Florentin. Elle triomphait dans son orgueil, dans sa beauté insolente, et s'efforçait d'oublier que le vicomte de Montgrand avait dédaigné son invitation.

Les deux battants de la porte de la salle à manger s'ouvrirent, et une voix grave annonça :

— Mademoiselle est servie.

Léa prit le bras que lui offrait un prince russe.

Remy s'inclina gracieusement vers Léopoldine :

— Acceptez-moi pour voisin de table, lui dit-il ; ici chacun se place suivant ses sympathies.

— Alors, dit Mlle des Genêts, vous devriez...

— Je vous crois incapable de railler, mademoiselle.

La jeune fille posa la main sur le bras du critique.

Un moment après, les invités se trouvaient rangés autour d'une table luxueusement servie.

Xavier Argenal avait été invité, et le hasard du dîner avait fait de lui le voisin de Tiburce.

Le jeune médecin possédait à la fois de l'esprit et de la science ; le succès lui donnait de l'aplomb. Depuis qu'il pouvait donner ses consultations dans un cabinet élégant, au lieu de se cacher au fond de l'arrière-boutique d'un herboriste, il se sentait grandir et devenir subitement un autre homme. Son visage même changeait d'expression... reflétait une sorte de joie contenue : ses yeux rayonnaient ; il se souvenait qu'il était jeune, et il oubliait qu'il avait souffert.

La causerie fut ce qu'elle est d'habitude pendant un dîner. Elle effleura vingt sujets sans en approfondir aucun ; elle fut tour à tour sérieuse et gaie, capiteuse et philosophique. Toutes les nouveautés de la science, celles de l'art, fournirent le motif d'une discussion rapide, le prétexte d'un trait d'esprit étincelant. Léa s'animait d'une sorte de fièvre et cachait une sourde humiliation sous le masque de la joie. Xavier se montra sous un jour nouveau, et, la conversation étant tombée, non point sur les sciences occultes, mais sur les branches d'une science d'analyse qui procède du connu à l'inconnu, le jeune docteur avança cette thèse au milieu d'un silence prouvant l'intérêt avec lequel on l'écoutait :

— Vous semblez nier la sincérité de certaines études et reléguer au nombre des charlatans certains hommes qui, doués d'une faculté spéciale, lisent sur le visage, trouvent dans la conformation du crâne ou dans les lignes de vos mains les traces de vos passions et de vos intérêts. Vous avez tort. Il ne s'agit point ici de divination ni de sortilège ; je suis un chercheur, mais je suis aussi un chrétien. Je ne tire point d'horoscope, mais je me suis livré à de telles études comparées que je me fais fort de dévoiler les secrets les plus intimes du caractère d'un homme ou de celui d'une femme par l'inspection des lignes de sa main. Il n'est point ici question de prédire l'avenir, je l'ignore ; je pourrai seulement affirmer : Vous possédez tel instinct... Si vous ne le réprimez, il entraînera indubitablement telles conséquences.

— Savez-vous que cela est fort intéressant, docteur, et très dangereux à la fois ? dit Léa avec un sourire.

— Quelquefois, mademoiselle.

— Eh bien ! si vous étiez aimable autant que vous êtes savant, et ce n'est pas peu dire, vous nous prouveriez la vérité de vos théories.

— Bah ! vous vous refuseriez même à l'évidence.

— Essayez d'abord.

— A une condition.

— Nous les acceptons d'avance.

— Je ne verrai que les mains de la personne qui me consultera. Sans cela, la connaissant plus ou moins, il me serait facile, croiriez-vous, de tirer des inductions de ce que je pourrais savoir sur son compte.

— Comment ferez-vous pour cela, docteur ?

— Rien de plus simple, mademoiselle, on abaissera les portières séparant le salon de votre atelier ; je me tiendrai dans le salon, et vos invités dans l'atelier. Chaque curieux et chaque curieuse me présentera ses mains à travers les plis de la draperie. Je ne verrai que ces mains, et, après les avoir étudiées, je dirai sincèrement, complètement, ce qu'elles me révèlent sur l'ensemble du caractère.

— Ce sera charmant, dit Léa. Baisserons-nous les lampes ?

— Je ne fais point de magie, mademoiselle, et je n'ai recours à aucun subterfuge.

Cette promesse parut réjouir beaucoup les convives. Dès que le dîner fut terminé, les hommes et les femmes s'empressèrent de retirer leurs bagues, dont quelques-unes pouvaient aisément être reconnues ; puis, suivant les recommandations de Xavier, une grande profusion de lumière fut laissée dans le salon, tandis que Léa, convaincue qu'un peu d'ombre convenait à ce qu'elle appelait de la *magie blanche*, faisait baisser les lampes de l'atelier.

Xavier ne s'était point trop avancé dans ses promesses. De même que les traits du visage arrivent à refléter les caractères dominants d'une individualité, les lignes de la main, centre nerveux très actif, trahissent des goûts, des préférences et des passions (1). Cependant si Xavier parut étour-

---

(1) Voir *La Main, ses révélations* (1 vol., 1 fr. 25 : chez H. Gautier, éditeur, 55, quai des Grands-Augustins, Paris).

dissant de verve en s'adressant à certaines personnes invisibles pour lui, mais dont les mains reposaient dans les siennes, il resta pâle quand il s'agit de parler d'hommes ou de femmes dont la vie n'offrait rien de bizarre et le caractère rien d'excessif. Les individualités seules le retenaient et lui offraient un vaste champ d'analyse.

Un moment vint où les petites mains de Léa lui furent tendues.

Il la connaissait trop peu pour reconnaître ses doigts fuselés trahissant l'amour de l'art, ce qui indiquait la puissance de son imagination, et les signes certains d'un immense orgueil. Il dévoila en quelques phrases courtes, mais serrées, tout le caractère de la jeune fille. Peut-être ne crut-il point devoir révéler certains détails, mais ce qu'il dit suffisait amplement à Léa, à ses admirateurs et à ses amis.

— Mais l'avenir, docteur, l'avenir? demanda Mlle Danglès.

— Je l'ignore, mademoiselle; vous trouverez dans mes paroles mêmes des sujets de préservation.

Mlle Danglès se retira, et l'un de ses amis, s'adressant à Tiburce:

— A votre tour, voyons, c'est très curieux.

— Bah! fit Tiburce, je n'aime pas les charlatans.

— Ce jeune homme me semble très loyal et en même temps fort habile.

— Trop habile, même.

— En quoi?

— Il cherche dans mon salon une clientèle de femmes nerveuses.

Mais Danglès ne devait pas rester le maître de résister à l'entraînement de la foule.

Un groupe de boursiers l'environna. Après les encouragements, vinrent les railleries.

— On dirait que vous avez peur? dit l'Allemand avec un gros rire.

— Mais c'est absurde! s'écria Tiburce. C'est une jonglerie!

— Fort spirituelle dans tous les cas, ajouta Posquères.

— L'auriez-vous préparée, par hasard? reprit Tiburce...

— Je m'y soumets du moins.

Et Remy passa ses deux mains entre les tentures.

— Des mains d'artiste, dit le docteur, des mains effilées et fines, qui savent jeter l'argent par les fenêtres, mais non point le compter... Trop de diffusion peut-être dans les facultés... Embarras complet de richesses intelligentes... De grands tourments de cœur et d'esprit auxquels succédera l'apaisement.

— Vous voyez, dit Posquères, c'est fort simple.

— Tiburce, à votre tour! répétèrent vingt voix.

L'insistance de ses convives parut singulièrement agacer le jeune homme; cependant il vint un moment où il ne lui fut plus possible de reculer, et où Léa elle-même lui glissa bien bas à l'oreille :

— Ne refuse pas, Tiburce... On croirait...

— Ne dirais-tu pas aussi que j'ai peur?

— Toi ! tu es trop mon frère pour cela.

Tout près de Léa et de Tiburce s'était placé Posquères. Il pouvait tout entendre et tout voir et semblait prendre un grand intérêt à ce qui se passait.

Enfin Tiburce, blême et nerveux, passa l'une de ses mains à Xavier.

— Je ne puis juger sur une seule, dit celui-ci. Montrez-moi les deux !

Cette fois, il fallut céder encore... Pendant une minute le docteur garda dans ses mains les mains du jeune homme, puis il dit lentement :

— Une raison m'empêchera sans doute d'analyser certains détails autant que je voudrais...

— Et quelle est cette raison? demanda Tiburce.

— Vous portez une cicatrice à la main gauche.

— Cela est vrai, un battant de porte m'a cruellement écrasé la main.

— Non, fit le docteur, la blessure dont vous gardez les traces est d'un tout autre genre... La paume et le dessus de votre main gardent les vestiges d'une morsure terrible... et, d'après mes remarques, vous avez eu cette main prise entre les mâchoires d'un loup ou celles d'un chien.

— Bah ! fit Léa, tu ne m'as jamais parlé de cet accident.

Les yeux de Remy se fixèrent sur Tiburce qui semblait avoir peine à se contenir.

— Eh bien ! fit-il, après...

— Après? répéta le docteur. C'est tout...

— Ainsi, votre prétendue science se résume dans ceci, à savoir que je porte à la main une cicatrice dont vous ne pouvez pas même définir la nature, puisque vous l'attribuez...

— Je dis ce qui est...

— Poursuivez, maintenant; j'ai longtemps hésité à condescendre à cette jonglerie ou à cet enfantillage, mais j'en veux apprendre davantage, puisque j'ai consenti à me prêter à vos expériences.

— Vous ne saurez cependant rien de plus, répondit le docteur avec sécheresse.

— Et si j'exigeais...

— Un conseil? Je vous le donnerai sans me faire prier davantage.

— Voyons le conseil!

— Celui que les Romains incrustaient dans la mosaïque de leur demeure : *Cave canem.*

Un éclat de rire de Danglès accueillit la citation de Xavier.

Le frère de Léa retira vivement ses mains et s'empressa de remettre ses gants. Mais Posquères se trouvait assez près de lui pour avoir jeté rapidement un regard sur le dos de la main du frère de Léa, et, Xavier avait dit vrai, cette main avait dû être broyée avec furie.

Un moment après le docteur reparut, et de nombreux éloges lui furent prodigués.

— Vraiment, lui dit Léa, le succès de la soirée vous appartient, et, pour ma part, je vous remercie.

— En ce cas, mademoiselle, payez-moi, lui répondit Xavier d'une voix presque inquiète, payez-moi en m'apprenant quelles mains m'ont été présentées les dernières.

— Ne le savez-vous point?

— Je vous jure que je l'ignore.

— Ce sont celles de mon frère.

— De votre frère! répéta Xavier avec une sorte d'épouvante.

— Oui. Eh bien! qu'y avez-vous lu de si terrible? Je ne suis point superstitieuse, docteur, ni facile à effrayer. Vous avez refusé de vous expliquer tout à l'heure, et maintenant vous me regardez avec une sorte de compassion... Ne gardez-vous pas au moins, ainsi qu'à Tiburce, un conseil à me donner.

— Je vous le donnerai, mais vous ne le suivrez pas.

— S'il est latin, certainement.

— Il sera dans la langue de Shakespeare, et c'est celui que donne le jeune prince à la jeune Ophélie : *Go to the nunnery...*

— Ah! fit Léa en riant, celui-ci se trompe d'adresse; gardez-le pour Mlle de Montgrand, dont c'est la vocation.

— Mademoiselle, quand le prince de Danemark conseille à Ophélie d'aller au couvent, c'est qu'il est convaincu que là seulement elle trouvera la paix qui guérit les grandes douleurs... Je le savais d'avance, mademoiselle, vous ne suivrez point ce conseil, pas plus que votre frère ne se défiera de l'ennemi que je lui signale; et cependant...

Léa reprit son rire sonore, et Remy, s'emparant du bras de Xavier, se perdit dans la foule.

— Sortons, dit le critique, sortons, j'étouffe ici, et l'air de cette maison ne vaut plus rien pour moi.

Comme il se dirigeait du côté de l'antichambre, il aperçut Léopoldine. Alors, avec un empressement affectueux, il se dirigea vers elle :

— Mademoiselle des Genêts, dit-il, peut-être, à la suite d'événements graves, vous deviendra-t-il impossible de continuer à habiter cette maison, permettez-moi alors de vous placer sous la protection de Mme la comtesse de Montgrand et de vous confier à l'amitié de sa fille.

— Oh! mon Dieu, dit Léopoldine, vous dites cela d'un air qui m'effraie.

— Ne vous effrayez de rien, chère enfant. Votre pureté, vos malheurs vous sauvegardent. Je serais fort malheureux de vous savoir isolée dans la vie et perdue au milieu d'une foule indifférente ou misérable; si vous me donnez votre parole de faire ce que je vous demande, je me retirerai plus tranquille.

— Eh bien! fit doucement Léopoldine, je vous la donne.

Xavier et Remy descendirent.

— Mon cher ami, dit le critique au docteur, je ne sais si tu as envie de dormir, mais je te certifie que je ne fermerai pas l'œil de la nuit; aie la charité de me tenir compagnie, tu ne saurais croire combien j'ai besoin d'avoir un ami près de moi.

Xavier accompagna Posquères.

Agab prépara du thé, et les deux jeunes gens demeurèrent seuls dans le salon.

— Tu as une question sur les lèvres, dit le médecin, adresse-la-moi tout de suite.

— Y répondras-tu avec une entière franchise?

— Je te le promets.

— Pourquoi n'as-tu point voulu dire à Danglès ce que les lignes de sa main t'apprenaient?

— Parce que, si j'avais parlé, Tiburce eût été en droit de m'envoyer demain ses témoins.

— C'était donc grave?

— Si grave que je ne remettrai jamais les pieds dans l'hôtel de la rue Laffitte.

— Mais enfin...?

— Écoute, reprit Xavier, tu as confiance dans mon savoir, et je crois que tu n'as point tout à fait tort; eh bien! jamais, depuis que j'étudie cette science dont j'ai fait ce soir l'application, jamais je n'ai tenu entre mes doigts une main trahissant plus de perversité dans les instincts, plus de ruse dans le caractère, plus de froide habileté pour le mal. En dépit de la beauté de son visage, ce Tiburce est un monstre... On me dirait demain que cet homme a volé une fortune, assassiné un homme, qu'il finira sur un échafaud, je croirais tout cela, entends-tu, tout cela..

— Ce serait horrible, pourtant, bien horrible!

— Ainsi tu supposes...?

— Je donnerais beaucoup pour que tu te sois trompé sur le compte de Tiburce, répondit le jeune homme; mais Dieu a ses desseins, et nous devons les respecter.

— Sais-tu que tu deviens plus mystérieux que moi.

— Pourquoi en serait-il autrement? Je marche dans les ténèbres.

— Et tu ne peux rien me dire?

— Rien encore. Dans quelques jours seulement je serai fixé... A propos, ta consultation au sujet de Ségaud est sérieuse?

— Complètement. A ce prisonnier il faut rendre la lumière, à ce malade la santé, et la raison à ce fou. Que Polichinelle l'accompagne d'abord pendant ses promenades, Pluton suffira bientôt. Est-ce tout ce que tu veux de moi, ce soir?

— Absolument. Couche-toi sur ce divan et dors jusqu'au matin; nous irons ensemble chez les Ségaud.

Xavier s'allongea sur le meuble de soie et ne tarda point à s'endormir; quant à Remy, ouvrant le petit meuble d'écaille, il y prit un carnet de cuir bleu, dont jusqu'à ce moment il n'avait pu découvrir le secret.

Ne pouvant l'ouvrir, il résolut de le briser. Certes, en ce moment, il lui était impossible de se souvenir d'une façon certaine depuis quand ce carnet se trouvait dans le meuble d'écaille. Il ne se rappelait point qu'on lui en eût fait présent, et, s'il l'avait acheté jadis, il aurait su comment on le pouvait ouvrir. Il n'eût attaché aucune importance à cet objet de valeur, s'il ne l'avait retrouvé tout seul dans un petit tiroir, à côté du portrait de Mlle Dauglès. Évidemment, il avait jadis attaché une certaine importance à ce carnet, puisqu'il l'avait mis en sûreté avant son départ pour l'Orient. Il se pouvait également que le hasard seul l'eût porté à jeter dans le même compartiment de l'élégant meuble d'écaille le carnet fermé et le portrait.

Mais depuis quelques jours des pensées terribles heurtaient son esprit. Il sentait grandir en lui de sourdes défiances, et une vérité pouvait soudainement éclater comme les feux souterrains qui se frayent un passage à travers les entrailles de la terre.

Ce fut donc sans aucune hésitation que Remy Posquères coupa le cuir autour du fermoir d'argent et fouilla d'une main avide dans la petite poche doublée de soie qui pouvait renfermer un papier important.

Il n'y trouva qu'une lettre commençant par ces mots : « Cher frère. »

Alors, retournant la feuille, son regard dévora la signature, et un nom formé de trois lettres lui brûla les yeux : « Léa. »

Durant une minute, il demeura immobile, tandis qu'un étrange travail s'opérait dans son esprit.

La clarté lui brûlait les yeux maintenant. Ce petit calepin avait renfermé la photographie de Mlle Danglès, tandis que la partie fermée contenait une lettre d'elle, adressée à son frère.

Et Remy l'avait trouvé dans un fossé, à côté du chien dont la gorge venait d'être coupée.

En un instant, le jeune homme reconstitua un double drame. Tous les souvenirs de cette soirée d'octobre lui revinrent à la mémoire, précis comme au premier jour. Quand il rentra chez le comte de Montgrand, on attendait le notaire ; toute la maison le savait. Mathias lui-même n'ignorait point que M. Refus devait apporter au comte de Montgrand une somme considérable. En sa qualité d'intendant, Tiburce avait dû en être le premier instruit, et alors...

Cela était si épouvantable et les conséquences en pouvaient devenir si terribles que Remy Posquères n'osa point encore se répondre.

— Allons, fit-il, je ferai mon enquête et je trouverai les preuves qui me manquent. Mais malheur à qui aurait touché aux Montgrand ; je puis être indulgent quant à ce qui me concerne, je ne pardonnerai point que l'on touche à mes bienfaiteurs.

Il replaça le calepin bleu et la lettre dans le tiroir ; puis, sachant qu'il ne parviendrait pas à s'endormir, il prit un livre et n'éteignit sa lampe qu'au moment où le jour fit une triomphante entrée dans l'atelier.

# LE CHATEAU DES ABYMES

Il prit une voiture et se fit conduire à la gare de l'Est. (Voir page 183.)

## CHAPITRE XVI

## LE FIL SE DÉROULE

Le lendemain, dès que l'heure lui parut convenable, Posquères se rendit chez un avocat de ses amis.

— Peux-tu me consacrer tout ton temps pendant huit jours? lui demanda-t-il.

— Un mois, si tu veux.

— J'espère ne pas abuser autant de ta complaisance. Tes clients me maudiraient.

— Que veux-tu de moi?

— D'abord, jusqu'à ce que je commence mes confidences, aie la bonté de ne t'informer de rien.

— Cela convient à ma paresse.

— Qu'il te suffise de savoir que j'ai besoin du concours d'un homme habile.

— Et tu crois que?...

— A nous deux, nous vaudrons dix magistrats. Tu plaides depuis assez de temps pour posséder, non point seulement la pratique du barreau, mais celle du criminel lui-même... Je suis un romancier, souhaitant, à cette heure, se doubler d'un légiste, afin de ne me pas laisser égarer par mon imagination.

— Irons-nous loin? demanda Louis Vulaines.

— Dans un ravissant pays, à dix-huit lieues de Paris environ, tout près de la Marne.

— Et nous y passerons?

— Une semaine au plus, peut-être trois jours seulement si tout marche à souhait.

— Deux choses me tentent, répondit Louis Vulaines : le plaisir de prendre quelques heures de vacances, et l'honneur de collaborer à une de tes œuvres. Sans nul doute, pour que tu aies besoin d'avoir près de toi un avocat, il faut que tu songes à créer un roman bien noir, à échafauder un de ces drames qui font courir tout Paris et passionnent, chaque soir, mille spectateurs... Notre labeur est souvent ingrat, et nous plaidons cent causes inconnues, pour une seule destinée à quelque retentissement. Il me sera donc doublement agréable de devenir ton collaborateur; je ne pourrai qu'y gagner un peu de renommée.

— Mon pauvre ami, répondit Posquères, si l'envie te prend de travailler, avec moi, à un livre de quelque nature qu'il puisse être, je t'ouvrirai à deux battants la porte de mon cabinet, et je t'offrirai la moins mauvaise de mes plumes. Pour cette fois, il s'agit de coopérer à une œuvre qui, j'en suis presque sûr, n'arrivera point au retentissement. Je t'assure même que bien des raisons me le feraient redouter. Je dois remplir un rôle de providence occulte, payer à une famille qui m'est chère une dette sacrée, et faire opérer une restitution considérable. Il s'agit bien aussi d'un fou à guérir et d'un malheureux ménage à tirer de la misère, mais tout cela découlera d'un seul fait. J'aurai le temps de te raconter, en chemin de fer, à quels souvenirs déjà lointains je fais allusion. Si tu acceptes de m'accompagner, jure-moi, sur l'honneur, de ne tirer directement aucun parti de ce que tu pourras apprendre. Il me suffira de réparer, c'est à Dieu qu'il appartient de punir.

— Je te le promets, répondit Louis Vulaines, en prenant la main de son ami.

— En ce cas, lis attentivement ce numéro de la *Gazette des Tribunaux*, et trouve-toi après demain, à huit heures du matin, à la gare de l'Est.

— J'y serai, répondit Louis Vulaines; tu peux compter absolument sur moi.

Pendant cette même journée, Remy Posquères se rendit dans un des quartiers excentriques de Paris, et, avisant une famille de saltimbanques, raccommodant des maillots et des jupes de gaze à côté d'une grande voiture aménagée comme le sont d'habitude ces maisons roulantes, il s'approcha du chef de la troupe, que l'ampleur de son torse et la vigueur de son biceps semblaient désigner pour jouer les rôles d'Hercule, et, sans chercher de circonlocutions, il lui proposa d'acheter la voiture et ses accessoires.

Le saltimbanque affirma qu'il ne pouvait s'en passer; Remy lui objecta qu'il serait libre d'en faire construire une plus grande et plus belle. L'or sonnant que lui montrait le jeune homme alluma la convoitise de la femme, et le marché fut conclu après un débat qui coûta à Remy quelques louis de plus que ses prévisions.

Des instructions détaillées furent données au saltimbanque, puis Remy Posquères monta chez les Ségaud, en rentrant rue Madame s'entretenir longtemps avec Polichinelle, et se coucha fort tard, brisé de fatigue.

Agab l'éveilla à huit heures.

Remy Posquères se leva.

Comme s'il souhaitait se donner du courage, en ayant devant lui un vivant souvenir de ceux qu'il voulait défendre, l'artiste découvrit le portrait de Mlle de Montgrand et lui donna quelques fines retouches. Il avait résolu de l'expédier, avant son voyage, et de profiter de sa visite chez le comte pour lui demander un léger service.

A midi, l'œuvre se trouvait réellement parfaite, et les plus habiles connaisseurs n'eussent rien trouvé à reprendre à cette peinture magistrale.

Après son déjeuner, Posquères chargea un commissionnaire du portrait et l'envoya chez M. de Montgrand. Deux heures plus tard, lui-même se présentait dans le petit pavillon de Mlle Louise-Gonzague.

Dès qu'il aperçut l'artiste, le comte vint à lui les mains tendues et lui ouvrit les bras.

— Remy, lui dit-il, brave cœur, cher grand homme! Combien vous me rendez heureux et fier! Votre œuvre est à la place d'honneur dans le grand salon. En la voyant, ma femme a pleuré. Allez, je le sais bien, des toiles comme celles-là ne se paieraient jamais avec de l'or; vous avez mis plus que votre science à exécuter ce portrait, on sent que vous y avez mis un peu de votre âme.

Le comte de Montgrand restait debout en face du jeune homme dont il tenait les mains serrées dans les siennes. Des larmes montaient à leurs yeux, tant leur double émotion était grande, et chacun appréciait, au fond de son cœur, tout ce que l'âme du bienfaiteur et de l'ami renfermait de qualités précieuses.

— Paule et ma femme seront bien heureuses de vous voir, ajouta M. de Montgrand.

Remy passa dans une sorte de boudoir où travaillaient les dames de Montgrand.

La comtesse était rayonnante, et Paule, penchée sur son ouvrage, cachait une vive émotion.

— Monsieur Posquères, dit celle-ci tout bas à l'artiste, un jour j'irai cacher ma vie dans un cloître, et l'image que vous venez de reproduire consolera ceux que je ne verrai plus. Grâce à vous, ils ne m'auront pas tout à fait perdue.

La conversation prit lentement un ton sérieux, presque triste. On sentait que Remy avait à dire quelque chose de grave.

Posquères, en se trouvant au milieu de cette famille d'adoption, qu'il voulait sauver, comme elle l'avait sauvé lui-même, se sentait pris d'un profond attendrissement. Il ne croyait point devoir parler ouvertement de ses projets. Rien, d'ailleurs, n'était moins certain que leur réussite; mais, d'un autre côté, à l'heure d'entreprendre une lutte sérieuse et qui pouvait n'être pas sans danger, il éprouvait cette mélancolie dont nous sommes saisis en présence de l'inconnu, et à laquelle les plus forts sont impuissants à se soustraire.

Que savait-il, en somme? Rien. Quelles preuves réelles possédait-il? Aucune. Il procédait par intuition, comme un romancier habile, doué d'une grande force de logique. Mais quelle accusation directe pouvait-il baser sur les faits minimes groupés avec tant de peine? Peut-être, après tout, se trompait-il grossièrement?

— Monsieur le comte, dit-il, je partirai demain pour un pèlerinage, et j'ai besoin d'un guide que vous seul pouvez me fournir. Je sais d'avance combien ma demande va vous sembler indiscrète; je commence par vous affirmer que je ne ferai rien pour qu'elle vous semble logique et raisonnable. Traitez-moi en artiste ayant des fantaisies qu'il n'est pas tenu d'expliquer, puisqu'elles tiennent à la nature même de son imagination, et en enfant à qui l'on pose des demandes indiscrètes.

— Il s'agit donc d'une chose bien grave? dit le comte, un peu surpris de ce préambule.

— Jugez-en. Vous tenez énormément au vieux Mathias, et je vous prie de le mettre pendant huit jours à ma discrétion d'une façon absolue. Soyez sans crainte, vous n'aimez pas plus Mathias que je ne l'aime moi-même.

— Je n'ai pas besoin de comprendre votre but pour vous accorder ce que vous désirez, mon cher Remy. Où et quand voulez-vous que Mathias aille vous trouver?

— Demain, à huit heures, à la gare de l'Est; nous partirons par l'express du matin.

— Gare de l'Est... Voudriez-vous donc aller...

— Vous l'avez deviné, monsieur le comte, je me rends au *Château des Abymes.*

— Je ne crois point que jamais je me sente ce courage. Des souvenirs trop amers se mêlent à ce nom. Mais si vous souhaitez que Mathias vous accompagne, il est à votre disposition, mon cher enfant.

— Merci, monsieur le comte, merci du fond du cœur! Sans doute, vous saurez plus tard quel immense service vous me rendez.

M. de Montgrand n'osa point adresser au jeune homme une question qui lui brûlait les lèvres, et celui-ci conserva la force de taire son secret.

Le lendemain, à la grande surprise d'Agab, accoutumé à ne jamais quitter son maître, Remy Posquères se munit d'un sac de nuit, prit une voiture et se fit conduire à la gare de l'Est.

Dans la salle d'attente, Vulaines et Mathias l'attendaient, fidèles au rendez-vous.

Tous trois montèrent dans un wagon de première classe, et, après une heure et demie de trajet, ils descendaient à la petite gare de Nanteuil...

— Mathias, demanda Remy, vous pouvez me conduire jusqu'à la maison de Mme Refus?

— Certainement, monsieur ; la pauvre chère dame n'a jamais quitté le pays ni la maison qu'elle habitait avec son mari.

Les voyageurs, craignant d'être importuns, ne demandèrent point à être introduits chez Mme Refus, mais ils déposèrent respectueusement leur carte. Remy pria ensuite Mathias de prendre la route que suivait d'habitude le notaire pour se rendre au groupe de maisons connu sous le nom de *Bondons*.

Tandis que l'ancien serviteur de la famille de Montgrand marchait en avant, Remy et Vulaines s'entretenaient du drame dont l'ancien numéro de la *Gazette des Tribunaux* venait de leur rappeler les faits déjà lointains.

L'avocat comprit vite à quel sentiment obéissait Posquères, et il lui promit de l'aider de tout son pouvoir, afin de découvrir le sinistre mystère dont il avait résolu d'apprendre le mot.

Le temps était magnifique, la campagne rayonnait sous le soleil, et les collines étageaient les cimes touffues des grands arbres noyées dans un lointain brumeux. Les deux jeunes gens parlaient peu. Chacun d'eux réfléchissait. Vulaines ne savait rien des pensées intimes de Remy ; seul, Mathias suivait le critique d'un regard assez persistant, pour que celui-ci ne pût mettre en doute la perspicacité du vieillard. Du reste, ni le littérateur ni le critique ne pouvaient s'alarmer de l'intelligence de leur hôte : ils connaissaient assez la fidélité, le dévouement de Mathias, pour être sûrs qu'un mot arrêterait une confidence ou une question sur ses lèvres.

A mesure qu'il approchait des Bondons, Remy hâtait le pas comme un homme pressé d'acquérir une certitude.

Enfin, la grande grille du *Château des Abymes*, accompagnée de ses sauts de loup garnis d'une haie gigantesque, apparut aux voyageurs. Il restait sans doute une difficulté à vaincre ; Remy avait besoin de visiter le château à un point de vue très spécial et fort détaillé, et il se pouvait que M. Grimbert ne fût point disposé à satisfaire la curiosité des étrangers.

Mais, au moment où Remy se disposait à tirer la chaîne de la grille, pour demander à tout hasard l'autorisation de visiter le château, un écriteau frappa la vue de Mathias qui s'écria :

— Mais, voyez donc, monsieur, voyez, le *Château des Abymes* est en vente.

En effet, M. Grimbert n'avait pas tardé à trouver quelque monotonie dans les vallonnements de cette propriété ravissante. La mélancolie de ce parc l'enveloppait et l'attristait, disait-il. Il ne comprenait point la grâce de ses masses de verdure jeune et grêle, poussée au fond de trous énormes.

Le coude appuyé sur la table, comme un homme qui travaille attentivement. (Voir page 189.)

Il ne trouvait de charme ni aux étangs creusés dans des fonds, et environnés d'une guirlande de roseaux, ni aux chemins perdus sous la ramure sombre. Dans ce bois plein de mystères, il se sentait étouffer. Et, comme il était assez riche pour supporter une perte d'argent, il avait résolu de revendre les *Abymes*, même à perte, et d'acheter une habitation plus gaie, plus voisine de Paris où ses affaires l'appelaient souvent.

Il ne restait désormais aucune difficulté à vaincre. La Providence semblait protéger nos amis.

Remy et Vulaines se présentaient en visiteurs pouvant devenir des acquéreurs. Le jardinier les introduisit dans le parterre, éclatant de corbeilles, et dont les plates-bandes se déroulaient semblables à un ruban brodé de couleurs fraîches et variées.

Le cœur de Remy battait violemment. Jusqu'à cette heure, il avait marché ou plutôt tâtonné dans de demi-ténèbres ; cette fois, il voulait trouver une lumière éclatante et rentrer à Paris avec la certitude que ses soupçons ne s'étaient point égarés, qu'il avait bien démêlé tous les fils de l'intrigue.

L'appartement du comte et celui de la comtesse étaient assez connus de Remy pour qu'il ne lui fût point nécessaire de les visiter de nouveau. Mais il éprouva une émotion violente en rentrant dans ce salon où il avait pénétré un jour en haillons, pieds nus, tandis que le comte, la main posée sur son front, le regardait et le questionnait.

— Mathias, dit Remy, reportez-vous par la pensée à trois années en arrière. Au lieu d'être au mois d'août, nous nous trouvons au 25 octobre ; le temps est sombre, par intervalle, et presque froid. Vous avez allumé du feu dans la cheminée ; le comte et la comtesse sont placés de chaque côté, comme je les trouvai moi-même... Montons, je vous en prie, au premier étage, dont les chambres ont pu subir des changements ou varier dans leurs destinations. Vous m'indiquerez celle qu'habitait M. Tiburce.

Les petits yeux gris de Mathias flamboyèrent ; il commençait à comprendre.

Cette pièce n'avait pas changé. Le lit, le bureau du jeune homme se trouvaient à la même place. Remy s'approcha de la fenêtre, et, se penchant au dehors, il désigna à Vulaines le treillis de bois garni de fleurs qui, du rez-de-chaussée, montait au premier étage.

— Ce soir-là, dit le vieux domestique d'une voix lente et basse, comme s'il retrouvait, à mesure qu'il parlait, des souvenirs oubliés, ce soir-là donc, M. le comte attendait le notaire de Nanteuil... Je prévins M. Tiburce d'avoir à descendre au salon, et je suppose que M. le comte lui annonça seulement alors la vente du château. Au bout d'une ou deux heures, il vint me trouver et me renouvela de la part du comte l'ordre de surveiller l'arrivée de M. Refus. Il faut croire que le jeune homme était fâché que l'on vendît les *Abymes*, car il me parut très pâle, quand il remonta chez lui. Mon service m'ayant appelé au premier étage, je l'entendis marcher avec agitation et parler tout haut comme un homme exaspéré... Mais nous savions tous que M. Tiburce n'était point commode, et je me serais bien donné garde d'entrer alors et de lui demander s'il avait besoin de mes services... Il se montrait fier avec la domesticité et nous traitait mille fois moins bien que ne le faisait M. le comte... Allez, nous avions regretté plus d'une fois le vieil intendant Jean Danglès, qui se fût fait tuer au service de ses maîtres, et qui nous parlait avec autant de bonté que de patience. M. Tiburce semblait toujours penser qu'il ne se trouvait point à sa place et s'efforçait de nous faire sentir la distance qui le séparait de nous... A l'entendre, maugréant sans cesse, on aurait cru qu'il faisait une grâce à M. le comte en s'occupant de ses affaires.

Mathias s'arrêta et secoua sa tête blanche ; puis, après un instant de silence, il reprit :

— Je vous demande pardon, messieurs, je ne sais pourquoi je vous dis tout cela, vous n'avez que faire de mon appréciation, et vous me demandez seulement de vous raconter tous les détails de ce qui se passa durant la nuit du 25 octobre...

— Au contraire, dit Vulaines, rien ne nous semble indifférent, et nous avons moins besoin, peut-être, d'une description topographique que du récit de vos propres impressions. Ainsi, M. Tiburce paraissait fort irrité quand il quitta le salon, et les éclats de sa voix, plus d'une fois, parvinrent jusqu'à vous

— Oui, mais il me fut impossible de rien comprendre. Un peu plus tard, il quitta sa chambre et passa dans la bibliothèque; je crois que mon maître l'avait chargé du soin de ses livres, et ce n'était pas une mince besogne. Sans doute le mécontentement de M. Tiburce s'était évanoui, car je n'entendis aucun bruit en repassant près de cette pièce. On apercevait une grande raie lumineuse sous la porte, ce qui me fit croire qu'il travaillait... Je redescendis; on attendait toujours M. Refus, et vous veniez de partir... Une voiture entra dans la cour, mais elle ramenait seulement un cadavre... Toute la maison s'emplit de cris et d'épouvante, et cependant M. Tiburce ne descendait pas. Le comte de Montgrand m'ordonna de l'aller chercher... Je le trouvai dans la bibliothèque, le coude appuyé sur la table, comme un homme qui travaille attentivement. Quand je le priai de descendre, de la part du comte, il me répondit avec une sorte d'égarement : « Si le notaire est mort, en quoi ma présence est-elle nécessaire, et puis-je donc lui rendre la vie? » Il tremblait quand il se leva, et je remarquai que l'une de ses mains était enveloppée de linges tachés de sang. Son premier mouvement fut de la cacher dans sa poitrine, mais il ne le suivit point et, me désignant cette bibliothèque : « Ce meuble est fort mal calé, me dit-il, et le poids des battants les fait tomber avec une violence dangereuse. Tenez, ma main vient de se trouver prise ici-même... » Et il me montra les portes de ce meuble...

Vulaines plaça tranquillement une de ses mains contre le battant gauche du meuble, puis il dit à Remy :

— Lance de tout son poids et de toutes tes forces le second battant sur mes mains.

L'écrivain hésitait.

— Tu es fou! Si j'allais te blesser... dit-il.

— Tu ne me blesseras point, fit l'avocat. Il s'agit d'une expérience. Ne crains rien.

Posquères lança rudement la porte de la bibliothèque ; mais, quelque élan qu'il lui eût donné, elle glissa presque sur ses gonds et ne causa qu'un froissement assez rude à la main de Vulaines, sans aucunement entamer la peau.

— Sa blessure provenait d'une autre cause, dit tranquillement l'avocat en retirant sa main.

— Oui, reprit Mathias, et l'idée m'en vint, une idée bien vague. D'ailleurs, que pouvais-je dire? Je n'avais pas vu, et les magistrats ne semblèrent point s'inquiéter beaucoup des gens de la maison dans toute cette affaire... Du reste, Ségaud était là, Ségaud qui avait trouvé le cadavre sur la route et qui le ramenait dans sa voiture à quatre roues... On ne voyait que Ségaud...

— Mais vous, Mathias?

— Moi, monsieur, je n'aurais eu garde de me croire plus habile que ces messieurs de la justice; et puis, encore une fois, les idées folles d'une vieille cervelle ne signifient rien; je ne me serais pas permis d'exprimer une opinion.

Vulaines se tourna vers le domestique :

— Remarquez que je n'affirme rien; je suppose, je crée en ce moment un roman sans fondement et sans valeur; vous me répondrez comme on fait au sujet d'un hypothèse plus ou moins plausible... On peut parfaitement descendre du premier étage dans le jardin. Est-il également facile de sortir de la propriété, sans passer devant les gens de service?

— Je le crois bien, monsieur; il suffit pour cela de gagner la seconde porte du parc. Un homme alerte et jeune a bientôt fait de l'escalader... Et remarquez que, si la tentation de sortir du château était venue à quelqu'un, ce soir-là, rien n'était plus aisé que de mettre ce projet à exécution, puisque le notaire devait entrer par la grande grille, et que j'avais ordre de l'attendre.

— Combien se passa-t-il de temps environ, entre le moment de calme et de silence absolu qui succéda à la colère de M. Tiburce et l'arrivée de la sinistre voiture ramenant le cadavre du notaire au *Château des Abymes?* Rappelez vos souvenirs.

— Deux heures environ, monsieur.

— Combien faut-il à un bon marcheur pour se rendre d'ici à la place où fut assassiné le notaire?

— Vingt minutes au plus...

L'avocat et le jeune homme échangèrent un regard. Leur conviction se faisait de plus en plus nette.

— Et à votre avis, Mathias, quelle fut l'attitude de M. Tiburce, vis-à-vis de la justice?

— Très froide, monsieur, trop froide peut-être... Tenez, moi, j'étais à moitié fou ! M. Tiburce ne trouva que des phrases banales à adresser à M. le comte, que cet assassinat ruinait pourtant... Mais nous savions tous que M. Tiburce manquait de cœur, et personne ne fut surpris de son attitude. Bien des fois nous avions tous remarqué son impassibilité dans des circonstances très graves.

— Vulaines, dit Posquères tout pensif, j'ai bien envie de faire une expérience et de m'assurer que j'ai conservé la vigueur et l'élasticité de mes membres.

Posquères quitta la chambre et, marchant très vite, gagna la petite porte du parc.

— Mathias et toi, Vulaines, sortez, je vous prie, par la grande grille ; quant à moi, je prendrai à travers champs... Vous vous arrêterez à l'endroit où fut trouvé le cadavre.

Posquères connaissait admirablement le pays. Les moindres bouquets de bois lui restaient familiers. Il franchit en moins de vingt minutes la distance le séparant de l'endroit précis où le drame s'était passé ; puis, tandis que Mathias étendait la main vers une partie de la route, Posquères, se penchant vers le fossé, murmura :

— Voici le fossé, je le reconnais.

Prenant alors le carnet bleu, il le tendit à Mathias :

— Vous souvenez-vous avoir jamais vu ce petit portefeuille lorsque vous étiez dans ce pays?

— Si je m'en souviens! M. Tiburce ne le quittait jamais, répondit le vieux serviteur.

— Jamais! répéta Remy.

Puis, désignant le fossé :

— Voilà où je l'ai trouvé, fit-il.

Le cheval marchait lentement. (Voir page 194.)

## CHAPITRE XVII

### SÉGAUD

En ce moment, un bruit de roues se fit entendre ; et bientôt il fut possible d'entrevoir, sur la route, une grande voiture semblable à celles dont se servent les saltimbanques ; quelques oripeaux en garnissaient encore la toiture.

Le vieux Mathais, Vulaines et Remy la regardaient approcher, l'un avec un intérêt croissant, les deux autres avec indifférence. Ils ne comprenaient point encore que ceux qui s'y trouvaient avaient joué un rôle dans le terrible drame dont ils cherchaient l'auteur.

Le cheval marchait lentement, faisant sonner ses grelots; la route allant de La Ferté aux Bondons est montueuse et découpe ses lacis sur le flanc d'une colline d'où le regard embrasse un admirable paysage. Sur un des brancards, assis mélancoliquement, se trouvait Ségaud, le pauvre fou, dont la physionomie portait la trace d'une sourde angoisse. Les objets extérieurs frappaient son regard fatigué. Son corps, agité par des frissons, paraissait vouloir secouer un fardeau mystérieux.

Quand le docteur Xavier, qui suivait la voiture, reconnut Remy Posquères, il s'avança, tendit la main à Ségaud et lui aida à descendre.

Un moment après, le cheval, lié à un arbre centenaire, prenait son repas à l'ombre; la voiture, rangée sur la route, était immobile, et une tête pâle se montra derrière la fenêtre du fond.

Ce fut Xavier qui ouvrit la portière. Alors Polichinelle posa la main sur celle du jeune homme et descendit sans trop de difficulté.

Derrière elle, se tenait Pluton, dont l'agitation paraissait extrême, et que la petite bossue avait eu toutes les peines du monde à contenir. A peine se trouva-t-il libre qu'il lança plusieurs aboiements sourds; puis, semblable à un chercheur de pistes, il flaira le sol, le museau à terre, et cherchant à reconnaître, avec l'admirable obstination de son instinct, la place où son maître avait été frappé. Quand il l'eut trouvée, il se mit à creuser le sol, d'une façon furieuse, jusqu'à ce que ses ongles devinssent sanglants. On eût dit que, pour lui, l'odeur du sang de M. Refus, resté sur cette poussière, lui faisait croire qu'on y avait pu creuser sa tombe.

Ce premier moment de fureur passé, le chien, comprenant l'inutilité de sa recherche, abandonna le sol remué avec frénésie et se prit à hurler d'une façon lamentable.

Pour les témoins de cette scène, pas un détail ne restait sans intérêt. La mémoire de Pluton le servait à merveille, et Remy ne devait pas rester longtemps sans en acquérir une nouvelle preuve.

Pluton abandonna le milieu de la route; puis, gagnant celui des côtés qui longeait le bois, il marcha lentement le long du fossé.

Après avoir payé un tribut de regret à son maître, Pluton, se souvenant de sa propre histoire, s'en allait à la recherche de l'endroit où l'assassin de M. Refus l'avait traîné mourant.

Le chien retrouva cette place avec la même exactitude que la première ; mais il ne traduisait point d'une façon lamentable la force des souvenirs qui s'éveillaient en lui. Il resta debout sur le bord du fossé, le corps roidi sur ses pattes crispées, et jetant des abois pleins de violence et de menace.

De loin, il s'adressait au meurtrier de M° Refus et semblait le défier d'oser reparaître sur le théâtre du meurtre. Mais, à cette émotion violente, dans laquelle vibrait une implacable rancune, succéda vite un autre sentiment. Pluton quitta d'un élan les bords du fossé ; puis, se jetant sur Remy Posquères avec une vivacité folle, il couvrit ses mains de caresses, en poussant de légers et tendres aboiements.

— Oui, mon bon chien, oui, tu te rappelles : c'est là qu'un misérable frappa ton maître... c'est ici qu'il te jeta dans un trou fangeux, d'où je te retirai presque mort... Tu me remercies, pauvre bête ! et qui sait si ce n'est pas à moi de te remercier plutôt, puisque j'attends de ton aide le moyen de châtier un misérable ?

Posquères flattait doucement la tête du chien en lui parlant, et celui-ci paraissait l'écouter et le comprendre.

Tout à coup, Remy saisit Pluton par son collier et le conduisit près de Ségaud et de Polichinelle. Le chien se laissa flatter tour à tour par le père et par la fille et partagea un morceau de pain avec l'enfant.

— Votre opinion est-elle suffisante, Vulaines? demanda Remy.

— Parfaitement, répondit l'avocat, la piste que vous suivez est bien la bonne et la seule vraie. Je crois même que nous n'avons plus besoin que d'un seul renseignement, et celui-là est relatif à la fortune de Tiburce. Si je me souviens bien de ce que vous m'avez raconté, Tiburce Danglès s'est associé, pour fonder une maison de banque, avec un jeune homme possédant une certaine fortune. Tiburce, se trouvant le plus intelligent des deux associés, fut dispensé d'ajouter au capital social. Son titre d'avocat, son habileté lui devaient servir de part dans l'affaire.

— C'est du moins ce que m'ont fait comprendre quelques mots de Tiburce et une conversation de sa sœur Léa.

— Eh bien! nous aurons besoin de l'acte d'association des deux banquiers Danglès et Léon Carmet. Si par hasard, et contrairement à ce qu'il affirme, Tiburce avait versé dans l'association une somme importante, nous aurions entre les mains une preuve décisive.

— Nous avons déjà trouvé tant de choses, répondit Posquères, que nous découvrirons bien celle-là.

Tandis que les jeunes gens causaient, Ségaud s'était aventuré à faire quelques pas sous le couvert de la forêt. Depuis qu'il se trouvait au milieu de ce paysage, il se sentait tout autre que dans sa chambre de Paris.

Chacun des objets qui frappait ses regards lui causait un étonnement joyeux. Il conservait cependant l'allure craintive de ceux qui ont souffert. Son regard, à demi clos, interrogeait Remy et Xavier avec une sorte d'inquiétude sournoise. Il paraissait se demander si la liberté dont il jouissait était bien réelle, si désormais on ne l'enfermerait plus. Il gardait le souvenir confus de choses tour à tour violentes ou obscures. On eût dit que ses bras lui faisaient mal, et il lui arriva d'entourer son poignet gauche du pouce et de l'index de sa main droite, comme s'il figurait une menote. Il respirait en courbant la poitrine, en soufflant fort, avec une joie et une puissance extrêmes.

Quand il s'approcha du cheval attaché par la bride à un arbre, il paraissait tout tremblant. Avec un sourire, il arracha une poignée de fleurs sauvages et les tendit à la bête, en murmurant :

— Coco, pauvre Coco !

Le nom de son ancien cheval revenait à son souvenir. Il ne possédait point encore assez de lucidité pour comprendre que cette nouvelle monture n'était point Coco, mais il éprouvait un grand plaisir à renouer les souvenirs du passé.

Il quitta le cheval pour tourner autour de la voiture. Si elle ne ressemblait point absolument à celle que la pauvre Victoire vendit à Melun, il ne put être frappé de ces différences ; ce qui le charma, ce fut de retrouver ce lourd et grand véhicule qui, pendant de longues années, lui servit de boutique et de maison.

Pleine d'angoisses que la prudence l'empêchait de manifester, Polichinelle suivait, d'un regard voilé de pleurs, les impressions qui se succédaient sur le visage de son père. Elle comprenait l'importance de l'expérience à laquelle le soumettait le docteur. Elle tremblait que cette pauvre tête fatiguée éclatât sous une pression trop vive. Mais Ségaud, dont personne ne paraissait s'occuper, continuait sa promenade, accélérait le pas, redressant sa taille, prenant de minute en minute une possession plus complète de lui-même.

Une seule expérience devait encore être tentée. Xavier l'avait exigée, et Remy n'en attendait point sans crainte le résultat. Polichinelle tressaillait désormais d'angoisse, et son regard interrogeait les grands arbres de la forêt. Tout à coup un bruit de branchages lui fit tourner la tête. Un gendarme débouchait d'un fourré et marchait vers les voyageurs.

Ségaud, très anxieux aussi, tourna la tête. La vue de l'uniforme parut lui causer une impression d'épouvante sans nom. Il tomba sur les deux genoux, et, ses bras maigres tendus vers le brigadier, il cria d'une voix lamentable :

— Ce n'est pas moi ! ce n'est pas moi !

— Parbleu ! répondit le gendarme avec un gros rire ; vous achetez bien les peaux des lapins morts, mais vous ne prenez pas ces pauvres bêtes au collet... Tenez, voyez-vous cette cravate de laiton, c'est ce gueux de Bernard qui l'a préparée à l'ouverture d'un terrier où je l'ai cueillie. Relevez-vous donc, mon brave, je sais bien que vous êtes un étameur et non pas un braconnier.

Un rire joyeux, un rire d'innocent s'échappa des lèvres de Ségaud. Polichinelle courut à lui et le prit par le bras :

— C'est vrai, lui demanda-t-il, c'est bien vrai, n'est-ce pas ? on sait que je suis un étameur... Je cours le département depuis des années et des années, depuis que je ne suis plus meulier...

Il s'arrêta, et, fixant sur Polichinelle un regard droit et fixe, un regard aigu comme une lame :

— Tu es une bonne fille, je t'aime ; ne me trompe pas... Allons-nous remonter dans notre grande voiture ?

— Mais oui, mon père.

— Et où irons-nous ?

— A Paris, près de ma mère...

— Paris ! Mais je ne suis pas de Paris ? Je veux mener ma vie de trafic et de voyage, je veux vendre encore de la batterie de cuisine aux ménagères. Il me semble que je souffrirais à Paris... Pourquoi donc me dis-tu que nous allons y aller ?

— Parce que, mon père, répondit Polichinelle avec lenteur, et en suivant sur le visage de son père l'effet de chacun des mots qu'elle lui adressait, ma mère est malade, bien malade... On ne pouvait la soigner sur les routes, dans cette voiture... Elle est à Paris avec la famille...

— Malade, Victoire malade ! Moi aussi j'ai été malade..., continua-t-il d'une voix dolente, très malade, il me semblait toujours que je manquais d'air et qu'on me broyait la poitrine avec un fardeau énorme... Et ma tête, je ne sais point ce qui se passait dans ma tête, mais tantôt j'entendais des bruits qui me broyaient le tympan, tantôt j'écoutais des voix qui m'accusaient de choses horribles.

— C'est le délire, murmura Polichinelle.

— Tu as raison, c'est le délire, ma fille... Mais est-ce donc un reste de ma fièvre que la crainte dont je souffre en voyant...

La petite bossue éclata de rire.

— Le brigadier? Mais sans doute, c'est un effet de votre maladie... Et la preuve, c'est que ce digne Claude Freneux va dîner avec nous aux Bondons...

— Lui, avec nous?

— Si vous le désirez, oui, mon père.

L'expression du visage de Ségaud, tandis qu'il causait à sa fille, trahissait une joie intime, quoique craintive encore. Il se penchait vers l'enfant pour aspirer ses paroles. A mesure qu'il l'interrogeait, il se sentait s'alléger son fardeau de tristesse; son regard redevenait brillant, sa voix reprenait de l'assurance. On voyait qu'il reprenait possession de son être, de sa personnalité. Le passé s'effaçait, pareil à un brouillard dont le soleil dissout les vapeurs grises. Son cœur s'emplissait de tendresse et de reconnaissance. Mais, dans la crainte qu'on se défiât de lui, s'il laissait paraître trop de joie, il s'efforçait de contenir les transports dont il redoutait de ne plus être le maître.

Il voulut se prouver que tout ce qui se passait était bien vrai. Il quitta la route et s'enfonça dans le bois ; il revint, caressa le cheval et dut se convaincre qu'il restait absolument maître de ses actes. Polichinelle exprima les craintes de son père à Remy, et celui-ci lui répondit :

— Mon enfant, nous remplissons ici une mission de justice et une mission de réparation; tout ce que nous pouvons faire pour calmer les angoisses de Ségaud sera réalisé!

Une heure plus tard, Posquères, Xavier, Argenal, Vulaines, le brigadier, Ségaud et Polichinelle s'installaient à la table de braves gens des Bondons qui leur offrirent une hospitalité gracieuse. On dîna dans un verger d'une fraîcheur à tenter le pinceau d'un peintre, et, là, le pauvre étameur perdit les derniers vestiges de ses craintes.

Il ne se souvenait plus que trop vaguement pour s'en affliger d'avoir été souffrant et malheureux, enfermé dans une chambre sans air, et torturé dans ses membres et dans son âme. Sa fille lui riait, la campagne était belle, il évoquait les nombreux souvenirs de son existence passée, et, dans l'excès de soulagement qu'il ressentait, il répéta :

— Comme c'est bon, la convalescence!

Le repas fini, tout le monde, hors le brigadier, monta dans la grande voiture.

Posquères voulut procurer cette joie à Ségaud, de reprendre sa vie nomade par les chemins embaumés des senteurs du soir et baignés des clartés de la lune.

Ségaud perdait sa taciturnité. Cet homme, qui, depuis trois ans, vivait dans le silence ou les larmes, éprouvait le besoin de répandre sa joie d'une façon bruyante. Il retrouvait le rire. Il voulut qu'on lui montrât un almanach, et il put faire un facile calcul. De ce moment, il était absolument sauvé. Sans secours, sans traitement barbare, sous prétexte de le faire rapide, il reprenait possession de son cerveau et de son cœur.

— Polichinelle, demanda-t-il, tu n'oses m'avouer la vérité; ma maladie a coûté cher, et l'on a vendu la boutique foraine; la voiture qui est là n'est pas la nôtre; son toit est encombré d'objets de saltimbanques.

Polichinelle baissa la tête.

— Ne vous tourmentez point de cela, Ségaud, dit Posquères; dès que la santé de votre femme sera rétablie, vous recommencerez vos courses dans la campagne. Jamais votre marchandise n'aura été plus belle que celle dont on remplira votre nouvelle maison roulante. Je vous en donne ma parole de voisin, et Polichinelle sait si je tiens mes promesses.

— Merci, monsieur, merci, fit Ségaud. L'air est ma santé, voyez-vous! Il me semble que je mourrais dans une chambre. J'ai trop aimé la grande route pour ne point vouloir courir encore. Si Victoire peut se guérir vite, nous partirons pour le pays que je connais si bien, et j'y retrouverai mes anciennes pratiques.

Il fallut coucher dans la voiture, faire halte, le matin, dans une auberge. A mesure que se déroulait le chemin, la vie paraissait affluer au cœur de Ségaud, ses yeux brillaient de joie, un refrain montait à ses lèvres. Il trouvait des mots naïfs d'homme heureux, de vieillard enfant, de convalescent, pour exprimer le bonheur qu'il ne pouvait dissimuler. Il rapprochait de lui la petite bossue que tant de fois jadis il avait maltraitée. Sa laideur ne le frappait plus comme jadis. Peut-être n'était-elle plus laide? Avec un peu de goût et d'art, Mlle de Montgrand était parvenue à dissimuler les formes disgracieuses de la pauvre petite. L'ampleur de ses vêtements cachait sa taille, et son beau et pur visage, rayonnant de joie intérieure, n'était certes point de ceux dont les yeux se détournent.

Remy s'efforçait de répondre quelques mots à l'enfant et à son père, mais sa pensée s'envolait souvent loin de la maison roulante.

Il avait à remplir une tâche terrible qu'il venait à peine de commencer.

Jusqu'à cette heure il avait travaillé mystérieusement, accumulant les preuves, cherchant, fouillant le passé, se servant des moindres détails. Mais, à cette heure, il s'agissait d'agir, et Remy ne se dissimulait point que la bataille qu'il allait livrer serait rude.

Ce n'était point qu'il se tourmentât de Tiburce. Cet assassin réfléchi, ce voleur de sang-froid, ce monstre tout d'une pièce, qui n'avait reculé ni devant l'ingratitude ni devant le sang, ne pouvait inspirer aucune sympathie.

La condamnation de Tiburce, prononcée par Remy dans son for intérieur, le laissait sans remords et sans regrets. Aucune pitié ne s'élevait en lui à la pensée que Tiburce subirait une expiation terrible. Mais Tiburce n'était pas seul au monde. Derrière lui, se trouvait un vieillard, modèle de probité, de générosité, de dévouement.

A ses côtés, Posquères revoyait cette Léa fière et souriante, accoutumée aux hommages de tous, ambitieuse de gloire, et se plaignant encore de ne pas cueillir assez de palmes, de fleurs et d'éloges. Sans doute, Léa était une créature artificielle, légère, vivant pour la vanité, dédaignant les choses saintes, s'illusionnant sur sa valeur personnelle, ou comptant beaucoup sur les engouements parisiens; mais enfin ses défauts étaient ceux d'une jeune fille à qui avait manqué l'éducation d'une mère. Elle les devait presque au mode d'instruction de Mme Cardinet. La tête lui avait tourné en se sentant transportée subitement sur les hauteurs pour lesquelles elle n'était point faite. Mais, si elle méritait des conseils, peut-être des réprimandes; si l'on pouvait lui reprocher de préférer l'égoïste et vaniteux Tiburce à son vieux père, et les réceptions tant soit peu mêlées de la rue Laffitte au foyer solitaire du vieil intendant, on ne pouvait, pour ces travers, ces défauts, ces enfantillages dont une leçon grave, une émotion vraie pouvaient avoir raison, la condamner à un désespoir dont elle pouvait mourir.

Comment s'y prendre pour châtier Tiburce sans punir Léa, sans déshonorer le vieux Danglès?

La première pensée de Remy fut de demander, le lendemain, une entrevue au procureur général, et de lui raconter tout ce qui s'était passé depuis le jour où il avait conçu un premier doute contre Tiburce.

Mais, une fois la justice saisie de cette affaire, elle ne l'abandonnerait plus.

La justice irait droit à son but, afin de frapper le coupable, sans voir le père et la jeune fille.

Cette jeune fille, Posquères l'avait tendrement et silencieusement aimée.

Durant plusieurs mois il s'était fait l'illusion qu'il l'amènerait à comprendre la vie vraie, familiale ; qu'elle renoncerait à l'espoir de se faire un nom illustre, pour se ménager un bonheur caché. Sans doute, tout cela, il avait été seul à le penser ; la belle Mlle Danglès n'avait jamais partagé ses rêves, mais il ne pouvait cependant supporter l'idée de l'humilier et de la briser sans retour. Si le déshonneur de Tiburce éclatait comme un coup de foudre, que ferait-elle ? Dans son âme, la foi n'était point assez ardente pour la consoler. Qui pouvait dire à quelle folie la pousserait son désespoir ?

Posquères en vint à se demander s'il avait bien le droit de s'ériger en vengeur. Si la justice n'avait point trouvé le coupable, lui appartenait-il de le jeter entre ses mains, comme une proie ? Quel était le grand, presque l'unique motif de Posquères ? Il voulait que la famille de Montgrand, ruinée par le vol de Tiburce, retrouvât sa fortune. Sans doute, Ségaud avait été accusé, mais on avait oublié son nom dans le pays ; Ségaud changerait de situation. On lui offrirait un dédommagement. D'ailleurs, Ségaud serait consulté. Mme Refus était chrétienne... Tandis que Posquères cherchait la solution de ce problème, la voiture roulait rapidement ; elle entra dans Paris ; mais Remy ne crut pas nécessaire de le lui faire traverser. Il serra la main de Vulaines, en lui donnant rendez-vous pour le lendemain ; puis il monta dans un coupé, avec Ségaud et Polichinelle.

L'angoisse était grande dans le logis de Victoire.

Durant le jour, Mlle de Montgrand avait apporté ses consolations et ses promesses à la malade, et celle-ci les avait reçues avec reconnaissance : mais à mesure que s'écoulaient les heures, Victoire fermait les yeux afin de s'isoler davantage du monde extérieur et de concentrer tous ses sens pour apprendre plus vite le retour de son mari.

Les enfants se taisaient, et leur cœur se serrait. Les larmes qui roulaient sur les joues de leur mère leur révélaient assez son inquiétude.

Ils comprenaient qu'on ne toucherait point à ce souper avant d'avoir la certitude du retour de Ségaud.

Il reviendrait : Mlle de Montgrand l'avait promis. Seulement dans quel état reviendrait-il ? L'épreuve aurait-elle dépassé ses forces, et rentrerait-il chez lui plus brisé, plus morne, plus insensé que jamais ? Fallait-il croire à un prodige de la science, à un miracle de Dieu? Victoire joignait les mains et priait...

Enfin une voiture s'arrêta devant la porte; des pas rapides retentirent dans l'escalier, la porte de Victoire s'ouvrit, et Ségaud, pâle mais jouissant de la plénitude de sa raison, marcha droit au lit de sa femme, la prit défaillante dans ses bras, et répéta :

— Victoire! Victoire!

Il n'en dit pas davantage. Des sanglots, longtemps comprimés, débordèrent, et ce fut la tête penchée sur l'épaule de la malade qu'il laissa couler le torrent de ses pleurs.

Quand il s'arracha à l'étreinte qui brisait la pauvre femme, toute trace de folie avait disparu; la mémoire revenait pleine, lucide; il comprenait les mensonges généreux, les atténuations délicates. Il se souvint, mais il ne faiblit pas. Les deux mains tendues, il marcha vers Posquères et Xavier.

— Vous m'avez guéri, dit-il, bien guéri. Ne craignez rien; la crise est passée, et je me retrouve tout entier. Je suis Ségaud, l'étameur qu'on arrêta un soir pour le jeter dans une prison de Melun, je suis Ségaud que la peur d'être déshonoré rendit fou.

— Oui, répondit Posquères, vous êtes Ségaud, l'honnête homme; Ségaud, ce père éprouvé à qui nous avons voué amitié et protection.

— Et, demanda l'étameur, maintenant que vous m'avez sauvé, ne ferez-vous point davantage, ne ferez-vous point proclamer, plus haut que ne l'ont fait les juges, mon innocence suspectée? Ne trouverez-vous point le coupable, pour le traîner à son tour sur le banc de l'infamie?

— Peut-être, répondit Posquères.

La malade se leva.

— Non, dit-elle, quand Dieu nous aide et nous console, nous n'avons pas le droit de songer au châtiment d'autrui. Repousse toute idée de vengeance, mon cher homme; la Providence fait assez pour nous depuis quelques jours, montrons-nous reconnaissants.

— Tu ne comprends pas, tu ne comprends donc pas, fit Ségaud. Il y a un homme qui, une nuit, sur la route de Nanteuil, tua le notaire et lui vola six cent mille francs... Il ne doit pas rester impuni, ce misérable!

Victoire ne voulut point laisser Ségaud sous l'influence de ces sombres pensées. Elle groupa les enfants dans ses bras, et l'étameur, les trouvant si frais, si roses, se mit à sourire en les couvrant de baisers. Il tourna ensuite ses regards autour de la chambre, et il admira le mobilier de noyer, brillant et gai à l'œil. Enfin il aperçut le souper, et, se tournant vers le docteur et son ami :

— Vous feriez grand honneur à celui que vous venez d'appeler un honnête homme, si vous partagiez son pauvre souper.

Remy Posquères prit place à la table avec le docteur. Outre la satisfaction de causer une joie à ce malheureux qui avait si cruellement souffert, Xavier et son ami trouvaient dans l'invitation de Ségaud l'occasion de s'assurer d'une façon absolue de son entière guérison.

Pendant le repas, l'étameur se montra sinon gai, du moins d'une humeur sereine. La tendresse débordait de son cœur.

Il enveloppait de regards affectueux sa femme malade et ses enfants. Puis, comprenant à son tour que quelqu'un l'avait remplacé durant ses souffrances et qu'une créature éprouvée et méconnue n'avait reculé devant aucun sacrifice pour soutenir la famille privée de son chef, il tendit les bras à Polichinelle et la serra ardemment sur sa poitrine.

— Sans toi, nous étions tous perdus ! dit-il.

Les deux jeunes gens se retirèrent, et l'étameur resta au milieu de sa petite famille. Il avait pris deux enfants sur ses genoux ; le troisième s'assit sur le lit de la malade, et Polichinelle portait le dernier. Tant que dura leur babil, Ségaud ne se rassasia pas de les entendre. Mais, l'un après l'autre, ils s'endormirent, et Polichinelle les coucha. Elle-même allait se retirer dans le cabinet qui lui était réservé ; mais Ségaud lui dit d'une voix qu'elle n'avait jamais entendue retentir si douce à son oreille :

— Reste avec nous, Véronique.

Alors il fallut que, tour à tour, la petite bossue et Victoire recommençassent l'histoire du voyage de Melun à Paris, puis de l'installation dans un misérable grenier. Parfois Victoire interrompait sa fille, afin de donner à celle que l'on avait si longtemps méconnue des louanges qui la faisaient rougir, mais qui lui dilataient le cœur.

La mère la montra travaillant le jour et la nuit pour donner du pain à la nichée ; ensuite elle raconta comment l'enfant, en se précipitant sous les roues d'une voiture, afin de sauver un de ses frères, avait été rapportée comme morte. Toutes les améliorations survenues dans la situation des pauvres gens étaient donc l'œuvre de Polichinelle. Sans son courage, sans sa blessure, Mlle de Montgrand n'aurait point franchi le seuil de ces affligés, peut-être Posquères lui-même eût-il toujours ignoré qu'il avait pour voisins des gens tombés du malheur dans la misère. Oui, tous les adoucissements, toutes les consolations tombaient des mains de la petite disgraciée, de celle à qui l'on avait jeté la raillerie et l'insulte au visage!

Oh! combien, à cette heure, Victoire et Ségaud comprenaient leur injustice! Quels regrets faisaient monter des larmes dans leurs yeux! Avec quel amour ils attiraient tour à tour dans leurs bras celle qui avait été l'ange gardien des jours d'épreuve! Quant à elle, la petite bossue, la joie qui lui emplissait le cœur lui faisait presque mal. Elle n'avait qu'une crainte, celle de ne pouvoir s'accoutumer à la vie nouvelle qui lui était faite. Serrant à deux mains sa poitrine frêle, elle laissait rouler dans ses yeux de douces larmes que les baisers de sa mère étanchaient.

Enfin Ségaud se leva, grave, presque solennel :

Il s'agenouilla près du lit de sa femme, à côté de sa fille, et, d'une voix lente, car peut-être faisait-il un dernier effort pour retrouver les mots de la prière, il commença :

— *Notre père...* Vous avez remplacé celui que l'injustice des hommes ou plutôt leur erreur enlevait à ses enfants, et vous avez eu pitié des orphelins, comme vous gardez compassion des oiseaux sans nid... *Qui êtes aux cieux...* Oui, vous régnez là-haut, dans l'immensité, dans la gloire; mais la plénitude de votre puissance ne vous fait point oublier vos pauvres créatures... *Que votre nom soit sanctifié* par ceux qui sont dans l'allégresse et par ceux qui souffrent en unissant leurs épreuves à votre croix divine! *Que votre règne arrive!* votre règne de rémunération, de foi et d'amour... *Que votre volonté soit faite!* Vous m'avez éprouvé et rendu devant les hommes le dernier des êtres. Je ne me révolte point contre l'épreuve. Vous étiez le maître de m'humilier, pour me rapprocher davantage de vous. *Que sur la terre comme au ciel* les saints, les anges et les hommes vous obéissent sans murmure... *Donnez-nous aujourd'hui notre pain quotidien*, aujourd'hui et tous les jours, Seigneur, le pain des enfants et le pain de l'âme, la nourriture du corps et la lumière de l'esprit... *Pardonnez-nous nos offenses comme nous pardonnons...*

Ségaud s'arrêta; puis, après une minute de silence, il murmura :

— Je ne puis pas, non, je ne puis pas encore pardonner à l'assassin de M⁰ Refus, au voleur de la fortune du comte de Montgrand.

Victoire et Polichinelle baissèrent la tête, ajoutant à voix basse les mots de la prière que Ségaud refusait de prononcer.

Léopoldine leva sur Rémy des yeux inquiets. (Voir page 206.)

## CHAPITRE XVIII

### LIONNE BLESSÉE

Il pouvait être onze heures du matin, quand Remy Posquères, grave comme un juge, se dirigea vers l'élégant appartement de la rue Laffitte.

Chez une autre femme, le critique ne se serait point présenté à une heure semblable; mais Léa recevait volontiers le matin. Elle s'occupait de sculpture jusqu'à midi, et il ne lui déplaisait point de causer pendant qu'elle maniait la glaise. Elle assurait même trouver, dans un entretien spirituel, un excitant utile, et réussir beaucoup mieux une statuette ou un portrait, quand elle ne se trouvait pas seule. Du reste, même en dehors de cette considération, ce que Posquères avait à apprendre à Léa était assez grave pour qu'il se crût le droit de passer par-dessus des considérations de légères convenances.

Au moment où il demandait si Mlle Danglès pouvait le recevoir, Léopoldine des Genêts traversait l'antichambre.

— Entrez dans le salon, lui dit Léopoldine, Mlle Léa ne tardera point à descendre.

— Travaille-t-elle?

— Non, elle essaye des robes.

— Accordez-moi donc un moment d'entretien, fit Remy.

Léopoldine accompagna Remy. Le son de voix du critique l'avait frappée; l'expression austère et douloureuse de son visage lui révélait que Remy souffrait cruellement, et la chère créature se demandait ce qu'elle pourrait dire pour consoler un peu celui qui lui avait témoigné de la sympathie, presque de l'amitié.

— Mademoiselle, lui dit Remy, vous m'avez promis d'avoir confiance en moi et de suivre mes conseils; et, si je croyais de mon devoir de vous en donner un...

L'heure est venue pour vous de quitter cette maison, où peut-être il eût mieux valu que vous ne fussiez point entrée, mais dont votre candeur ne vous a permis de deviner ni les dangers ni les souillures. La foudre va tomber sur cette demeure et sur ceux qui l'habitent, et je ne veux point qu'un seul de ces débats vous afflige. Si je vous disais de quelle chose horrible, épouvantable, il s'agit, vous vous croiriez peut-être obligée d'y rester afin de prodiguer des consolations ou de partager une épreuve. Ne le faites point, mademoiselle, votre réputation en pourrait souffrir; estimez-moi assez pour me croire. Voici une lettre d'introduction pour la comtesse de Montgrand. Soyez certaine qu'elle ne protestera point ma signature. Acceptez l'hospitalité qui vous sera certainement offerte, et dont vous userez peu de temps, si vous le voulez. Dès que vous serez installée chez mes protecteurs et mes amis qui vont devenir les vôtres, nous causerons de votre avenir, de cet avenir dont vous paraissez douter, et que Dieu rendra, je le crois, heureux et paisible. Ferez-vous ce que je vous conseille?...

Léopoldine leva sur Remy des yeux inquiets.

— Que va croire Mlle Danglès de ce départ précipité? Ne vais-je point la laisser dans un grand embarras. Elle ne saurait tenir seule une maison dont je suffis à peine à surveiller la dépense, car vraiment, ici, je suis autant femme de charge que demoiselle de compagnie.

— Pour quelle fête Léa prépare-t-elle une toilette?

— Pour le bal de demain.

— Un bal qui doit se donner ici?

— Oui, n'êtes-vous point invité?

— Je suis toujours invité chez les Danglès... Seulement, le bal n'aura pas lieu.

— Tenez, monsieur Posquères, quoi que vous disiez, et je crois sincèrement que vous avez raison, il m'en coûtera grandement de faire ce que vous me conseillez... Depuis longtemps, je prévois ce que vous m'annoncez, une catastrophe... Mais il n'entre point dans mon caractère de déserter un poste, sinon d'honneur, du moins de pitié. On pleurera dans cette maison, donc j'y serai nécessaire. Léa ne m'aime pas, parce que Léa n'aime véritablement qu'elle-même, mais le peu d'affection qu'il lui est possible de vouer à une femme, elle me le donne. Vous parlez de ma réputation. Eh! qui donc se préoccupe de Léopoldine des Genêts?... D'ailleurs, dans le malheur qui arrive, mon nom ne sera point prononcé. L'humilité de mon rôle me préserve de tout retentissement. Enfin, monsieur Posquères, en fût-il autrement, nul que moi n'en pourra souffrir. Nul ne me demandera compte d'une imprudence généreuse. Ceux qui me prendront plus tard pour institutrice ou pour demoiselle de compagnie s'inquiéteront peu de savoir si j'ai essuyé quelques pleurs.

— Vous vous trompez, mademoiselle, répondit Remy Posquères, il est une personne qui pourra vous demander compte un jour de dévouements imprudents : ce sera votre mari !

Léopoldine leva les yeux sur Remy ; puis, toute rougissante, elle reprit :

— Je vous ai donné, il y a longtemps déjà, ma parole de suivre vos conseils ; cette parole, je suis prête à la tenir ; mais si Léa...

— Si Mlle Danglès s'étonnait de votre départ, je lui apprendrais que le conseil vient de moi.

En ce moment, un bruit léger de soie bruissante se fit entendre.

Après ce qui venait d'être convenu entre elle et Remy, Mlle des Genêts eût souffert de se trouver en face de Léa. Elle s'éloigna sans bruit, et les épaisses portières étaient retombées derrière elle quand Léa fit son entrée dans le salon.

La jeune fille était sous les armes, c'est-à-dire prête à recevoir. Vêtue de cachemire et de soie, souriante et fière tout ensemble, elle apparut à Posquères dans une sorte de demi-jour qui la rendait encore plus belle. Elle paraissait si sûre d'elle-même et de son bonheur que le jeune homme se prit à trembler à la pensée de ce qu'il avait à dire. Cependant à qui parler, sinon à elle? Quelle créature pouvait conserver de l'empire sur Tiburce, sinon la sœur, dont il avait fait sa complice sans qu'elle s'en doutât. Depuis que Remy l'avait demandée en mariage, Léa éprouvait à l'égard de Posquères une sorte de défiance. Elle ne lui pardonnait point ce qu'elle appelait son audace. Elle redoutait toujours qu'il renouvelât une tentative inutile.

Ce matin-là, le voyant pâle et devinant qu'une grande émotion l'agitait, elle se demanda s'il ne tenterait point de lui arracher un consentement, et son sourire garda quelque contrainte.

— D'abord, lui dit-elle, je vous remercie de votre nouvel article.

— Il est déjà vieux, répondit Posquères.

— Oh! la reconnaissance reste toujours jeune, dit Léa. Vous êtes un critique d'un goût délicat, et vos appréciations font autorité dans le monde artistique et dans le monde littéraire.

— Mademoiselle, dit Posquères en s'efforçant d'étouffer l'émotion qui s'emparait de lui, ce n'est point le juge de vos œuvres qui va vous adresser une question, mais celui qui fut votre ami le plus sincère...

— Qui fut? répéta Léa. Vous avez donc cessé de l'être?

— Vous le croirez peut-être dans une heure.

— Mais il n'en est rien, je l'espère.

— Il en sera du moins ce que vous voudrez.

— J'attends votre question...

— Avez-vous trouvé, dans le succès improvisé qui vous a saluée comme une étoile, les joies que vous attendiez? Votre cœur ne souffre-t-il jamais d'un vide étrange? Le bruit vous suffit-il, à vous, quand toute âme humaine éprouve un pressant besoin de solitude? Vous trouvez-vous enfin complètement heureuse?

— Mon Dieu, fit Léa, votre demande est complexe et bizarre. Privée du bruit qui m'entoure, des louanges que j'entends, de mes succès d'orgueil, succès frelatés parfois, je le veux bien, mais qui me sont nécessaires, je suis certaine que je ne pourrais plus vivre.

— Écoutez-moi, écoutez-moi bien, reprit Posquères, la vie n'est pour personne une série de fêtes, une succession de triomphes. Pour tous sonnent des heures d'échéances fatales, pendant lesquelles Dieu nous demande des comptes sévères... Nous devons toujours les attendre, ces heures-là, et forcément il nous faut les subir avec résignation ou dans un paroxisme de rage. Qu'importe! Nous sommes jetés à terre et nous nous débattons comme des tronçons de serpent, saignant sur la terre humide... Vous êtes belle, Léa, vous avez vingt ans, une beauté incontestable, un talent reconnu, le monde vous fait fête... N'écoutez plus le monde, Léa, cachez-vous dans l'ombre, le malheur vient, le malheur est venu..

— Vous m'effrayez... dit Mlle Danglès, car enfin vous ne voudriez pas vous jouer de moi.

— Non, pauvre enfant, et la dernière preuve de ma sollicitude est que je m'adresse à vous à cette heure, au lieu de me rendre...

— Où donc? demanda Léa.

— Chez le procureur de la République, répondit Remy Posquères.

— Parlez, mais parlez donc ; vous inventez pour moi une farce lugubre ou vous avez votre part dans un drame poignant.

— Oui, Léa, un terrible drame.

Remy regarda la jeune fille en face, afin de juger sur son visage de la véracité de ses réponses.

— Léa, vous êtes-vous jamais demandé quelle était la source de la fortune de votre frère ?

Mlle Danglès respira longuement.

— Vous m'avez réellement fait peur, monsieur Posquères! Vous parlez de théâtre : une scène pareille, dans un drame, serait d'un effet énorme, colossal ; il ne faudra pas manquer de l'employer... La fortune de mon frère? C'est bien simple, allez; une activité incessante, une intelligence rare et une bonne dose d'ambition. Puis, le succès lui venant en aide, il a rapidement gagné quelques centaines de mille francs.

— Je ne parle point du présent, Léa. En effet, nous savons tous que votre frère a été bien servi par le hasard dans ses opérations de Bourse. Mais il y a trois ans, quand M. Tiburce entra dans les affaires...

— Il y a trois ans, répéta la jeune fille, eh bien! Tiburce avait ma dot et la sienne, cinquante mille francs, que nous avons gaiment jeté dans les frais d'une installation respectable. Que voulez-vous? j'ai confiance dans son étoile.

— Votre mobilier vaut plus du double; mais n'importe! Et après?
— Après, quoi?
— Je comprends que votre installation ait coûté cher; mais les deux dots dépensées, où votre frère a-t-il trouvé de l'argent pour fonder sa maison de banque?
— Mon Dieu, fit Léa, ce n'est un mystère pour personne. Notre père est pauvre, et sa pauvreté est assez un brevet d'honneur pour que nous n'en rougissions pas... Tiburce n'avait donc d'autre apport social, dans la maison de banque, que ses talents et son génie des affaires. Un de ses amis avait, lui, sept cent mille francs, mais nulle aptitude. Les capitaux se balançaient, et tous deux s'associèrent.

Léa répondit ces choses avec une franchise parfaite. Évidemment elle croyait ce qu'elle disait.

Remy sentait diminuer son courage; et cependant il fallait parler. L'heure était venue de se montrer, sinon implacable, du moins sévère.

— Oui, vous avez cru cela, fit-il, vous avez dû le croire. Vos défauts ne vous ont rendue ni fourbe ni... Vous êtes de bonne foi, et je vous demande pardon du mal que je vais vous faire... Mais si quelqu'un peut encore conjurer l'orage et détourner un malheur, c'est vous, Léa! et c'est pourquoi je m'adresse à vous seule... Tiburce vous a trompée, en vous affirmant qu'il ne faisait point d'apport social. Il a versé six cent mille francs.

— Six cent mille francs! Qui les lui a prêtés?
— On ne les lui a point prêtés, Léa.

Posquères tira de sa poche le carnet bleu dont il avait coupé la pochette.
— Connaissez-vous ce petit portefeuille?
— Je l'ai jadis donné à mon frère.
— Et cette lettre?
— Je l'ai écrite à Tiburce. Comment cette lettre et ce carnet se trouvent-ils entre vos mains?

— Le portrait que je vous ai montré, ce portefeuille et cette lettre ont été trouvés par moi dans un fossé, sur la route de Lusancy à La Ferté, et les taches rouges que vous voyez sur le maroquin bleu furent produites par le sang d'un chien à qui l'on venait de couper la gorge... Je pansai le chien et je l'emmenai... Je regardai plus d'une fois le portrait, mais je me trouvais à la veille d'un départ; le temps me manquait pour faire des recherches; je jetai dans le tiroir d'un meuble renfermant les objets les plus divers le portrait et le petit portefeuille, et, il y a quelques jours seulement, j'ai coupé cette pochette afin de m'assurer si elle on c tenait des papiers. J'ai trouvé cette lettre commençant par : « Mon cher Tiburce », et se terminant par ce nom : « Léa ». Désormais, j'en savais assez...

— Eh bien! fit Léa, que savez-vous? Car je ne comprends pas, moi, vous parlez par énigmes. Qu'est-ce que ce chien mort, cette lettre et ce portrait ont à faire avec la maison de banque *Tiburce Danglès et C<sup>ie</sup>*?

— C'est que, reprit Posquères dont la voix devenait plus sourde, le chien dont on venait de couper la gorge appartenait au notaire de Nanteuil.

— M. Antoine Refus!

— Oui. Comprenez-vous, maintenant?

— Non, répondit Léa, non, je ne comprends pas!

Elle ne mentait point, elle ne comprenait pas encore, mais elle avait peur de se trouver en face d'un effroyable mystère. Le son de voix de Remy s'imprégnait d'une telle compassion qu'elle devait s'attendre à une révélation dépassant tout ce que son imagination aurait pu inventer.

— Il faut tout vous dire pourtant... Vous possédez un caractère énergiquement trempé, et vous seule, Léa, pouvez peut-être conjurer le dernier des malheurs.

— Apprenez-le-moi donc tout de suite, dit Léa en éclatant. Quelle est cette catastrophe dont vous me menacez? que dois-je faire, et qu'est-ce que je puis redouter? Car, enfin, vous parlez par énigmes, monsieur Posquères. Je tremble, et vos réticences me font l'effet des flèches lancées par les *banderillos* à une course de Madrid. Êtes-vous satisfait de l'effet produit, dramaturge? Et me direz-vous enfin...

— ... ce qui se passa par une soirée du mois d'octobre 1894? Oui, Léa...

— Une soirée d'octobre, répéta-t-elle comme en rêve.

— Ce jour-là, reprit Posquères, dont la tête s'était baissée, et dont la voix s'assombrit encore, le notaire de Nanteuil devait apporter au comte de Montgrand les six cent mille francs, prix de la vente du château et des terres et bois environnant le *Château des Abymes*... Il faisait une nuit un peu froide, tantôt sombre et tantôt lumineuse, selon que les nuages découvraient ou voilaient une lune d'argent. Le comte fit appeler votre frère et le prévint du changement que la vente du château allait amener dans la famille... Avant huit jours, elle serait installée à Paris... Votre frère allait se trouver sans emploi... Avant de s'en séparer, M. de Montgrand lui offrit une indemnité légère, puis il le pria, durant les jours qui allaient suivre, de ranger et d'emballer ses livres. Votre frère promit de s'en occuper le soir mêm... Retenez bien ceci, Léa; car, dans cette affaire, les plus petits détails ont leur importance... Enfin, au moment où Tiburce allait remonter chez lui, le comte le chargea de prévenir le vieux Mathias que le notaire allait venir apporter au château le produit de la vente des *Abymes*... Tiburce s'acquitta de sa commission, puis il remonta dans sa chambre, en descendit bientôt, traversa le jardin, gagna la petite porte du parc, prit à travers les champs, et, se cachant dans un fourré, il attendit le notaire...

Léa ne disait rien. Les yeux fixes, les lèvres serrées, le front blême, elle écoutait, et, à mesure que le jeune homme avançait dans son récit, on pouvait deviner qu'elle coordonnait dans sa tête les événements que Remy rétablissait dans un ordre logique.

— Antoine Refus n'était pas armé. Il se commet rarement des crimes dans ce pays; son chien Pluton l'accompagnait, et Pluton, croyait-il, valait bien un revolver. Avec une violence et une rapidité contre lesquelles il était impossible de se défendre, un homme s'élança sur M. Refus et le frappa de deux coups de couteau... Le notaire tomba comme foudroyé. Mais Pluton était là, Pluton le brave chien résolu à venger son maître. A son tour il bondit sur l'assassin, et, saisissant une de ses mains entre ses crocs aigus, il la mordit d'une façon terrible... Une seconde après, Pluton râlait la gorge ouverte au fond d'un fossé où votre frère le traîna... Plus tard, sur la route déserte, il ne restait qu'un cadavre étendu au travers du chemin, ce cadavre que l'étameur releva pour le placer dans sa voiture, ce cadavre que l'assassin avait pris soin de dépouiller avant de l'abandonner... Presque à la même heure, je quittais les *Abymes* après avoir passé la soirée avec le comte et la comtesse de Montgrand. Comme je redescendais vers La Ferté, j'entendis des cris plaintifs, je descendis de voiture, et, me guidant d'après les gémissements, je trouvai Pluton dans le fossé. Je le sauvai. Les bêtes sont des créatures de Dieu, et les chiens nous sont fidèles. Mais je ne trouvai pas seulement Pluton au fond du fossé, je relevai aussi ce carnet bleu que votre frère avait perdu, ce carnet renfermant une de vos lettres et votre portrait...

— Je fais un rêve, un rêve épouvantable, dit Léa d'une voix sans timbre. Vous me promenez au milieu d'un cauchemar horrible. Vous évoquez des visions sanglantes... Mais je ne sais pas pourquoi je vous écoute, je ne sais pas pourquoi je prête l'oreille à cette conception atroce, aux déductions de cette prétendue logique... Que peut avoir de commun mon frère avec la mort de M. Refus? Ségaud fut arrêté; si on le relâcha faute de preuves, ce n'est pas une raison pour qu'il ne fût point coupable.

— Ségaud était pauvre, et il est resté pauvre ; Ségaud ne portait point sur lui une égratignure, et rien n'indiquait qu'il eût subi une lutte mortelle... Mais à l'heure où, le cadavre de Refus étant apporté chez le comte de Montgrand, votre frère fut appelé pour prendre part à cette veillée funèbre, sa main gauche était enveloppée de linges sanglants.

— En effet, le battant d'une armoire...

— L'armoire dont il s'agit, ou plutôt la bibliothèque n'a point des panneaux d'un poids tel qu'ils puissent écraser la main d'un homme... Examinez d'ailleurs les caractères de la cicatrice que garde votre frère, et vous y trouverez l'empreinte des crocs aigus de Pluton...

— Je n'ai pas vu, je ne sais pas ! reprit Léa.

— Votre frère vint à Paris ; il avait assassiné, puis volé le notaire, ou plutôt dépouillé le comte de Montgrand afin de s'assurer tout de suite une facile existence. Votre frère ne pouvait accepter l'idée de suivre la voie de l'honnête Jean Danglès. Il lui fallait tout de suite du luxe et des jouissances. Mais s'il était affamé de vivre comme la plus folle jeunesse de Paris, il gardait assez de prudence pour comprendre que le changement rapide de sa situation devait au moins se motiver. La Bourse, les affaires lui offraient un moyen sûr de suivre ses penchants, sans danger d'éveiller les soupçons. Le hasard lui fit rencontrer un garçon riche et inoccupé. Pour tout le monde, Danglès mit dans la communauté d'intérêts son intelligence et sa capacité ; mais, en réalité, il versa six cent mille francs.

— Cela ne peut être, fit Léa. Six cent mille francs !

— J'ai la copie de l'acte notarié, fit Remy en tirant un papier de sa poche. Léa se leva, le regard flamboyant, le mépris aux lèvres.

— Ah! fit-elle, vous possédez cette pièce, et sans nul doute elle vous a coûté cher... Ah! vous avez refait à votre guise la procédure de cette sombre affaire, et vous tenez lieu maintenant à la fois des magistrats et des gens de la police... Ne voilà-t-il pas un beau rôle en vérité, et croyez-vous que je sois assez niaise pour ne point comprendre le but que vous vous proposez ? En vérité vous êtes habile, et vous avez tout prévu, ce vous semble. Le *scenario* d'un drame ne serait pas mieux charpenté .. les six cent mille francs, la blessure à la main... Et vous venez me dire tout cela, à moi, une femme... Ah! quel misérable rôle vous jouez, monsieur Posquères ! Prendre une femme par la terreur, obtenir de ses angoisses ce qu'elle vous refusa dans la plénitude de sa liberté, venir, la menace dans le cœur, sinon sur les lèvres, lui imposer une volonté odieuse ; que tout cela est vraiment digne de vous! Et j'ai pu, sinon vous aimer, du moins vous honorer dans le fond de ma pensée! Je vous considérais comme un de ces hommes trop rares dont nul ne peut mettre l'honneur en doute. Vous me sembliez loyal et bon. J'éprouvais presque un regret de ne point croire que vous pourriez me rendre heureuse, et il n'est pas certain que la tristesse ne m'ait point poigné le cœur, le jour où je vous refusai pour mari, afin d'attendre ma chimère.

— Vous pourriez croire! s'écria Remy.

— Laissez-moi poursuivre, dit Léa d'une voix sèche et insultante, j'ai bien eu la patience de vous entendre. Vous vous êtes dit un matin : cette créature si fière, cette femme qui me dédaigne, me suppliera un jour d'accepter cette main qu'elle m'a refusée... Je la placerai entre la crainte de la flétrissure de toute sa famille et l'abandon de ses rêves. Je lui ferai croire qu'il m'est possible d'envoyer son frère à l'échafaud, et non seulement elle m'acceptera pour mari, mais elle me bénira comme son sauveur. Voilà ce que je ferai, moi, Remy Posquères... Et vous avez fouillé, cherché, imaginé, recueilli des choses sans nom, et vous voilà ce matin devant moi, tremblant comme un coupable et pâle comme un mort, ne sachant plus comment boire la coupe de honte que vous approchiez de mes lèvres...

— Oh! folle! folle! répéta Remy en secouant la tête.

Après sa sortie violente, Léa s'attendait à une réplique plus terrible encore, mais Remy secouait la tête et se contentait de la plaindre, et cette compassion lui semblait plus effrayante que ne l'eût été sa colère.

Du reste, elle venait de jeter dans des phrases incohérentes toute son ironie, toute sa rage et toute sa terreur. Elle parlait, elle criait, elle riait, comme les gens pleins d'une terreur dont ils ne sont pas maîtres. Le silence de Remy l'exaspérait. Elle avait besoin d'entendre sa voix, elle avait besoin qu'il lui rendît ses injures. Rien ne l'épouvantait plus que le calme qu'il conservait.

— Mais défendez-vous donc! lui dit Léa en s'approchant presque menaçante.

— Pauvre fille, dit Posquères, vous vous méprenez d'une façon étrange... Je ne viens ici ni pour supplier ni pour menacer, je ne demande rien pour moi, de même que je n'ai rien à craindre... Et voulez-vous savoir pourquoi, Léa? C'est parce que je ne vous aime plus...

Léa se mit à rire.

— Déjà! et vous auriez voulu me faire croire...

— J'étais sincère, et j'ai souffert de votre refus, mais je suis fier, et votre dédain immérité me blessa d'une façon cruelle. Vous eûtes raison, cependant, d'être franche, et, si dans mon cœur le sentiment que vous avez dédaigné est mort, il me reste assez de pitié pour que, sachant bien comment je serais accueilli, j'aie mieux aimé subir votre colère et vos insultes que de vous atteindre dans l'ombre, en frappant tout de suite votre frère... Je ne vous aime plus, cela est bien vrai, mais j'ai le  eg et des sentiments éteints, et je vous le prouve à cette heure.

— Vous ne m'aimez plus... Vous me haïssez donc?

— Pas davantage. La haine est le vice des cœurs qui ne sont pas assez forts pour le pardon. Je remplis un devoir, je suis un mandataire, voilà tout.

— Un devoir! En recueillant contre Tiburce tout ce qui pourrait, je ne dirai point prouver qu'il est coupable, mais permettre d'élever un soupçon contre lui, vous croyez donc remplir une mission?

— Oui, Léa.

— Et pouvez-vous me faire juge de son importance.

— Savez-vous à qui je dois mon instruction, mon talent, ma fortune?

— Aux de Montgrand, répondit Léa; vous tirez vanité de la médiocrité de votre famille, de votre fortune...

— Tant d'autres font autrement, Léa, qu'il ne faut peut-être pas trop accuser les humbles. Eh bien! je me suis dit que pour moi c'était un devoir de rendre à cette famille le bien qu'elle m'a fait, les services qu'elle m'a rendus. Je ne veux pas que Tancrède de Montgrand soit pauvre, je ne veux pas...

— ... que Paule de Montgrand manque de dot, puisqu'après l'avoir faite riche vous songerez à l'épouser.

— Léa! fit Posquères, vous lassez ma miséricorde et ma patience. Paule! moi, songer à faire ma femme de Paule de Montgrand, cette sainte que Dieu garde pour lui? Mais vous ne comprenez donc ni la reconnaissance, ni l'admiration, ni la pureté? Votre cœur de jeune fille est donc déjà gangrené sans retour? Et vous avez entendu débattre tant d'intérêts sordides que vous ne comprenez plus le désintéressement! Il faut bien que vous y croyiez, cependant, malheureuse fille, car je n'aspire point à l'honneur d'obtenir pour femme Mlle de Montgrand, et je n'ai jamais songé à tirer vengeance de votre mépris. Écoutez-moi pour la dernière fois, Léa, je vous en supplie; je suis ici pour vous seule, et, si vous me laissez partir, c'en est fait de vous tous, je le jure... Je ne puis rendre la vie à l'homme assassiné par votre frère... Quand un jury condamnerait Tiburce à l'échafaud, Mme Refus n'en serait pas moins veuve, et, je vous l'ai dit, ce que je veux, c'est non pas une vengeance, mais une réparation... Ce que je viens de vous dire, vous le répéterez à votre frère...

— Moi! moi! s'écria Léa; mais vous voulez donc qu'il me tue?...

— Il ne vous tuera point, il ne vous menacera même pas. Vous lui expliquerez posément ce que je viens de vous révéler, et vous ajouterez : Restitue au comte de Montgrand les six cent mille francs, plus l'intérêt de ladite somme pendant trois années, et M. Posquères se taira.

— Et s'il refuse?

— J'agirai.

— Vous le dénoncerez?

— Je le dénoncerai.

— C'est impossible, s'écria Léa, et mon père...

— Votre père est un honnête homme, on le plaindra.

— Vous oubliez le déshonneur.

— Rappelez-vous Ségaud.

Léa sentit fléchir son orgueil. Elle se rapprocha de Posquères, les mains jointes, enfiévrée; puis, se laissant glisser sur ses genoux :

— Grâce, dit-elle, grâce! ayez pitié de moi... Je suis une fille sans cœur, et je vous l'ai prouvé. Je ne vis que pour et par l'orgueil; je mourrai, je me tuerai, si vous faites rejaillir de la boue sur moi... Ayez pitié, monsieur Posquères! Je ne suis pas criminelle, je ne savais pas... Vous ne pouvez mentir... Cela est horrible de croire Tiburce coupable d'un crime, mais j'ai tellement peur que mon propre effroi ressemble à une révélation... Ne le dénoncez pas, ne parlez pas! Je ne toucherai plus à son argent dont la source est maudite; je gagnerai ce qu'il faut pour mes dépenses; si vous l'exigez, je retournerai près de mon père.. Ce n'est pas possible que vous me dédaigniez aujourd'hui, après avoir eu l'idée de faire de moi votre femme... Si vous oubliiez mes refus et mes folies, mes dédains et tout ce qui vous froissa jadis...

— Léa, dit Posquères, je vous plains du fond de mon âme et je ne me souviens plus que d'une chose : J'ai juré de faire restituer au comte de Montgrand la fortune qui lui a été volée, et je parviendrai à mon but.

— Sans pitié! vous êtes sans pitié! répéta Léa en se tordant les mains.

Puis elle tomba défaillante sur le divan, tandis que Léopoldine, attirée par ce cri déchirant, se précipitait pour lui prodiguer des secours.

LE CHATEAU DES ABYMES

Léa tomba à genoux, s'humiliant devant son frère. (Voir page 224.)

## CHAPITRE XIX

## FRÈRE ET SŒUR

— Je ne puis pas, non, je ne puis pas l'abandonner en ce moment, dit Léopoldine, dont les grands yeux se fixèrent sur Remy, comme pour lui demander pardon de ne point tenir la promesse qu'elle lui avait faite.

— Chère créature, lui répondit Posquères, vous écoutez maintenant votre cœur et vous n'avez pas tout à fait tort. Dans une heure vous suivrez les conseils que je vous ai donnés, et vous aurez raison... Au revoir, mademoiselle des Genêts, Dieu veuille que Léa puisse pleurer !

Remy se retira lentement et rentra rapidement chez lui. Il lui fut impossible de se mettre au travail. Devant ses regards, il revoyait Léa, cette fière Léa prosternée à ses pieds, le suppliant de ne pas déshonorer son père et elle-même en révélant le crime de Tiburce. Mais comme il le lui avait dit, Posquères ne gardait pas de rancune au fond de son âme, et, dans ce qu'il faisait en ce moment, il voyait l'accomplissement d'un devoir. Cependant, pour être impérieuse, cette obligation n'en était pas moins difficile, et il fallait que Remy eût grandement à cœur de prouver sa reconnaissance aux Montgrand pour aller plus avant dans la voie qu'il suivait.

Tandis qu'il se demandait comment allait finir ce drame de famille, Léa Danglès revenait lentement au sentiment de la vie. Mlle des Genêts la serrait dans ses bras avec un geste à la fois tendre et fort. Sans lui parler, elle lui commandait le courage. Léa se souleva sur le divan et jeta un long regard autour d'elle.

— Il est parti, n'est-ce pas ? demanda-t-elle.

— Oui, mademoiselle.

— Ah ! s'écria Léa en se tordant les mains, j'aurais pu être bien heureuse ! Quel cœur, quelle énergie, quelle grandeur dans les sentiments de cet homme, et qu'auprès de lui je me sens faible et lâche ! Je répétais que dans la vie je voudrais marcher libre et commander : le bonheur, c'est d'obéir, peut-être... Comme il m'a traitée, comme il a rejeté loin de lui le rêve d'autrefois que j'ai pris tant de peine à refouler dans son cœur !... Et pourtant sa pitié se mêlait encore à l'expression de son blâme, il souffrait de me voir souffrir... En agissant comme il fait, il croit remplir un devoir, et Remy Posquères est l'homme du devoir.

Léa resta un moment absorbée dans le sentiment de la douleur qui l'envahissait; elle cacha son visage dans ses mains, puis elle éclata en sanglots.

Il ne restait rien, en ce moment, de cette jeune fille fière jusqu'à l'audace, et qui se croyait tout permis, à l'abri des privilèges de la beauté et du talent. C'était une créature brisée, anéantie, tombant du sommet de ses rêves d'orgueil, non pas sur la terre, mais dans la fange. Elle pleurait comme une enfant, avec des soubresauts et des spasmes. Elle sentait que la vie se brisait en elle, tandis que sa douleur éclatait avec une violence imprévue.

Léopoldine restait là sans parler, ne trouvant rien à dire pour calmer une souffrance dont elle ignorait l'origine. Elle considérait Léa avec une compassion étrange. Elle s'étonnait de voir réduite à une telle misère morale celle que, sans le vouloir peut-être, elle avait un moment enviée.

Quelle jeune fille, dans la situation précaire de Léopoldine, ne peut et ne doit souffrir, en dépit de sa résignation, quand elle compare sa vie de sujétion, de pauvreté, à cette autre vie qui s'épanouit près de la sienne? Sans doute, Léopoldine était trop chrétienne pour ne point se résigner à suivre la voie que Dieu lui traçait; mais quand elle voyait Léa dans tout l'éclat de la parure, Léa environnée d'hommages, elle songeait, en dépit d'elle-même, qu'elle aussi avait vingt ans et qu'elle était belle!

Enfin la crise de larmes de Mlle Danglès se calma, ses sanglots s'apaisèrent, elle étouffa ses derniers soupirs et se releva avec la lenteur d'une créature qui conserve à peine la force de se soutenir.

— Léopoldine, fit Léa d'une voix tremblante, vous devez penser que je suis atteinte de folie, n'est-ce pas?

— Non, mademoiselle, mais je vous crois malheureuse.

— Dans les premières paroles que vous avez prononcées en accourant près de moi, j'ai cru comprendre que vous aviez promis de quitter cette maison.

— Cela est vrai.

— Pourquoi m'abandonnez-vous?

— Je suis le conseil de M. Posquères.

— Il est donc assez votre ami pour vous en donner.

— Je le crois assez homme d'honneur pour n'en donner que de bons.

— Vous avez raison, fit Léa; mais n'a-t-il pas motivé ce conseil?

— Non, mademoiselle.

— Suivez-le, oui, suivez-le, mademoiselle des Genêts; je suis désormais perdue, bien perdue, maudite de Dieu, en attendant d'être maudite par les hommes.

— Non, non, cela n'est pas! s'écria Léopoldine en prenant dans ses mains les mains glacées de Mlle Danglès. Nous ne pouvons ni diriger ni changer l'opinion des hommes, ils sont libres de nous fuir, de nous calomnier, mais Dieu! Dieu ne maudit aucune des créatures qu'il fit à son image. J'ignore la cause de votre angoisse, je la crois terrible, aussi terrible peut-être que celle dont moi-même j'ai souffert; mais loin de désespérer, à l'heure d'une épreuve ressemblant à un martyre, je me suis jetée dans les bras paternels du Dieu qui console de tout, Léa! Vous avez eu un grand malheur, celui de n'avoir point été élevée dans un couvent. Vous y eussiez appris la prière et la foi, et l'humilité vous fût devenue plus facile. Mais, à quelque heure que vienne la douleur, c'est l'heure où le Seigneur nous attend et nous appelle, c'est l'heure de la miséricorde infinie...

— ... ou de la damnation éternelle! répondit Léa.

Mlle des Genêts l'enveloppa de ses bras.

— Tenez, dit-elle, jusqu'à ce jour je n'avais pu beaucoup vous aimer; nos situations se trouvaient trop disparates, nos pensées suivaient des pentes trop diverses pour que mon cœur s'attachât au vôtre. D'ailleurs, qu'aviez-vous besoin de l'amitié d'une pauvre fille comme moi? Vous viviez dans un tourbillon de plaisirs, vous respiriez au sein d'un nuage d'encens, et les satisfactions de votre orgueil vous empêchaient de vous apercevoir du vide qui se creusait dans votre âme. Mais, à présent que vous souffrez, les flatteurs d'hier sont loin... Devant aucune des femmes frivoles dont s'encombraient vos salons, vous n'oseriez pleurer peut-être, tandis que vous le pouvez devant moi... Léa! Léa, voulez-vous une sœur dans votre détresse?...

Une étreinte passionnée répondit aux paroles de Mlle des Genêts, puis Léa murmura :

— Ce n'est pas moi que Remy Posquères aurait dû chérir. c'est vous !

— Vous ne m'avez pas dit si vous acceptiez?...

— Votre dévouement, généreuse fille? Pour une heure, peut-être; car en ce moment je ne me sens pas le courage de rester seule; j'aurais peur de voir des fantômes... Mais tout à l'heure, quand... quand mon frère sera rentré, alors laissez-moi, Léopoldine, quittez cette maison qui croule et une malheureuse qui demain, pauvre et peut-être flétrie, ne saura plus où aller cacher sa honte.

— Vous prononcez là d'horribles paroles, s'écria Léopoldine, vous devez exagérer le malheur qui vous atteint. Je vous connais trop pour vous croire capable d'une faute. A défaut de vertu, l'orgueil vous aurait sauvée.

— On porte souvent le fardeau d'autrui, répondit Léa. Restez ici jusqu'à la rentrée de mon frère; après, je ne vous retiendrai plus... Puis-je savoir où vous irez?

— Provisoirement chez la comtesse de Montgrand.

— Toujours les Montgrand! répéta Léa avec amertume.

Elle reprit d'une voix moins dure :

— Vous y serez bien, la comtesse est bonne, sa fille est un ange... Oh ! ces Montgrand, pourquoi les avons-nous connus?

Léa ôta de son cou une croix d'or byzantine d'un remarquable travail, et, la tendant à Mlle des Genêts :

— Gardez ceci en souvenir d'une heure qui m'a révélé les exquises qualités de votre âme... Comme vous m'auriez fait du bien, si je vous avais mieux connue ! Mais je croyais n'avoir pas besoin d'être aimée, et je ne savais pas qu'on en viendrait à me plaindre...

Léa parla longtemps, doucement, sans amertume. Elle semblait même trouver un soulagement dans cet épanchement qui devenait humble et familier.

Deux heures se passèrent de la sorte, et, chaque fois que sonnait la pendule, Léa tressaillait. Quand Tiburce rentrerait, ne devait-elle point aller à lui et lui dire?...

Alors la sueur mouillait ses tempes, et le frisson la reprenait.

Le timbre de la porte résonna avec une sorte de violence, et Léa reconnut le pas de son frère dans l'antichambre.

Elle se leva d'un mouvement automatique, passa les doigts sur son front, comme pour retrouver la faculté de penser et de voir, puis les lèvres blêmes, le masque tragique, elle quitta le salon.

L'appartement de son frère faisait suite au grand salon de réception.

La jeune fille traversa la vaste pièce garnie de rideaux de soie blanche à fleurs bleues, et dont les bronzes et les ors éclataient avec gaieté, rehaussés par le velouté des tapis, les émaux des porcelaines de Saxe et de Chine, les tons harmonieux des toiles.

Comme elle avait aimé toutes ces choses! Avec quelle joie n'avait-elle point choisi ces étoffes, ces tableaux, ces œuvres d'art ! Maintenant tout ce luxe lui faisait horreur. Sur le damas broché des sièges, sur l'épaisse moquette des tapis, elle croyait voir des taches de sang, le sang qui coula sur la route près du *Château des Abymes*.

Elle se roidit contre cette impression, ouvrit la porte du cabinet de son frère et s'avança sans bruit.

Tiburce lui tournait le dos en ce moment et comptait un paquet de billets de banque.

En sentant une main se poser sur son épaule, il tressaillit.

— Tu m'as fait peur, dit-il.

— M'as-tu donc prise pour ta conscience?

— Ma conscience? Quelle plaisanterie!

— Tiburce, demanda Léa, peux-tu m'apprendre à combien s'élève ta fortune?

— Aurais-tu donc trouvé un mari phénix?

— Réponds d'abord, combien possèdes-tu?

— Un million.

— Un million!

— Et, s'il s'agit pour toi d'épouser Tancrède de Montgrand, je t'en donne la moitié!

— En effet, il s'agit des Montgrand.

— Qui t'a appris?...

— ... ce que je sais? Je te le dirai tout à l'heure, ajouta Léa, sans accent et sans timbre... Un million! heureusement le compte y sera, tu peux restituer.

— Restituer... que veux-tu dire?

— Je sais tout, Tiburce, tout, entends-tu bien? Sur le million que tu possèdes, tu prendras six cent quatre-vingt-dix mille francs et tu iras les restituer au comte de Montgrand.

— Mais tu es folle, complètement folle! s'écria Tiburce, en saisissant Léa par les poignets.

— Au prix de ma vie, je voudrais en effet n'avoir plus ma raison, car mieux vaudrait la mort que cette honte... Tu porteras cette somme demain, aujourd'hui, tout à l'heure, s'il est possible, sans cela...

— Sans cela? répéta Tiburce.

— Les assises, l'échafaud...

— Tais-toi, malheureuse! tais toi! fit Tiburce d'une voix sourdement menaçante. Pourquoi parles-tu de porter de l'argent aux Montgrand, ils ne m'en ont pas prêté?...

— C'est vrai, fit Léa, tu l'a pris...

— Assez! dit Tiburce, assez! On m'a calomnié! Tu es une femme et tu as peur... On m'a calomnié...

— On ne t'a point calomnié, j'ai vu des preuves; des preuves, entends-tu, Tiburce... A quoi bon nier à cette heure? Nous ne sommes que deux ici, toi et moi... Est-ce que j'irai te dénoncer? Mon honneur n'est-il pas lié au tien, et, pour ne pas rouler dans la même fange, ne suis-je pas forcée de me taire?... Cède tout de suite; restitue l'argent dérobé sur un cadavre; après, si tu as peur que le moindre mot de ce secret terrible soit connu, pars pour l'Amérique et laisse-toi oublier.

Tiburce s'avança vers sa sœur avec une figure si menaçante qu'elle recula instinctivement.

— Et l'on parle de la Providence à laquelle je refusais de croire! dit Léa, qui s'était appuyée contre la muraille, oh! combien j'y crois à présent!... Cette Providence te jette, pieds et poings liés, aux genoux de cette famille de Montgrand, que ton crime a ruinée. A cette heure Paule pourrait d'un signe me faire jeter à Saint-Lazare, et Tancrède d'un mot t'enverrait à Mazas... Et je vivais heureuse au milieu de ce luxe volé, et je croyais que le monde entier devait être à mes genoux, et nulle louange ne semblait assez délicate pour mes oreilles! Et quand un homme de cœur et de talent se présentait à moi pour mari, je le refusais avec dédain, attendant qu'un prince étranger me vînt offrir sa couronne!... Oui, vraiment, j'en étais là de mes folies! Et je ne devinais rien, je ne soupçonnais rien! Je partageais cette vie de prodigalités dont la source est infâme, moi! Tiens, Tiburce, je ne crois pas avoir beaucoup de cœur, mais j'avais l'âme haute, et ma fierté m'eût toujours gardée d'une bassesse; je ne te pardonnerai jamais, jamais, entends-tu, la honte que je ressens aujourd'hui, à la pensée de ce que tu es, de ce que tu as pu faire...

Tiburce fit encore deux pas vers sa sœur.

Ce qu'elle lut dans son regard fit courir un frisson sur sa peau.

— A quoi cela te servirait-il? fit-elle.

Elle haussa les épaules.

— Ce que je sais importe peu! Je ne te dénoncerai pas! Nous sommes dans la dépendance de Remy, et Remy peut tout contre toi... Remy a trouvé ton carnet bleu, je l'ai vu, entends-tu, je l'ai vu! Oh! quand je songe, misérable folle que je suis, que je voulais du bruit, de l'éclat, de la renommée! Quand je me souviens que je passais si fière dans les salons resplendissants et que j'exigeais au théâtre la loge la plus belle!... Qui sait si Léa Danglès ne t'accompagnera pas à la cour d'assise?...

L'expression du visage de Tiburce était véritablement effrayante; mais Léa, emportée par la violence des sentiments qui se combattaient en elle, éprouvait une sorte de joie amère à le défier. Elle se vengeait de la sorte de la souffrance éprouvée tout à l'heure, tandis que Remy lui racontait l'assassinat de M⁹ Refus.

Et puis, dans ce moment, qui sait si Léa n'eût point préféré être tuée? Cette créature avait jusqu'alors vécu par l'orgueil, elle se savait incapable de vider la coupe de l'humiliation. Son cerveau s'emplissait d'idées lugubres, elle allait réellement au suicide ou à la folie.

Tiburce marchait toujours vers elle, le bras tendu, le geste menaçant.

Au moment où il levait la main, Léa la saisit.

Alors elle devint féroce.

— Frappe-moi, dit-elle, mais frappe-moi donc! de cette même main qui garde encore les traces d'une morsure qui te dénonce et t'accable... Frappe donc! je ne me défendrai pas!

Cette fois Tiburce recula.

Il vit bien qu'elle savait tout; il comprit que sa sœur ne le défendrait pas et qu'il venait de perdre à jamais et sa tendresse et son estime.

En une minute, il jugea la situation remplie de périls. Et cependant il ne se rendait pas. Il tenait à cet argent qui lui coûtait l'honneur, le repos et la joie, plus que jamais il ne l'avait compris. Il ne songeait même plus qu'il pouvait en gagner d'autre, que la maison de banque marchait bien, que sa situation était faite. Il ne vit qu'une somme énorme à prendre dans la caisse, et le courage lui manquait pour cela.

— Tu es maladroite, maladroite et stupide! fit Tiburce. Il fallait me défendre...

— Je l'ai tenté.

— Exiger des preuves sans réplique.

— On m'en a fourni. Ah! tu crois peut-être que Remy Posquères et son ami ont agi à la légère? Le carnet bleu a livré mon nom, et le chien t'a dénoncé. Il a été fait une contre-enquête par Remy. La nuit du meurtre et les scènes terribles dont la route de Luzancy fut le théâtre ont eu leur répétition, comme un drame de boulevard. On a mis de la prudence et de la conscience dans cette instruction rétrospective. Remy se jetterait au feu pour les Montgrand, et nous ne pesons guère pour lui dans la balance.

— Tu pouvais tout sur lui, puisque...

— ... puisqu'il m'avait demandée en mariage... Mais alors et d'après ton conseil, je le repoussais... Était-ce donc au moment où il possédait la preuve que tu avais commis un double crime qu'il pouvait songer à renouer les projets d'autrefois?... De ce côté-là, je restais encore sans espérance.

Léa tomba à genoux, s'humiliant devant son frère pour le sauver, et elle avec lui.

L'exaltation de Tiburce tombait peu à peu, et cependant il ne se rendait pas encore.

— Eh bien! je lutterai, fit-il. Ne suis-je pas accoutumé, depuis trois ans, à un étrange et infernal combat?... Tu sais le crime, Léa, mais tu ignores quelles en furent les suites, et nul ne révélera jamais ce que j'ai souffert depuis cette nuit maudite... Ai-je donc connu le repos à partir de l'heure où Refus tomba sous mes coups? Pas un jour, pas une heure, je ne me suis retrouvé moi-même... Éternellement je voyais devant moi cette route blanche sous la clarté de la lune ; sur cette route, un homme qui marchait allégrement, et moi sortant du bois comme une bête fauve et lui enfonçant par deux fois mon couteau dans le cœur... Puis, c'était son râle, son râle d'agonie que j'entendais... Rien ne le faisait taire, rien ne parvenait à l'étouffer... Au milieu de l'orchestre d'un bal, tandis qu'au théâtre j'écoutais l'œuvre d'un maître ou qu'à la Bourse s'élevait le tumulte des agioteurs criant les achats et les ventes, j'entendais moins qu'un cri, un soupir... puis une chute sur le sol, une chute lourde, avec un bruit de crâne sonnant sur le chemin ferré... J'ai longtemps craint de devenir fou. L'instruction de l'affaire Ségaud me jetait dans des terreurs indicibles. J'attendais sans cesse que le juge d'instruction me dît : « Vous avez tué Refus. » Et durant l'emprisonnement et le procès de Ségaud, une main invisible me poussait en avant, comme si je devais aller m'accuser moi-même. Mes obsessions changèrent de nature, mais elles ne disparurent pas. Ségaud acquitté, j'aurais dû cependant me rassurer un peu. Toutes mes précautions étaient prises, et je me trouvais libre d'échafauder ma fortune, sans courir le risque d'être poursuivi... Mais Dieu se vengeait... Mes nuits étaient remplies de songes effroyables. Souvent, quand mes regards tombaient sur ma main gauche, il me semblait que la cicatrice prenait une voix pour m'accuser. Une seule chose me consolait : l'agrandissement de ma fortune. Je me jetais dans l'ambition avec fièvre, avec rage. Je songeais ensuite que ton mariage nous créerait des protections... Rappelle-toi avec quel entraînement j'acceptai l'idée d'une union avec le vicomte Tancrède. Oh! sans regret, je t'eusse compté pour dot une somme égale à celle que je m'étais appropriée... Cette restitution déguisée aurait calmé mes remords... Mais il n'était pas possible que Tancrède devînt le mari de celle dont le frère l'avait ruiné. La Providence ne permet pas certaines choses, et il faut bien aujourd'hui que je croie à quelque chose qui ressemble à la Providence... Ainsi, Remy m'accuse, Remy connaît cette lugubre histoire, et si Remy...

— Tais-toi! tu rêves un autre crime.

— Je rêve de me débarrasser de cet homme qui s'arroge sur moi des droits terribles et qui me menace lu bourreau!

— Il se taira si tu restitues.

— Rien ne me le garantit.

— Il m'a donné sa parole.

— Suis-je obligé d'y croire?

— Je ne sache pas qu'il ait jamais menti.

— Tu le défends contre moi? demanda Danglès.

Léa fit un signe affirmatif.

— Tu sais cependant qu'il peut me perdre.

— Il t'offre un moyen de salut.

— Et si je le repousse?

— Alors, fit Léa, tu seras perdu.

— Tu dis ces mots presque froidement!

— J'ai versé toutes mes larmes.

— Oh! fit Tiburce, le malheur qui me frappe m'aura appris que personne ne m'aime!

— Si, je t'aimais! fit Léa d'une voix vibrante ; je t'aimais, parce que nous nous ressemblions, du moins je le croyais alors ; mais maintenant que je sais ce que tu es, il n'y a plus rien de commun entre nous. Je cacherai ton crime, je ne saurais plus aimer un assassin... Entre nous deux tu trouveras éternellement le cadavre d'Antoine Refus.

Un cri terrible fut alors poussé par un troisième personnage; Léa et son frère tournèrent la tête en même temps.

Le vieil intendant, qui, refusant de se faire annoncer, était entré sans être entendu par ses enfants, venait de tomber de toute sa hauteur sur le sol.

Léa s'avança la première et s'efforça de soulever le vieillard dans ses bras. Mais elle ne put y réussir, et Tiburce l'aida à transporter son père sur le lit de la chambre voisine.

La face du vieillard était injectée de sang, et, sans nul doute, les mots terribles qu'il venait d'entendre avaient provoqué une attaque d'apoplexie.

Tiburce demeurait immobile devant cette couche funèbre. Léa détacha la cravate de son père et s'efforça de le rappeler à la vie.

— Un médecin! dit-elle, fais venir un médecin !

Tiburce sonna et un valet de chambre parut.

— Un médecin! le premier que vous rencontrerez, fit Tiburce.

Dix minutes après, par un de ces hasards qui sont des rencontres de la Providence, Xavier franchissait le seuil de l'appartement de Tiburce Danglè·

Il se trouvait dans une grande pharmacie, quand le valet de chambre de Tiburce, n'ayant point trouvé le médecin ordinaire de la maison, entra dans cette pharmacie afin de demander l'adresse d'un docteur.

Xavier, apprenant qu'il s'agissait du vieil intendant dont la probité lui.

était connue, s'empressa de suivre le domestique, sans s'inquiéter de la façon dont il serait reçu par Tiburce. Du moment qu'il s'agissait de remplir un devoir professionnel, il se sentait prêt à tout braver.

Tiburce devint d'une pâleur mortelle en le reconnaissant.

— Je ne vous ai point appelé, monsieur, lui dit-il. Que voulez-vous?

— Soulager un souffrant, sauver peut-être un homme qui se meurt.

— Je n'ai que faire d'un charlatan près de lui!

— Monsieur, répondit froidement Xavier, dès que votre médecin habituel ou tel de mes confrères qu'il vous plaira de mander se présentera, je me retirerai. Mais il se trouve ici un homme en péril, et mon devoir est de le soigner sans m'inquiéter de son nom ni de son entourage.

Xavier prit sa trousse dans sa poche, releva rapidement la manche de la chemise de Jean Danglès, puis s'adressant à Léa :

— Mademoiselle, dit-il, une cuvette, des ligatures...

Léa venait de recouvrer son sang-froid. Elle courut à la chambre voisine, y prit une cuvette de cristal de Bohême, revint près de Xavier, s'agenouilla et la tendit au-dessous du bras du vieillard.

Xavier piqua la veine, et lentement, goutte à goutte, un sang épais et noir se mit à couler.

Alors seulement le médecin respira.

Léa déchira son mouchoir, et, le bras du malade étant bandé, le souffle rentra dans la poitrine de l'intendant, ses paupières battirent, puis il rouvrit les yeux.

— Pourquoi ne suis-je pas mort? demanda-t-il.

Léa seule entendit cette parole désespérée.

— Mademoiselle, reprit Xavier, en évitant de s'adresser à Tiburce, ma présence n'est plus nécessaire ici... Épargnez à votre père les émotions graves... douloureuses... Sa vie tient encore à un fil... ménagez-la... Je ne doute point que bientôt votre médecin ne vienne; dans tous les cas, je me tiens à votre disposition.

— Merci, monsieur, merci! répondit Léa en le reconduisant.

— N'avez-vous rien à faire dire à Remy Posquères?

— Rien encore... vous lui apprendrez ce qui vient de se passer.

— Du courage, mademoiselle!

— Docteur, reprit Léa en posant la main sur le bras de Xavier, revenez ce soir, revenez, entendez-vous. Je vais faire transporter mon père dans mon appartement, et vous le soignerez chez moi... J'ai peur, ne voyez-vous point que je tremble... Vous êtes un honnête homme, l'ami de Remy Posquères, venez, venez...

— Je suis à vos ordres, mademoiselle!

Léa rentra dans la chambre de Tiburce.

Le vieillard se trouvait en ce moment assis sur son lit. Entouré de linges sanglants, il semblait que lui-même venait d'être frappé d'une blessure mortelle. Tiburce, debout au pied du lit, tenait ses regards rivés sur son père. Il lui semblait ne pouvoir détacher ses yeux de cet homme exsangue et de ces draps maculés de taches rouges qui lui rappelaient les flaques de sang qui, trois ans auparavant, couvraient une petite place de la route de Luzancy à La Ferté.

Le vieillard étendit le bras garni de bandelettes et fit signe à Tiburce d'approcher.

— Vous m'avez tué, lui dit-il, aussi sûrement que le pauvre Antoine Refus est tombé sous votre couteau... J'étais là, j'ai tout entendu... Les morts ne ressuscitent pas, et vous ne pouvez rendre la vie au notaire de Nauteuil... Vous ferez ses enfants riches, et vous assurerez une pension à sa veuve... Ségaud vous imposera ses volontés... le vouloir de Ségaud sera une loi pour moi, pour vous, pour elle... Quant au comte, vous restituerez, jusqu'au dernier franc, jusqu'au dernier centime... Je le veux! entendez-vous, je le veux... A partir de cette heure, je ne vous connais plus... Je vous renie, Dieu vous maudira et vous marquera au front, comme il marque les meurtriers. . Obéirez-vous?

— J'obéirai, mon père, répondit Tiburce.

— Remettez-moi l'argent volé, je le porterai moi-même au comte.

— Cela est impossible aujourd'hui... Il me faut le temps de négocier des valeurs.

— Je vous donne cinq jours... et j'irai, dans trois, prévenir le comte.

— Vous lui avouerez...

— Je me courberai devant lui, les genoux en terre, et je lui dirai : Monsieur le comte, Dieu m'a châtié, il m'a donné pour fils un misérable... reprenez cet or, et, si votre cœur de chrétien vous le conseille, épargnez-moi la honte, épargnez-lui l'échafaud.

— Ne faites pas cela, mon père! s'écria Tiburce, ne le faites pas!

— Je le ferai. Et maintenant sortez... songez que dans cinq jours vous devez me remettre un million...

— J'obéirai, répéta de nouveau Tiburce.

Paule vint le surprendre pendant qu'il travaillait. (Voir page 230.)

## CHAPITRE XX

## LE DEUIL DU VIEUX DANGLÈS

Au pavillon de Mlle Louise-Gonzague de Montgrand, la vie s'écoulait paisible et douce. L'épreuve, si amère qu'elle fût pour le comte et pour sa femme, avait été acceptée avec le calme qui convient aux âmes véritablement convaincues que l'épreuve tombe de la main de Dieu. Mlle Louise-Gonzague avait mis une délicatesse et un tact admirables dans les arrangements de famille qu'elle avait dû prendre. Sans faire aucun étalage de générosité et de grandeur d'âme, elle avait partagé le luxe modeste dont elle était entourée. Le pavillon suffisait pour tous, l'unique voiture de la vieille fille était réservée pour les dames; le comte et son fils allaient à pied. La maison, tenue avec un ordre parfait, gardait une dignité paisible. Le vieux Mathias se multipliait et restait uniquement au service de ses anciens maîtres. Les revenus des deux cent mille francs échappés au naufrage servaient aux dépenses personnelles des Montgrand, à la toilette, mais plus encore aux charités de la comtesse et de sa fille. Ces nobles cœurs ne s'étaient jamais mieux aimés, et, si la tristesse se lisait parfois sur le front du comte, ou si le reflet d'une préoccupation traversait le regard de Mme de Montgrand, c'est que tous deux songeaient à leur fils.

Ils ne semblaient point se préoccuper du sort de Paule. Elle paraissait si peu faite pour le monde qu'ils oubliaient de lui ménager une place.

Paule, cet ange visible du foyer, ne pouvait les quitter pour se créer ailleurs une famille; après avoir fait leur joie, elle devait aller à Dieu. Elle ne le disait point cependant. Rien dans sa conduite ne trahissait une résolution prise. Paule restait douce, paisible, souriante, sans rigidité affectée, sans ascétisme absorbant. Elle trouvait qu'elle devait, non seulement le respect et l'amour à son père et à sa mère, mais encore le sourire qui les rendait heureux, la grâce qui rayonnait autour d'elle.

Et cependant Paule avait des heures de souci. Quand elle songeait à son frère, elle devenait triste. Tancrède n'avait point encore choisi de position.

Il semblait flotter dans l'incertitude, et plus d'une fois sa sœur lut le découragement sur son visage. Il étudiait beaucoup, obstinément, comme s'il voulait acquérir une somme d'érudition déterminée avant de décider quelle serait sa carrière. Aux premières questions que lui adressa son père à ce sujet, il répondit d'une façon évasive; mais un jour Paule vint le surprendre pendant qu'il travaillait dans sa chambre et à son tour le voulut interroger; il la supplia de ne point lui demander son secret.

— J'en étais sûre, s'écria Paule, tu me caches quelque chose. Va, tu ne m'aimes pas comme je t'aime, Tancrède, car jamais moi je ne garderais le courage de taire un souhait ou un chagrin.

Elle lui prit doucement les mains :

— C'est donc bien grave? fit-elle.

— Grave comme une folie et un malheur.

— Si tu prenais conseil de mon père?

— Il me blâmerait.

— Et de ma mère?

— Elle s'attristerait avec moi.

— Tu vois donc bien alors, s'écria Paule, que je reste forcément ton unique confidente !

— Et cependant je ne puis le dire...

— Si je t'aidais?

— Tu ne saurais pas.

— Ne me défie point, Tancrède... J'ai plus de vingt ans, je suis une très grave personne et non point une petite fille... Je t'étonnerai beaucoup par ma perspicacité... Tu souris, Tancrède, et je vais t'expliquer ton sourire :

Ma sœur, penses-tu, n'a jamais aimé le monde, connu le plaisir et le bal, lu de romans, ni rêvé à ce que rêvent souvent les jeunes filles... C'est, non point une puritaine, mais une sorte de vierge sage tenant sa lampe pleine d'huile et soigneusement allumée, marchant devant elle sans tourner la tête, et s'acheminant doucement vers le cloître sans jamais en prononcer le nom. — Voilà ce que vous pensez, monsieur mon frère, et la moitié de votre songerie est vraie. L'autre est fausse. De ce que je ne cherche point les agitations d'un monde dont les fausses joies m'attristent en m'enlevant à Dieu et à moi-même, il ne s'en suit pas que je le traverse sans rien voir de ce qui s'y passe. Au contraire, complètement dépourvue d'intérêt particulier, je me préoccupe de celui des autres. J'ai tendu les mains en haut vers d'autres biens, et cependant je comprends ceux qui regardent la terre couverte de moissons et de fruits. Je vois autour de moi des filles charmantes, qui deviendront de ravissantes jeunes femmes et de parfaites mères de famille. Je distingue des jeunes gens sérieux, dignes de se créer un intérieur et de faire le bonheur de leur compagne. Je devine presque, en gardant mes yeux baissés, le trouble de l'un, la rougeur de l'autre. Souvent ils se croient forts et se sentent bien fiers de petites diplomaties ingénues. Ils sont charmants, Tancrède, et chaque soir je demande à Dieu de les rendre heureux. Tiens, par exemple, je n'ai jamais pu voir Diane de Lyons sans souhaiter qu'elle devînt ma sœur. Une instruction solide, une âme délicate, une piété d'ange, elle possède tout cela, et, de plus, une simplicité d'enfant, des délicatesses infinies... Peut-être ma sympathie est-elle un reflet de la sienne... Les frères n'apprécient jamais bien leurs sœurs, Tancrède... Je suis certaine que tu ne me reconnais pas la moitié des qualités que cette jolie Diane découvre en moi... Elle provoque des visites de charité à faire ensemble, me met au courant des œuvres dont elle s'occupe; elle me consulte sur les choses qu'elle sait à merveille et ne trouve à personne autant de jugement qu'à moi... Le croirais-tu, l'intérêt qu'elle me porte s'étend à nous tous : à mon père qu'elle juge si grand, si humble, si parfaitement bon; à ma mère qu'elle respecte en l'aimant, et à qui souvent elle donne des baisers de fille... Il n'est pas jusqu'à toi qui n'aies le pouvoir de la préoccuper... Certes, monsieur, vous devez être fier... La belle Diane s'intéresse à vos travaux, elle affirme que vous êtes un homme supérieur, elle me questionne sur l'objet de vos études... Et quand je lui réponds par des éloges à votre endroit, elle se jette dans mes bras, la chère gracieuse enfant...

— Ah! Paule! Paule! s'écria Tancrède.

— Je le sais bien, poursuivit Mlle de Montgrand, c'est cette double sympathie que mon père appellerait une folie; c'est sur cette inclination que ma mère verserait des larmes comme s'il s'agissait d'un malheur.

— N'auraient-ils pas raison?

— Oh! je suis brave, moi, les difficultés ne m'effraient pas.

— Diane est trop riche.

— Mais nos familles se valent. Je ne sais pas même si nous n'avons pas quelques quartiers de plus que les de Lyons.

— As-tu le courage de plaisanter, Paule?

— Mais regarde-moi donc, Tancrède, j'ai des larmes dans les yeux. Rire ou railler quand tu souffres, est-ce que je le pourrais? Je ne désespère pas, voilà tout; et c'est déjà une grande force, je te l'affirme. Après tout, entre gens de race et de cœur, l'argent ne fait pas tout en ce monde; je crois même que c'est la moindre chose. Pauvres enfants! Vous vous aimez, presque sans le savoir; Diane du moins lit à peine dans son jeune cœur innocent, et tu ne lui as peut-être pas laissé deviner ta préférence?

— Ce serait une faute dans ma situation.

— Crois-tu que si notre père se rendait chez M. de Lyons, et qu'il lui fît part de ton désir, en ajoutant que sur un mot d'espoir tu te sentirais prêt à tous les efforts, je dirais presque à toutes les conquêtes que remportent le vouloir et le travail, le père de Diane ne te donnerait pas un peu d'encouragement?

— Paule, je te l'ai dit, cette jeune fille est trop riche! Penses-tu donc que chaque jour elle ne refuse pas des partis avantageux? Le comte de Lyons a raison, après tout. Il est environné de tant de chercheurs de dot que peut-être il distinguerait mal le sentiment qui m'anime... Tiens, puisque tu as deviné mon secret, je peux bien te le dévoiler tout entier maintenant... Mon avenir, mon bonheur sont dans ce mariage, et jamais tu ne comprendras à quel point cette enfant préoccupe ma pensée. Oh! vois-tu, dans mes moments d'angoisse et de découragement, quand le désespoir s'approche de mon cœur, je ne puis m'empêcher de maudire celui qui causa notre malheur et notre ruine. Si mon père n'avait pas été volé, si le pauvre Refus n'avait pas été frappé par une main criminelle, mon père aurait pu me donner une somme suffisante pour que je ne me présentasse pas en mendiant d'héritage chez le comte de Lyons... Oh! le misérable! le misérable! Jamais Dieu ne le châtiera suffisamment... Et je le verrais là, à mes pieds, confessant son crime et criant miséricorde...

— Tu lui pardonnerais, Tancrède.

— Jamais.

— Tu te trompes, tu pardonnerais, parce que ton devoir serait de pardonner.

— Mais il a tout détruit autour de nous.

— Tancrède, une chose nous est restée : l'amour de la famille, cette solidarité sacrée de tous les intérêts, de toutes les douleurs.

— Oh! toi, fit Tancrède, tu pardonnerais, je le sais, mais tu es un ange, et je ne te vaudrai jamais.

— Écoute, Tancrède, veux-tu retirer cette méchante parole, et je te promets...

— Que me promets-tu?

— De tout raconter à Diane.

— Et tu crois?

— Je crois qu'elle te jugera tout simplement héroïque; et je serais bien trompée, si cette ravissante enfant ne se laissait point prendre aux qualités chevaleresques.

— Attends que j'aie le courage de t'imiter, répondit Tancrède.

Il quitta sa sœur en lui serrant la main.

Tancrède de Montgrand n'exagérait rien quand il parlait de Diane de Lyons avec entraînement. Sans songer d'abord aux entraves qui se pouvaient présenter, il s'était abandonné au charme de la jeune fille, qu'il rencontrait souvent chez sa mère.

De la sympathie à la tendresse, la distance se trouva vite franchie, mais Tancrède, connaissant quels insurmontables obstacles s'opposaient à ce mariage, s'efforçait, sinon d'étouffer un invincible penchant, du moins de le dissimuler. Il fallait l'affectueuse clairvoyance de Paule pour deviner ce mystère ; mais Diane, dans sa naïveté, avait grandement contribué à révéler ce secret à Mlle de Montgrand. Elle ne s'en effraya point. Sans aimer son frère avec une tendresse assez aveugle pour lui dissimuler de légers défauts, elle lui connaissait assez de qualités sérieuses pour savoir qu'il rendrait une femme parfaitement heureuse. Elle regrettait bien aussi, elle, la fortune ravie par un crime, cette fortune que M. et Mme de Montgrand voulaient mettre en réserve pour eux. Six cent mille francs auraient suffi pour doter Tancrède et Paule, et Paule n'avait pas besoin d'une somme aussi forte. Mais elle ne pouvait rien contre ce malheur. Un instant elle songea à tout conter à Mlle Louise-Gonzague ; mais elle réfléchit que sa tante multipliait les sacrifices depuis la catastrophe des *Abymes*, et qu'il lui serait impossible de rien distraire de ce qu'elle possédait pour assurer l'avenir de Tancrède.

Il fallait tout attendre de Dieu, et elle attendit.

Un matin, le vieux Mathias lui apporta, sur un plateau, une lettre dont elle crut reconnaître l'écriture. Passant rapidement chez sa mère, elle la lui tendit.

Mme de Montgrand la rendit à sa fille, après en avoir parcouru les premières lignes.

— Remy Posquères te recommande une jeune personne digne de tout intérêt.

Paule sonna.

— Qui vous a remis cette lettre ?

— Une jeune demoiselle.

— Elle est partie ?

— Pardon, elle attend qu'il vous soit possible de la recevoir.

— Alors tu permets, ma mère, qu'on l'introduise chez moi ?

— Va, chère fille, et fais pour le mieux.

— C'est-à-dire que tu me laisses toute liberté ?

— Naturellement.

— Tu es la perle des mères !

Mme de Montgrand embrassa sa fille, qui s'empressa de regagner le petit boudoir dans lequel Léopoldine des Genêts l'attendait.

La demoiselle de compagnie leva son voile, et Paule aperçut son charmant visage, sur lequel se voyaient des traces de larmes.

— Je vous en prie, mademoiselle, lui dit Paule, parlez-moi en toute franchise; M. Posquères est presque un enfant d'adoption pour mon père, et il vous recommande avec une insistance qui fait d'autant plus votre éloge qu'il se montre avare de ces témoignages-là.

— Je vous remercie, mademoiselle, répondit Léopoldine, vous savez tout de suite ajouter de la grâce au bienfait... M. Posquères vous apprend-il qui je suis?

— Non, mais cela n'est point nécessaire pour que je m'intéresse à vous.

— Permettez-moi donc de me présenter d'une façon complète. Je me nomme Léopoldine des Genêts; mon père jouit longtemps d'une situation enviable, le crime d'un autre nous ruina... Devenue pauvre et forcée de gagner ma vie, j'entrai en qualité de demoiselle de compagnie chez Mlle Léa Danglès...

— Ah! s'écria Paule, je commence à comprendre.

— Je ne sais, mademoiselle, si vous devinez la vérité; quant à moi, je vous affirme que j'ose à peine la soupçonner.

— Expliquez-vous, mon enfant. Léa peut avoir quelques défauts, les adulations qui lui ont été prodiguées ont pu, sinon gâter, du moins dénaturer son caractère. Mais les services rendus à ma famille par son père et son aïeul ne me permettent pas de rester indifférente à ce qui la concerne. Se serait-elle montrée trop vaniteuse et trop dure à votre égard, ou quelque événement imprévu?...

— Mlle Danglès n'a jamais été dure pour moi. Au contraire, je dois reconnaître qu'elle s'efforça pendant un certain temps de faire de moi son amie, plus qu'une compagne salariée. Si je l'avais souhaité, elle se fût montrée généreuse à mon endroit et m'aurait comblée de cadeaux. Je crois même que ma sévérité un peu trop grande l'ennuyait parfois, et que les jours de grandes soirées ma robe grise gardait particulièrement le don de lui déplaire. Vingt fois elle envoya chez moi des pièces de soie ou mit sa couturière à mes ordres... Je refusais tout. Je lui rendais justice pour ses qualités, je ne pouvais l'aimer cependant. Tout nous séparait, nos goûts et l'opposition de nos pensées. Elle était trop heureuse pour me comprendre, et je me sentais trop triste pour me rapprocher d'elle... Faut-il même tout vous dire, mademoiselle? Il vint un moment où je me crus sur le point de la haïr, et la pensée me vint de la quitter...

Léopoldine s'arrêta.

— N'ayez aucune crainte, lui dit Paule d'une voix douce, vos secrets tombent dans un cœur discret.

— Ce fut, reprit Léopoldine, avec une hésitation visible, durant les mois où M. Remy Posquères eut l'idée d'épouser Mlle Léa.

— Lui, épouser Léa ! c'eût été une folie.

— Je crois, mais alors il y songeait beaucoup, il ne songeait qu'à cela, et les dédains de Mlle Danglès le rendaient fort malheureux.

— Mais Posquères faisait un grand honneur à Léa en la demandant en mariage.

— C'est ce que je pensais ! Il est si noble, si bon, si intelligent, si dévoué ; mais, Mlle Léa ne le cachait point, elle avait d'autres vues, des vues ambitieuses. Il lui fallait un titre, de l'argent. Elle ne se trouvait point satisfaite de sa réputation de talent. La vanité grandissait en elle, et la tête lui tournait un peu... Puis M. Posquères lui eût peut-être paru doué de trop de volonté pour qu'elle pût espérer le conduire à sa guise.

— Et M. Posquères souffrit beaucoup de son refus ?

— Oui, mademoiselle, il lui fallut du temps pour se résigner. Mais il m'a paru que brusquement ses idées changèrent. Il revint chez Mlle Danglès avec une autre attitude et certainement de nouveaux projets. Je ne veux point croire que le dépit en ait fait un ennemi de cette famille ; je suis plutôt convaincue qu'il découvrit un secret grave, un secret terrible...

— Qui vous donna cette idée ?

— M. Posquères me témoignait une extrême bienveillance, peut-être même comprit-il que je sympathisais fort à ce qu'il venait de souffrir... Oh ! certes, plutôt que de voir blesser un tel cœur, j'aurais été capable de tous les sacrifices, j'aurais été jusqu'à supplier Léa de devenir sa femme, moi, moi !

Léopoldine s'arrêta presque épouvantée ; elle leva les yeux avec inquiétude sur Mlle de Montgrand ; mais, ne voyant sur ce beau visage que la bonté et la douceur d'un ange, elle reprit :

— Il y a quelques jours, M. Posquères me conseilla de quitter la situation que j'occupais près de Mlle Danglès. Non pas que l'on eût rien à reprocher à la conduite de Léa. Elle est vaniteuse, coquette ; on lui a tant dit qu'elle possède du génie qu'elle a fini par le croire. Mais l'ambition la défend contre toute imprudence... Il s'agissait de m'empêcher plutôt de me trouver au milieu de cette famille au moment d'une catastrophe que les réticences de M. Posquères me faisaient soupçonner devoir être terrible... Je promis de quitter cette maison, et j'allais annoncer ma résolution à Mlle Danglès, d'après le nouveau conseil de M. Remy, conseil appuyé par la lettre de recommandation que je vous ai soumise, mademoiselle, quand le malheur prévu a éclaté plus vite sans doute que ne l'attendait M. Posquères... Après un entretien que celui-ci venait d'avoir avec Léa, Mlle Danglès a été prise d'une crise terrible. Elle pleurait, elle aurait voulu mourir. Elle s'accusait d'avoir dédaigné M. Posquères, elle parlait de déshonneur et de ruine... Je ne pouvais la quitter dans un pareil moment. Mais à peine avais-je réussi à ramener un peu de calme dans son esprit que, son frère étant rentré, elle est passée chez lui... Que se sont-ils dit? Je l'ignore. Le valet de chambre répétait, paraît-il, hier à l'office que M. Tiburce paraissait menacer sa sœur et que celle-ci élevait la voix et semblait l'accuser... C'est au moment le plus orageux de cette scène que le vieux Danglès est entré sans se faire annoncer dans le cabinet de son fils... Une seconde après, Mlle Léa envoyait chercher un médecin ; le vieil intendant venait d'être frappé d'une attaque d'apoplexie... Saigné à temps, soigné par Mlle Léa, il est revenu à lui au bout d'une heure... Alors, changeant d'appartement, il s'est fait installer dans la chambre de mademoiselle, et, chaque fois que M. Tiburce s'est présenté, il a refusé de le voir.

— Quand il aura fait ce que j'attends de lui, répétait-il.

— Pauvre vieux Danglès, si honnête, si loyal, à qui nous devons tant et de si grands services ! Oh! j'irai le voir, j'irai le consoler... Je n'ai point besoin d'apprendre quelle douleur vient de l'atteindre, il me suffit de savoir qu'il souffre.

— M. Danglès n'est plus chez sa fille, mademoiselle. Ce matin, se trouvant mieux, il a déclaré qu'il voulait rentrer chez lui, et, comme Léa insistait pour le garder encore : « C'est inutile, ma fille, a-t-il dit, je dois accomplir un devoir terrible aujourd'hui, pendant que Tiburce, à son tour, remplira sa promesse. » Puis il a ajouté en serrant sa fille contre sa poitrine : « Je t'attends chez moi ». « J'irai, mon père, » a répondu Mlle Danglès d'une voix soumise. Alors Léa m'a prise à part, et, après m'avoir remerciée de ne point l'avoir abandonnée pendant les trois tristes jours qui viennent de se passer, elle m'a conseillé de venir sans retard vous remettre ma lettre d'introduction.

— J'y ferai honneur, mademoiselle ; ma mère m'autorise à vous accueillir, et, jusqu'à ce que vous ayez trouvé une situation convenable, vous habiterez près de moi. Le cabinet voisin de ma chambre n'est pas grand, mais vous ne me semblez point trop exigeante, et vous vous en contenterez, n'est-ce pas? Tant que vous trouverez la solitude bonne pour votre travail ou votre satisfaction, vous serez libre de rester chez vous; quand vous voudrez bien me tenir compagnie, nous irons ensemble chez mes pauvres ou nous travaillerons pour eux.

— Que vous êtes bonne, mademoiselle !

— C'est facile, répondit Paule, quand il s'agit d'une personne comme vous. Allons, venez maintenant que je vous présente à ma mère et à ma tante, la *Grande Mademoiselle*. Elles vous plairont tout de suite et vous les aimerez à première vue.

Léopoldine, charmée de cet accueil, se laissa entrainer près de la comtesse de Montgrand. Celle-ci lui adressa des paroles bienveillantes, approuva ce qu'avait arrangé sa fille et ajouta en s'adressant à Léopoldine :

— Embrassez-moi, mon enfant, il me semble que je vous aimerai beaucoup.

Mlle des Genêts se jeta avec effusion dans les bras de la comtesse.

Les deux jeunes filles regagnaient le petit boudoir, quand Mlle de Montgrand reconnut dans l'antichambre la voix du vieil intendant.

— Monsieur le comte est sorti, répondit Mathias.

— J'attendrai, fit Danglès.

— Mais Mme la comtesse vous recevra sans nul doute, monsieur Danglès.

— Vous avez raison, mon vieux Mathias, la comtesse... Cela vaut peut-être mieux... Elle est bonne, complètement bonne et généreuse.

L'ancien intendant, qui paraissait épuisé, et qui venait de se laisser tomber sur une banquette, se releva péniblement.

— Allez chez vous, dit en souriant Paule à Léopoldine, je vais parler à Danglès.

Paule entra dans l'antichambre au moment où Mathias allait conduire le vieillard chez la comtesse de Montgrand.

— Vous voilà, monsieur Danglès, dit Paule avec l'expression d'une angélique bonté, venez chez moi, je suis contente de vous voir.

Danglès s'inclina sans répondre et suivit la jeune fille en chancelant. Elle marchait devant lui, calme, presque souriante, et, quand elle l'eut introduit dans la petite pièce où se trouvait un instant auparavant Léopoldine des Genêts, elle le regarda avec l'expression d'une pitié profonde.

Rien ne saurait peindre quels ravages la douleur avait faits sur cette physionomie placide et loyale. L'œil se baissait comme honteux, la taille se courbait, la voix tremblait, brisée par l'émotion intérieure, dès que Danglès s'efforçait de prononcer quelques mots.

Paule lui prit les mains.

— Monsieur Danglès, lui dit-elle, votre père sauva les Montgrand de la guillotine en 1793 ; durant vingt ans vous avez veillé sur nos intérêts avec la sollicitude d'un ami, bien plus encore qu'avec l'habileté d'un intendant. Nous sommes et nous resterons toujours vos obligés, voilà ce que je tenais à vous dire avant de vous entendre.

Un sanglot s'échappa des lèvres du vieillard.

— Monsieur Danglès, reprit Paule, ce que vous voulez apprendre à mon père, ne peut-il m'être dit à moi? Je devine dans votre âme une douleur si grande que je souhaite vivement la soulager... Je suis jeune, bien jeune, cela est vrai ; mais s'il faut une confidence nouvelle pour augmenter en moi votre confiance, je vous avouerai ce que ma mère ne sait pas encore d'une façon absolue... J'ai l'intention d'entrer au couvent... Tout secret que vous me confieriez me sera sacré... Je vous en donne l'assurance sur cette résolution que j'ai prise de me donner à Dieu...

Le vieillard était d'une pâleur livide ; cependant quelque chose ressemblant à un allégement se refléta sur son visage.

— Oui, dit-il, il faut que je parle, il faut que j'avoue...

— Un malheur qui vous vient de votre fils.

— Plus qu'un malheur! Vous l'avez dit, je suis honnête homme, et cependant je n'ai plus le droit de lever la tête... Le crime d'un autre vient de me déshonorer...

— Ah! fit Paule qui ne put s'empêcher de frissonner, il s'agit d'un crime...

— Tenez, je vous dirai cela à genoux, mademoiselle Paule, car je dois vous demander pardon au nom d'un misérable que je renie.

— Relevez-vous, Danglès, relevez-vous... Je vous écoute, je vous plains, je pourrai vous aider peut-être...

— Vous ne pouvez pas empêcher que le crime ait été commis, et quel crime!... Vous savez, le jour où Antoine Refus devait apporter les six cent mille francs... Il fut trouvé mort sur la route. Mort et dépouillé.

— Après...

— Eh bien! l'assassin, le voleur, c'était...

— Oh! pauvre père! n'achevez pas! s'écria Paule avec un admirable élan.

Les confidences de Léopoldine suffisaient pour lui faire comprendre toute la vérité.

Le vieillard était tombé sur les genoux, les mains jointes, sans force, sans courage ; de grosses larmes roulaient sur ses joues, et il balbutiait :

— Pardon, pardon !

Paule le releva, puis d'un accent plus ferme elle lui dit :

— Deux intérêts sont en présence, les nôtres et ceux de la famille Ségaud, qui ne s'est jamais trouvée suffisamment lavée de l'accusation terrible qui fut portée contre l'étameur. Mais Véronique et Victoire m'ont de grandes obligations, et de ce côté, si je prévois des difficultés, je ne les crois pas insurmontables... Quant à nous, monsieur Danglès...

— Tiburce restituera, mademoiselle, il a promis de restituer...

— Eh bien ! fit Paule, ne dites rien à mon père. Contentez-vous de mettre sous enveloppe la somme qui fut dérobée, en inscrivant sur ce même paquet le mot *restitution*. Ne pleurez pas, ne vous humiliez pas davantage. Du fond du cloître, où j'irai bientôt, je prierai beaucoup pour vous... J'oublierai ce que vous venez de m'apprendre... Il ne nous appartient pas de trahir Tiburce ; vous ne pouvez que réparer, conseillez-lui de partir, d'aller si loin que jamais nul ne sache ce qu'il est devenu...

— Ainsi, mademoiselle, vous me conseillez d'agir de la sorte... Vous êtes sûre que M. Posquères se taira ?

— Que sait-il donc ?

— Il a tout découvert, mademoiselle.

— Quel motif le poussait...

— Il voulait vous faire restituer une fortune.

— Elle fera le bonheur de Tancrède, reprit Paule à voix basse... Mais Léa ?

— Léa est aujourd'hui chez moi.

— Allons, fit Paule, suivez ce conseil, que votre fils quitte Paris à jamais. Je révélerai à Ségaud la vérité, ou du moins une partie de la vérité ; mais je l'amènerai au pardon, c'est-à-dire au silence. Quant à vous, Danglès, relevez la tête, pauvre vieillard. Vous avez fait tous les sacrifices pour votre fils, votre mémoire ne vous reproche rien ; je vous estime autant qu'avant cette confidence, et votre secret restera le mien jusqu'au tombeau...

Le vieillard saisit les mains de Paule et les pressa sur ses lèvres :

— Je porterai le deuil de notre honneur au fond de mon âme, ajouta-t-il, je vous devrai de ne pas rougir devant les hommes... Demain, M. de Montgrand recevra le paquet anonyme renfermant les six cent mille francs.

Et le vieillard chancelant quitta Paule dont le beau visage exprimait une visible pitié.

Il s'était vu au bagne, coiffé de l'ignoble bonnet. (Voir page 242.)

## CHAPITRE XXI

## CAVE CANEM

Lorsque Danglès eut signifié à son fils sa volonté, celui-ci, sous le coup de l'épouvante à laquelle il était en proie, promit à son père de restituer à la famille de Montgrand la somme dérobée sur le cadavre d'Antoine Refus.

En ce moment passait devant Tiburce, à travers les paroles enflammées de Léa et les ordres foudroyants de son père, la vision de la cour d'assises.

La terreur l'étreignait à la gorge et suspendait les palpitations de son cœur. Il ne gardait plus le sang-froid nécessaire pour prendre une résolution autre que celle qui lui était imposée.

D'ailleurs, il l'avait avoué à Léa; durant ces trois dernières années il avait éprouvé des craintes perpétuelles pendant le jour, et ses nuits s'étaient peuplées d'épouvantables cauchemars. Il s'était vu au bagne, coiffé de l'ignoble bonnet vert, et soumis aux plus rudes travaux. Il sentait une sorte de soulagement à la pensée que Danglès et Léa savaient tout. Devant eux, du moins, il pourrait arracher son masque, quand ce masque l'étoufferait. Si gangrené qu'il fût, d'ailleurs, il n'avait pu être témoin insensible du désespoir de son père et de la douleur fiévreuse de Léa. Il comprenait qu'il tuait l'un et qu'il désespérait l'autre. Dans un souvenir rapide, il retrouva son enfance heureuse, sa vie insouciante d'enfant gâté. Il repassa les phases monotones de la carrière de son père, resté pauvre au milieu des richesses d'autrui. Il se rappela les recommandations du vieillard, les sacrifices qu'il s'était imposés afin de le voir instruit et riche. Chaque évocation de ce passé le poignait davantage et lui faisait mieux comprendre au fond de quel abîme il avait roulé. Durant les années de collège, il avait secoué, avec une hâte d'enfant orgueilleux et précocement pervers, les enseignements religieux qu'il tenait de sa mère. Plus tard, sur les bancs de l'école, où il renia ce qu'il n'adorait plus, Tiburce, méditant les philosophes, puisant des idées nouvelles à des sources dissolvantes, ne tarda point à sentir diminuer en lui le sens moral essentiellement lié au sens chrétien. Parce que son père occupait une position dépendante, il se ligua avec ceux qui regardent la fortune d'autrui comme des dols personnels et les titres qu'ils possèdent comme des humiliations qu'on leur impose. Pauvre, il se révolta contre la propriété; plébéien, contre la noblesse. A force d'entendre parler du pouvoir de la richesse, il en vint à n'estimer, à n'envier qu'elle, à la souhaiter avec frénésie, à la vouloir, sans regarder à quels moyens il serait obligé de descendre pour l'acquérir.

Ce fut dans ces sentiments qu'il entra chez M. de Montgrand en qualité d'intendant.

Le vieux Danglès croyait, en agissant ainsi, le mettre à une bonne école et lui apprendre à la fois la rectitude dans les affaires et les difficultés qu'elles présentent; il se trompa d'une façon absolue. La vie de château aux *Abymes* ne lui valut rien. Il garda trop de temps pour la rêverie. Dès qu'il avait réglé les comptes des fournisseurs et rangé la bibliothèque du comte, maître de son temps, il s'enfonçait sous les arbres du parc, rêvant aux conditions d'une autre vie, se demandant à quels moyens il aurait recours afin de devenir riche, très riche tout de suite.

Il eut la fièvre, il devint fou. Il tua, il vola. Alors l'amour de l'argent ne cessa de grandir en lui. Il s'absorba dans la volonté d'en accumuler davantage, il se fit un dieu de l'or auquel il avait tout sacrifié, et, quand un mot de son père le condamna de nouveau à la ruine, il sentit plus de douleur à la pensée de restituer l'argent volé qu'il n'éprouva de crainte à l'idée que Danglès pouvait succomber sous le poids d'un chagrin immérité.

Et, cependant, il consentit à ce qu'exigeaient Léa et son père. Devant eux il se sentait impuissant. Prévoyant que le vieillard ne tarderait pas à s'informer s'il avait obéi à ses ordres, Tiburce donna ordre de vendre ses valeurs, afin de se trouver dans quelques jours possesseur d'un million.

Mais, avant de porter la plus grande partie de cette somme chez M. de Montgrand, avant de se renier et de se déshonorer devant les êtres qu'il haïssait en raison de leurs bienfaits, Tiburce résolut de se venger de Remy Posquères.

N'était-ce pas le critique qui, avec une patience et une habileté de policier, avait découvert la vérité sur l'assassinat commis sur la route de Luzancy à La Ferté?

Avant de régler son compte avec les Montgrand, Tiburce provoquerait Remy. Or Tiburce était de première force à l'épée. S'il tuait son adversaire, le secret de son premier crime périrait avec lui.

Il résolut donc de se rendre immédiatement chez Posquères et de l'insulter de telle sorte que celui-ci ne pût refuser de se battre.

Le hasard parut tout d'abord le servir : Posquères n'était pas seul dans l'atelier, et Agab introduisit Tiburce près de Remy.

A la lividité du visage de Tiburce, Posquères comprit que Léa avait révélé à son frère les terribles confidences qui venaient de lui être faites.

Xavier et Sirvente, le poète aux sonnets, Beaulieu et Houssay se trouvaient en ce moment dans l'atelier. Un jeune homme aux longs cheveux jouait une valse de Chopin en sourdine, tandis que ses camarades parlaient d'art et de littérature.

L'entrée de Tiburce fut si imprévue, si mélodramatique, que le pianiste inquiet fit opérer un mouvement de rotation à son tabouret de piano, tandis que Sirvente s'arrêtait court au milieu d'un tercet.

— Monsieur, dit Tiburce en s'avançant vers Posquères, l'œil injecté de sang et l'écume de la rage aux lèvres, vous êtes un lâche! et je viens vous le dire en face et devant témoins.

— Fort bien, répondit tranquillement Remy, et vous comptez sans doute, monsieur...

— ... que vous me rendrez raison de vos agissements perfides et que votre sang lavera...

— Est-ce que mon sang pourrait laver une tache sur vos habits ou sur votre conscience? demanda Posquères. Mes amis me connaissent, et j'ai eu le tort de me battre trop souvent, pour que l'on ne soit pas renseigné sur ma bravoure. Mes preuves sont faites et je m'en tiens là. Si vous jugez, monsieur, que je vous aie offensé de quelque manière que ce soit, adressez-vous aux tribunaux, ils prononceront sur notre conduite réciproque.

— Misérable! fit Tiburce, c'est votre vie qu'il me faut!

— Prenez garde, répliqua Remy, nous ne sommes pas sur une grande route.

— Ainsi, vous ne vous battrez pas?

— D'abord, je ne me battrai plus; mais si j'étais encore capable de cette folie criminelle, je refuserais de croiser l'épée avec vous.

— Vous l'entendez, vous l'entendez, messieurs! cria Tiburce.

— Exigez-vous que je m'explique?

— Vous ne l'oseriez point. Vous ne vous sentez fort que quand il s'agit de calomnier un homme devant une femme.

Xavier se leva tranquillement et demanda à Posquères :

— Veux-tu que nous jetions monsieur à la porte?

— Ce n'est pas la peine, il va se retirer.

Puis, marchant sur Tiburce :

— Vous n'avez plus que quelques heures, monsieur, lui dit-il à mi voix. Si vous ne m'avez pas obéi aujourd'hui-même... je ne me regarderai plus comme lié par la promesse que j'ai faite de me taire et de vous épargner...

Tiburce ne voulut pas paraître céder à la menace.

— Je me vengerai, dit-il, oh! je me vengerai! fit-il en sortant.

— Vous êtes moins fort que moi, monsieur, je me contente de faire justice.

En ce moment un aboiement furieux se fit entendre, c'était Pluton, qui, enfermé dans la chambre voisine, grattait à la porte d'une façon furieuse. La colère du brave animal devint telle que Xavier dit à son ami :

— Pour Dieu, délivre cette bête, afin qu'elle cesse son vacarme.

— Il ne durera pas, répondit Posquères.

— Pourquoi? demanda le faiseur de sonnets.

— Parce que ce n'est pas à nous qu'en veut Pluton, mais à Tiburce Danglès.

— Bah! tu crois? fit Xavier.

— Rappelle-toi ce qui se passa sur la route de Luzancy...

Tandis que les jeunes gens qui n'étaient pas au courant des motifs ayant amené la provocation folle de Tiburce s'entretenaient de cette querelle, le docteur et son ami se demandaient quelle serait la fin de ce drame de famille.

Tous, excepté Xavier, devaient dîner dans un restaurant de Paris, où ils avaient fondé les agapes des *Conquistadores de la Marne*. A l'heure convenue, le petit groupe réuni chez Posquères quitta la rue Madame afin de rejoindre les Varin et Henriet.

Xavier, que retenaient les obligations professionnelles, rentra chez lui.

Posquères, après la scène rapide qui venait d'avoir lieu, eût préféré se dégager de l'obligation de dîner avec ses camarades.

Il devinait que sa présence pouvait être indispensable quelque part. Léa et son père devaient avoir besoin de lui.

Mais, dans l'impossibilité où il se trouvait de se dégager, il se promit du moins de ne point prolonger la veillée.

Tandis que les jeunes gens partaient pour le repas des *Conquistadores*, Tiburce marchait presque sans but dans les rues de Paris.

Sa rage l'aveuglait; il proférait en marchant de sourdes menaces.

Quand il se fut calmé, quand il put raisonner sa situation, il comprit que Posquères ne se battrait jamais, et que, en le provoquant, il venait seulement d'ajouter une imprudence à ses crimes.

Tiburce avait sur lui, non pas sept cent mille francs, mais un million, tout ce qu'il possédait en dehors de l'installation de la rue Laffitte.

Il marchait lentement, sa colère était tombée. il commençait à réfléchir :

— Mon père ne me pardonnera jamais, pensait-il. Certainement nul ne sait dans le public le mystère des *Abymes*, mais c'est déjà trop que trois personnes le connaissent, mon père, Léa et Posquères! ce Posquères damné... J'oubliais le médecin... Mon père ne me trahira pas; mais Léa me hait désormais, et sa haine est redoutable. Si mon père restitue sept cent mille francs au comte de Montgrand, celui-là aussi saura la vérité... Je suis perdu, perdu sans retour dans un temps plus ou moins long. La crainte paralysera mon audace en affaires. Je me sens désormais incapable. Situation, fortune, je perds tout à la fois, tout... à moins que...

Il s'arrêta et parut réfléchir.

— Bah! fit-il, le comte n'est pas encore prévenu, et, si jaloux que soit mon père de restituer sa fortune au comte de Montgrand, lorsque j'aurai quitté Paris, il n'ira pas me dénoncer. Avec un million on est riche partout.

Et, au lieu de regagner la rue Laffitte, Tiburce se dirigea vers la gare du Nord.

Il ne pouvait pas attendre longtemps, car un quart d'heure plus tard devait s'ouvrir le guichet, et il prendrait un billet pour Bruxelles.

Cependant il n'était pas tranquille. Ses jambes se dérobaient sous lui et son front se couvrait de sueur. Il regardait avec inquiétude les personnes entrant dans le vestibule, comme si dans chacune d'elles il tremblait de reconnaître un agent déguisé. Pourtant il allait retrouver son sang-froid et gagner les barrières entre lesquelles s'engagent les voyageurs, quand un certain désordre se manifesta dans les groupes. On s'écarta, on se pressa. Un chien d'une taille colossale venait de se précipiter dans la salle de distribution des billets ; il flairait, il cherchait, et quelque chose de menaçant se trahissait dans son attitude.

Au moment où il se rapprochait de Tiburce, celui-ci venait de gagner le guichet.

Il prit son ticket, et il allait entrer dans la salle d'attente, quand le chien, qui guettait Tiburce, s'élança d'un bond et lui enfonça ses crocs dans la gorge.

L'agression fut si soudaine, si terrible, que l'on n'eut pas le temps de la prévenir. Le choc renversa Tiburce, qui se débattait avec une énergie désespérée. L'homme tentait d'écarter la bête, mais celle-ci déchirait sa proie avec des hurlements si furieux que le courage manquait aux spectateurs de cette scène pour entamer avec cette bête irritée une lutte qui pouvait devenir mortelle.

Cependant deux sergents de ville accoururent, tirèrent leurs épées et les plongèrent dans le corps du chien. Les pattes de Pluton se détendirent. Les dents laissèrent échapper leur proie, et il expira sur le corps même de celui qu'il venait de déchirer.

Quant au malheureux, il murmura un seul mot :

— Justice!

On le transporta chez le chef de gare ; le commissaire de police fut appelé, et, après avoir cherché si le mourant portait sur lui quelques papiers pouvant servir à faire connaître son identité, il trouva un portefeuille dans la poche intérieure de son paletot, et dans ce portefeuille un million en billets de banque.

Du reste, pas une lettre, pas une carte, aucun objet pouvant révéler son nom et son adresse.

— Il faut le porter à la morgue, dit le magistrat. On insérera un avis dans les journaux, et demain son corps sera réclamé.

On conduisit Tiburce dans le caravansérail des cadavres, puis un article relatant sa fin terrible fut rédigé sur-le-champ, copié et porté aux bureaux des principales feuilles de Paris.

Ces détails prirent plus de deux heures, et, au moment où le corps de Tiburce franchit le seuil de la morgue, les gardiens se disposaient à fermer le lugubre bâtiment.

On organisa pour l'homme et pour la bête une sorte de mise en scène. Tous deux furent placés l'un près de l'autre. Il se pouvait que le chien, étant reconnu, livrât le nom de sa victime.

Dès le lendemain on ne s'occupait à Paris que du drame de la salle d'attente de la gare du Nord. Ce beau jeune homme dévoré par une bête furieuse; ce millionnaire sans bagages, sans suite, qui venait de prendre un ticket pour Bruxelles, rentrait dans la catégorie des personnages mystérieux, dont on s'occupe fiévreusement pendant deux jours.

Posquères avait l'habitude de lire un journal en s'éveillant.

Il était rentré tard la veille et se trouvait un peu las. Agab venait de lui servir son café et de lui remettre des journaux et des revues.

Remy achevait de lire un *fait divers*, quand il s'écria tout à coup :

— Agab ! Agab !

Le petit Arabe accourut.

— Où est Pluton ?

— Je ne sais pas, maître.

— Pluton n'est pas à la maison ?

— Monsieur se souvient sans doute de l'état d'exaspération dans lequel le chien se trouvait hier...

— Oui, oui...

— Eh bien ! à peine monsieur était-il sorti que Pluton, profitant d'un moment où la porte était restée ouverte, s'est enfui avec une telle rapidité qu'il m'a été impossible de le poursuivre.

— Il n'est pas rentré?

— Non, monsieur.

— Je me lève à l'instant, mais je n'ai pas besoin de tes services. Cours chez le docteur Xavier, et ramène-le.

Le médecin trouva son ami prêt à sortir.

— Où allons-nous? lui demanda-t-il.

— A la morgue, répondit Posquères en montant en voiture.

Quand Xavier fut près de lui, Remy lui passa le journal.

— Ah çà! demanda le docteur, tu crois que le voyageur au million?...

— ... est Tiburce Danglès. Il avait toutes les lâchetés, il a bu toutes les hontes. Plutôt que de restituer au comte de Montgrand les sept cent mille francs qu'il lui devait, il comptait passer en Belgique.

Le trajet se fit rapidement, une pièce de cinq francs ayant activé le zèle du cocher.

La foule commençait à envahir la morgue, et les sergents de ville faisaient prendre la file.

Les deux jeunes gens entrèrent par une porte réservée.

La lumière tombait crue et dure sur l'énorme vitrage, à travers lequel on apercevait les lits de marbre sur lesquels étaient couchés les morts. Ces couches glacées, inclinées avec la roideur d'un lit de camp, permettaient d'envelopper les cadavres d'un seul regard. Au-dessus de chaque lit, suspendus à des clous, se trouvaient les vêtements des morts, dont l'identité n'était pas encore reconnue. Habits luxueux ou loques sordides se mêlaient. Sur la table de marbre le plus en vue, se trouvait le corps du jeune homme qui, la veille, dans la grande salle du chemin de fer du Nord, avait été étranglé et déchiré par un chien.

Le premier regard de Posquères fut pour ce cadavre.

— C'est bien lui! murmura-t-il.

— Oh! s'écria Xavier, te souviens-tu de ma prédiction: *Cave canem?* Je ne croyais pas deviner si juste. Le malheureux! il n'a pas eu le temps de songer à son âme.

— Il est mort en consommant son vol pour la seconde fois. Dieu lui avait laissé la faculté de se repentir, son père et moi nous lui aurions gardé le secret de ses infamies, mais la justice divine n'a pas permis qu'il résistât impunément à cette dernière avance de la miséricorde... Pour s'éviter de restituer, il allait passer en Belgique... Et Dieu, qui ne voulait pas que sa tête tombât sous le couperet de la guillotine, a permis que Pluton vengeât son maître...

— Qu'allons-nous faire? demanda Xavier.

— Notre déclaration.

Les deux jeunes gens pénétrèrent dans les bureaux.

— Monsieur, dit Remy Posquères, le jeune homme qui est exposé dans la salle de la morgue, à côté du chien qui le tua hier, se nomme Tiburce Danglès. Nous connaissons sa famille; si vous le permettez, nous ferons transporter le cadavre à son domicile, nous nous chargeons de tout.

— Savez-vous aussi, messieurs, qu'il était porteur d'une somme importante?

— Un million, oui, monsieur, Danglès était banquier.

— Un banquier en faillite alors?

— Non pas.

— Mais puisqu'il partait pour la Belgique avec un million sur lui...

— Ce n'est peut-être pas une raison... répondit Posquères.

Deux heures furent employées en formalités. Quand l'administration eut donné et reçu toutes les signatures, les deux jeunes gens se trouvèrent libres de ramener, rue Laffitte, le corps sanglant de Tiburce.

L'appartement du jeune homme semblait désert.

Les domestiques s'y trouvaient encore, il est vrai, mais Léa était partie la veille avec son père, et tout semblait morne dans ces salons qui avaient retenti du bruit de tant d'éclats de rire et de concerts harmonieux.

Tiburce fut transporté, puis couché sur son lit.

Remy courut ensuite chez les Ségaud.

— Mon ami, dit-il au père, et toi, Véronique, j'ai un service à vous demander.

— Parlez, monsieur, répondit l'étameur, vous savez que nous ne pouvons rien vous refuser.

— Rien? répéta Posquères. En êtes-vous sûr?

— Je donnerais ma vie pour vous, ajouta Ségaud.

— Je ne vous demanderai qu'un mot, tout à l'heure. Maintenant, je vous en prie, rendez-vous à l'adresse que voici avec votre fille. Vous vous ferez indiquer l'appartement de M. Tiburce Danglès...

— Le frère de Mlle Léa? fit Véronique.

— Oui, mon enfant, et, au souvenir de la sœur qui se montra bonne pour vous, vous vous agenouillerez devant la dépouille mortelle de son frère.

— Quoi ! s'écria Véronique, ce beau jeune homme...
— ...est mort hier, mon enfant.
— Nous nous rendons tout de suite à vos ordres, monsieur.
— Bien et merci.

Posquères était loin d'avoir rempli le plus difficile de sa tâche. Les domestiques, qui, sans connaître la vérité, comprenaient qu'un drame s'était passé dans cette maison, ne firent aucune difficulté pour raconter à Remy que la veille le vieux Danglès, quoique très faible et très souffrant encore, avait voulu quitter l'appartement de son fils. L'ancien intendant était parti avec sa fille, et celle-ci n'était pas revenue.

Posquères savait donc où trouver Léa.

Il remonta en voiture et se fit conduire chez le vieillard.

Quand la servante de Danglès annonça Remy, la jeune fille, qui se trouvait en ce moment à côté de son père, se leva rapidement et tendit la main à Posquères. Son père se contenta de le regarder. Il ne pouvait trouver que Remy avait mal agi, en multipliant tous ses efforts pour arriver à faire restituer à la famille de ses bienfaiteurs la fortune qui leur avait été volée ; mais il n'oubliait point que, sans les recherches et les démarches du jeune homme, jamais il n'aurait eu la douleur d'apprendre que son fils était un misérable.

— Mon Dieu, demanda Léa, que venez-vous nous apprendre ?... Mon frère...

— Vous avez bien fait de prendre le deuil, répondit Posquères en remarquant les vêtements noirs de Léa.

— Le deuil ! répéta l'intendant, le deuil ! Est-ce que Tiburce...

— Dieu l'a jugé, fit Posquères d'une voix grave.

— Mort ! mort ! répéta le vieillard.

— Ainsi, demanda Léa, le malheureux n'a pu survivre à sa honte, il s'est tué...

— Non, mademoiselle, il ne s'est pas tué... Dieu l'a châtié à l'heure où il méconnaissait sa dernière chance de pardon... Si je pouvais espérer que vous ignorerez cette lugubre histoire, je me garderais bien de vous la raconter, mais des étrangers ne manqueraient pas de vous l'apprendre... Tiburce partait pour la Belgique, emportant sa fortune avec lui...

— Tiburce partait avec l'argent...

— Avec un million, répondit Posquères. Tout est dit pour ce malheureux, vous vous devez de ne point l'accuser par votre attitude. Lui mort, nul ne saura jamais le secret du drame qui s'est passé jadis.

L'expression d'une douleur sans nom passa sur les traits du vieillard.

Son fils était mort, son fils criminel, son fils qui l'avait déshonoré et rendu à jamais malheureux, mais son fils!

A cette heure, Danglès ne songeait plus aux fautes de Tiburce, il ne pensait qu'à ce trépas si prompt, si terrible, qui venait de le frapper comme un coup de foudre.

Léa et son père se rendirent au domicile de Tiburce, accompagnés par Posquères.

Dans le salon, le commissaire de police attendait leur arrivée.

Le prêtre priait déjà à côté du cadavre, et les Ségaud venaient d'entrer.

Le commissaire de police rapportait au vieux Danglès le million trouvé sur le cadavre de son fils.

Celui-ci fit signe de poser les valeurs sur la table, comme s'il lui eût répugné d'y toucher.

Le magistrat ajouta quelques paroles de consolation que le vieillard ne parut pas entendre, puis il se retira discrètement.

Alors l'intendant dit à Léa :

— Du papier, une plume, vite, je ne me sentirai point le courage d'entrer dans la chambre où se trouve le corps de ton malheureux frère, avant qu'une partie de la faute soit réparée.

Mlle Danglès apporta ce qu'il fallait pour écrire, et le vieillard, comptant les liasses de billets de banque, mit six cent quatre-vingt-dix mille francs dans une large enveloppe, puis il écrivit d'une main plus assurée qu'on n'aurait pu l'attendre de son émotion et de sa faiblesse : *Monsieur le comte Hector-Tancrède de Montgrand. Restitution.*

Ensuite, partageant en deux parts ce qui restait, il enferma dans une seconde enveloppe cent cinquante mille francs, et cette fois il écrivit : *Pour les enfants de M. Antoine Refus. Réparation.* Quant au reste, il le plaça dans un petit portefeuille qu'il tendit à Remy Posquères :

— Vous comprenez? lui demanda-t-il.

— Oui, monsieur, répondit le critique.

— Et maintenant, reprit le vieillard en se levant et en s'appuyant sur le bras de Léa, maintenant que j'ai réparé autant qu'il m'est possible, conduisez-moi près du cadavre de mon fils.

Léa s'agenouilla près de Polichinelle, le vieux Danglès à côté de Ségaud, et le prêtre, comprenant le besoin de prier de toutes ces âmes, commença le *De profundis*.

Le vieux Danglès se leva après que le prêtre eut récité tous les psaumes de la douleur, et, la main étendue sur le cadavre, il dit :

— Dieu te pardonne, comme je te pardonne aujourd'hui !

Léa éclata en sanglots.

Alors Remy, s'approchant de l'étameur, lui dit d'une voix grave :

— Vous m'avez promis d'obéir, non pas à un ordre, mais à une prière ; prononcez donc les mêmes paroles que ce père au désespoir, et, si celui dont vous voyez la dépouille vous causa en ce monde un dommage ou une douleur, ne laissez pas peser votre ressentiment dans les balances éternelles.

— Que le Seigneur me pardonne mes fautes comme je vous pardonne aujourd'hui ! fit Ségaud.

L'étameur prononça ces mots d'une voix si profonde et avec une telle expression que Remy pensa toujours que Ségaud avait à cette heure compris la valeur des mots qu'il disait.

Remy s'approcha alors du prêtre, qu'il prit à part.

— Sous le sceau de la confession, lui dit-il, et comme un legs suprême de ce malheureux que Dieu juge, veuillez remettre à qui de droit ces deux paquets scellés.

Le prêtre regarda les suscriptions, puis son regard s'abaissa de nouveau sur le cadavre.

— Dieu le reçoive dans sa miséricorde ! murmura-t-il.

Posquères rejoignit Véronique dans l'antichambre.

— Mlle Léa te prie d'accepter ce portefeuille, mon enfant. Il renferme assez d'argent pour que vous soyez tous heureux...

— Ah ! monsieur Posquères, fit Ségaud, rien ne pourra jamais...

Posquères tendit la main à l'étameur.

— Je le sais, mais acceptez le bonheur de vos enfants.

Ségaud et Véronique sortirent. Remy revint dans la chambre du mort. On y remplissait les constatations légales.

Par faveur spéciale, et en raison du trépas tragique de Tiburce, on obtint que l'inhumation aurait lieu le jour même.

Le vieux Danglès suivit le convoi de son fils.

Quand il rentra dans son petit appartement, il trouva Léa agenouillée.

— Je n'ai plus que toi, dit le vieillard en sanglotant, je n'ai plus que toi !

Léa serra dans ses bras le malheureux père et lui répondit avec des larmes :

— Je ne vous quitterai jamais, jamais !

Six semaines après, le bon curé de Reuil unissait Taucrède et Diane. (Voir page 264.)

## CHAPITRE XXII

### DANS LES CRYPTES

Le comte de Montgrand se trouvait seul dans son cabinet, quand le vieux Mathias vint discrètement lui demander :

— Monsieur le comte peut-il recevoir le notaire de Nanteuil?

M. de Montgrand tressaillit. Il ne pouvait entendre parler d'un pays où il avait été heureux et riche, sans faire un retour subit sur sa situation, et la comparaison du passé avec le présent lui semblait amère en dépit de la résignation avec laquelle il avait supporté sa ruine. Ce n'est pas qu'il souffrît pour lui : ses goûts modestes et son amour de l'étude l'empêchaient de s'affliger égoïstement de l'amoindrissement de sa fortune, mais il se préoccupait de l'avenir de ses enfants, et plus d'une fois son inquiétude à ce sujet fut l'objet d'entretiens douloureux avec Mme de Montgrand.

Ce n'était cependant point la destinée de Paule qui le tourmentait. Le calme de son caractère, la ferveur de sa piété faisaient pressentir à sa famille qu'elle repousserait toute proposition d'établissement. Mais il n'en était point ainsi de Tancrède.

Le regard attentif du père suivait sur le front du jeune homme la trace d'une pensée ardente, douloureuse, refoulée par devoir, mais que rien ne réussissait à déraciner du cœur où elle était violemment entrée.

Or, le comte devinait que son manque de fortune pouvait détruire à jamais les rêves de Tancrède, ces rêves sur lesquels il n'osait l'interroger dans la crainte d'apprendre que le mal se trouvait déjà bien profond.

Aussi, quand Mathias annonça le notaire de Nanteuil, la pensée de M. de Montgrand se reporta subitement sur son fils, sans qu'il lui devînt possible de se rendre compte de la corrélation existant entre ce fait et cette idée.

— Faites entrer, répondit le comte.

Un instant après, un homme de trente ans, long et maigre, pénétrait dans le cabinet du gentilhomme.

— Monsieur le comte, lui dit-il, je réclame d'abord votre indulgence pour ma démarche peut-être intempestive. Je viens à vous poussé par le double désir de vous être agréable et de mériter votre confiance. Le domaine des *Abymes* est à vendre.

— Déjà! répondit M. de Montgrand.

— Une fantaisie l'avait fait acheter à M. Grimbert, une fantaisie nouvelle le pousse à s'en défaire. M. Grimbert est assez riche pour supporter une perte importante.

— Malheureusement, monsieur, répondit le comte, je ne puis pas acheter.

— M. Grimbert ne demande pas d'argent comptant.

— Il ne me convient point de traiter d'affaires à crédit.

— Peut-être y aurait-il moyen de tout concilier?

— Comment cela, monsieur?

— Rachetez simplement le château et les huit hectares de parc qui l'entourent. Vous aurez ce lot pour cent mille francs, et c'est pour rien, vous le savez... Quant au reste, je me fais fort de trouver avant six mois à vendre, en votre nom, l'autorisation d'y opérer des fouilles... Le produit de la vente des pierres meulières suffira pour payer les bois et les terrains composant la seconde partie du domaine.

— Monsieur, répondit le comte de Montgrand, si j'avais possédé la somme nécessaire à l'acquisition dont vous me parlez, votre combinaison m'eût semblé excellente. Le château seul est pour moi rempli de souvenirs, et je suis convaincu qu'on trouverait encore une grande quantité de pierres à meules dans les terrains avoisinants. Mais tout ceci est une spéculation offrant des chances aléatoires que je ne puis supporter. Vous savez mieux que personne, monsieur, comment périt votre prédécesseur à Nanteuil, vous n'ignorez pas qu'il portait sur lui toute ma fortune...

— Je sais cela, monsieur le comte, et je crois que cette fortune, en prenant des arrangements avec M. Grimbert, vous eussiez pu la reconstituer en deux années.

Le comte secoua la tête.

Mathias reparut.

— M. l'abbé Janvier demande si monsieur le comte peut lui consacrer un instant?

— Volontiers! répondit M. de Montgrand.

Au moment où le prêtre paraissait sur le seuil, le notaire se leva :

— Dois-je attendre que vous ayez délibéré en famille, monsieur le comte, au sujet du rachat de votre terre?

— Non, monsieur, car demain je ne serai pas plus riche qu'aujourd'hui.

— Pardon, fit doucement le prêtre, vous vous trompez peut-être... Je crois être certain du contraire.

— Que voulez-vous dire, monsieur l'abbé?

Le prêtre ajouta :

— Permettez-moi de prier monsieur de rester et d'assister à notre entretien. La Providence est grande, monsieur le comte; dans un instant toutes les dispositions de votre esprit vont se trouver changées, et vous allez préparer de nouveaux plans d'avenir.

— Je vous écoute, monsieur l'abbé, quoique cependant...

— ... vous doutiez de ce que je vous annonce?

— Un peu, je l'avoue.

— Il y a trois ans, monsieur le comte, un meurtre horrible fut commis près des Bondons où vous habitiez... Les journaux racontèrent le drame qui causa votre ruine, et la justice ne parvint point à saisir le coupable qui avait eu l'art d'écarter de lui les soupçons... Ce coupable est mort, monsieur le comte...

— Mort! répéta M. de Montgrand.

— Et je suis chargé de vous restituer la somme qu'il vous déroba : six cent mille francs, plus les intérêts pendant trois années, ce qui porte le total à six cent quatre-vingt-dix mille francs...

— Quoi! monsieur l'abbé, fit le comte que son émotion fit pâlir, cette restitution ?...

— ... va être faite immédiatement entre vos mains, car je vous apporte le montant de la dette de ce malheureux...

L'abbé Janvier présenta au comte le paquet cacheté de noir renfermant les billets de banque.

La main du comte de Montgrand tremblait un peu, tandis qu'il comptait les billets de banque.

— La somme est complète, monsieur l'abbé, complète... Vous en donnerai-je un reçu?

— Non, monsieur, la quittance unique que je vous demande est votre pardon pour celui qui vous a causé de grands chagrins pendant trois années et qui expia cruellement son crime.

— Qu'il repose dans la miséricorde de Dieu ! répondit le comte.

Il plaça les billets dans les tiroirs de son bureau, puis il ajouta :

— Et l'on vient dire que la religion n'est pas utile ! C'est un chrétien et un honnête homme qui opère cette restitution.

— Oui, monsieur le comte, un brave homme et un bon chrétien.

— Eh! mais, monsieur le notaire, vous avez eu en venant me trouver une inspiration providentielle, et, à moins que vous vous soyez entendu avec monsieur l'abbé...

— Je ne crois pas que nous nous connaissions, répondit le prêtre.

— Revenons au *Château des Abymes*, reprit le comte en s'adressant au notaire. Vous me disiez tout à l'heure qu'il serait possible de racheter l'habitation et le parc pour une somme de cent mille francs? Je les offre tout de suite. Cédez le bois à qui vous voudrez, je garderai le reste de la somme qui m'est rendue afin de doter mes enfants. De cette sorte les souvenirs de famille et les rêves d'avenir se trouveront confondus. Vraiment, monsieur le notaire, je signerai de grand cœur cet acte dans votre étude... Quant à vous, monsieur l'abbé, je vous prierai de célébrer une messe d'action de grâces à la petite église de Reuil; je n'attendais pas une consolation pareille.

— Et de cette consolation vous ferez une surprise! ajouta le prêtre.

— Une surprise à ma famille?

— Certainement, fit le notaire. Vous prétexterez le désir de revoir le *Château des Abymes*, et vous y amènerez Mme la comtesse et vos enfants; puis, quand ils seront rentrés dans une demeure qui leur fut chère à tous les titres, vous leur apprendrez toute la vérité.

— Oui, vraiment, fit le comte, l'idée de ce complot me sourit. Préparez tout pour le nouvel acte de vente, monsieur, je suis prêt à le signer quand vous voudrez, et le jour même de cette signature nous nous réinstallerons au château.

Pendant que M. de Montgrand, l'abbé Janvier et le successeur du pauvre Antoine Refus s'entretenaient dans le cabinet du comte, Paule, inquiète de voir redoubler la tristesse de Tancrède, s'était rendue auprès de lui. Ne pouvait-elle le consoler tout de suite en lui révélant un secret capable de le rendre à la joie?

Elle trouva son frère penché sur ses livres et travaillant avec une ardeur fiévreuse. Alors doucement, avec une autorité tendre, elle lui enleva sa plume, et, s'asseyant à ses côtés, elle lui demanda :

— As-tu prié Dieu d'accomplir un miracle?

— Je l'ai prié de me donner la force de combattre une tendresse qui fera le malheur de ma vie.

— Comme nous partageons peu les mêmes idées, Tancrède! Moi j'ai supplié le Seigneur de bénir cette même tendresse... Eh bien! es-tu exaucé? Songes-tu moins à Diane?

— J'y pense constamment et avec désespoir.

— Et moi j'y songe avec joie.

— Je reconnais, je confesse ma folie.

— Moi j'avoue que tu ne pouvais faire une chose meilleure.

— Je ne t'ai jamais vue railleuse, Paule.

— Je ne te croyais pas sceptique, Tancrède.

— Mais je rêve l'impossible, ma sœur!

— Non, dit Paule en prenant les mains de Tancrède. Dieu permettra que tout s'arrange pour ton bonheur. Il existe une justice divine qui distribue tour à tour les récompenses et les châtiments. Nous nous sommes résignés, et le ciel nous console; les méchants sont punis, et punis d'une façon telle que nous n'eussions jamais pu souhaiter un tel supplice comme châtiment de leur crime.

— Que sais-tu donc, Paule? demanda Tancrède.

Mlle de Montgrand fit lentement à son frère le récit de ce qui s'était passé la veille.

— Ainsi notre père va recevoir les six cent mille francs volés sur le cadavre de Refus ! s'écria Tancrède. Oui, tu as raison, tout cela est providentiel et paraîtrait incroyable à qui en entendrait le récit. Nous voilà presque riches ! et désormais, bien que la dot que me donnera mon père ne soit pas égale à celle de Diane de Lyons, je puis sans honte aspirer à sa main. Le courage m'est revenu tout à fait, chère Paule. Oui, je serai heureux ! heureux d'une façon complète... Et cependant non, même quand je serai le mari de Diane, car il ne me semble pas que de sérieux obstacles s'élèvent entre nous, je ne serai content qu'en sachant ton propre avenir assuré... Je voudrais que toi aussi tu puisses me dire ton secret, car tu gardes un secret, ma Paule chérie...

— Tu le sauras, répondit Mlle de Montgrand.

— Quand?

— Le jour où notre père sera complètement rentré dans sa fortune, je remplirai le vœu que j'ai fait d'aller à l'abbaye de Jouarre en pèlerinage... Vous m'y accompagnerez tous, je n'en doute pas... Et c'est là que je parlerai devant mon père et devant toi...

— Paule! Paule, je ne sais pourquoi j'ai peur.

— De quoi donc as-tu peur, Tancrède?

— Tu nous quitteras, fit le jeune homme.

Paule embrassa tendrement son frère.

— Où que je sois et quoi que je fasse, je t'aimerai et je prierai pour toi, répondit-elle.

Puis, souriant à Tancrède qui ne se sentait plus l'esprit assez libre pour se replonger dans le travail, elle rentra chez elle calme et souriante, comme si elle cachait en dedans d'elle-même une profonde satisfaction.

Quand l'heure du dîner réunit la famille de Montgrand, chacun de ses membres, tout en s'efforçant de dissimuler ses impressions, se trouvait sous le coup d'une émotion qui se manifestait à chaque instant par des demi-mots et des réticences.

Le comte n'avait pas même confié à sa femme ce qui s'était passé le matin dans son cabinet. Il voulait ménager une surprise à la comtesse et à ses enfants.

Tancrède et Paule s'efforçaient de cacher leur double secret. Mais s'il se taisait sur ses projets, le comte avait du moins fait trêve à la tristesse qui paraissait l'écraser depuis trois années.

Quelques jours se passèrent pendant lesquels Paule trouva le temps d'aller embrasser la belle Diane de Lyons et de monter chez les Ségaud.

L'ancien étameur était riche désormais, et les souvenirs mauvais se fussent vite oubliés s'il n'avait eu la crainte que, dans le pays qu'il traversa si longtemps dans la grande voiture traînée par Coco, on gardât quelques doutes sur son innocence.

— Rassurez-vous, lui dit Paule, quand on saura que je vous aime et que mon père vous protège, nul ne pourra plus croire que vous ayez trempé dans le crime horrible qui nous ruina jadis.

Polichinelle, certaine que désormais la petite famille ne manquerait de rien, commençait à croire qu'elle pourrait avoir comme les autres sa part de bonheur. Sa mère, soignée avec un grand zèle, revenait de la mort et se rattachait à la vie. La santé brillait sur le front des petits.

Posquères, en payant sa dette de reconnaissance au comte de Montgrand, avait sauvé la misérable famille.

Paule venait de la quitter quand son père la fit prévenir qu'il l'attendait au salon, où Tancrède se trouvait déjà.

— Ma chère fille, lui dit-il, ta mère, Tancrède et ta tante veulent bien se prêter à un désir qui va te sembler étrange, et j'espère que tu n'y trouveras rien à objecter. On n'a pas vécu de longues années dans un pays sans désirer le revoir... J'ai la nostalgie des *Abymes*, et je souhaite m'y rendre avec vous... Nous le pouvons d'autant plus aisément que M. Grimbert met le château à vendre ou à louer...

— Vous avez une excellente idée, père, répondit Paule ; accordez-moi seulement que nous reviendrons des Bondons en passant par Jouarre... Si vous avez le désir de revoir le parc des *Abymes*, je souhaite, moi, prier encore dans la chapelle et rêver dans les cryptes... Et, tenez, vous devriez faire mieux encore... Invitez la famille de Lyons à se joindre à nous, faites prévenir Posquères... et que notre groupe de famille s'augmente de nos meilleurs amis.

— Qu'en penses-tu, Tancrède? demanda le comte qui pour la première fois soupçonna la vérité.

— Paule a raison, toujours raison, mon père.

Seule, Mlle Louise-Gonzague paraissait légèrement inquiète. Mais le comte la rassura si bien qu'elle accepta d'être du voyage qui fut fixé à la fin de la semaine.

Un matin donc, toute la famille de Montgrand prit le train express, et à dix heures les anciens maîtres des *Abymes* rentraient |dans le château que trois années auparavant ils avaient quitté dans des circonstances si douloureuses.

Le notaire les attendait, et sa présence acheva d'apprendre à Paule ce qu'elle soupçonnait déjà.

L'acte fut signé le matin même, et, quand la famille de Lyons et Remy Posquères arrivèrent à trois heures, l'ancien maître du *Château des Abymes* les reçut de nouveau chez lui.

Une seule chose fut changée au programme de Paule : la famille de Lyons, au lieu de faire une simple visite aux *Abymes*, promit d'y passer huit jours, et ce fut durant cette semaine que Paule entraîna Léopoldine, Diane et tous les siens dans cette petite ville de Jouarre dont le souvenir ne l'avait jamais quitté. De la grande abbaye servant jadis de refuge à des filles de race royale, il reste aujourd'hui bien peu de chose. Ce qui semblait un monde se résume en quelques débris. Les commotions révolutionnaires ont abattu les grands cloîtres ; l'église de Jouarre, dont la date remontait au xvie siècle, n'a gardé qu'un clocher défiguré ; ce qui avait été élevé sur le sol rocheux de la colline a disparu ; mais il semble que le marteau des démolisseurs n'ait pas osé frapper dans le sein même de la terre, et les merveilleuses cryptes de Jouarre ont été protégées par leur mystère et leur imposante grandeur. Quand on franchit le seuil de ces catacombes, la pensée évoque des scènes de sang et de martyre.

Lorsque Paule de Montgrand pénétra dans ces cryptes, elle tenait la main de Diane de Lyons et la pressait avec une tendresse émue. On eût dit que dans cette caresse elle mettait une part de son âme, et que c'était surtout à cette charmante créature qu'elle s'adressait.

— Monsieur Posquères, dit Paule, il est des choses dont l'ensemble nous saisit sans qu'il nous soit possible de définir d'une façon complète la nature de nos impressions. Ainsi, dans ces souterrains, je me sens absorbée par la puissance des idées religieuses, mais je voudrais y joindre pour Diane et pour moi une opinion artistique moins confuse. Faites-vous notre guide dans ces cryptes que vous connaissez mieux que moi-même.

— Oui, répondit Remy, je les connais, et je conserve dans mon album un dessin assez complet du double aspect qu'elles présentent.

— Monsieur Posquères, ajouta Paule, si je vous demandais ce dessin ?...

— Je serais heureux de vous l'offrir.

— Eh bien ! vous le donnerez à ma mère, plus tard...

— Je comprends, murmura Remy, et vous serez obéie.

Les deux cryptes de Jouarre, dont la première est dédiée à saint Ebregisile, se divisent en deux parties : l'une se trouve au niveau de l'escalier qui y donne accès, tandis que la seconde, garnie de tombeaux précieux, est surélevée ; c'est à la droite de cette crypte que se trouve la chapelle Saint-Paul.

— Je ne sais rien de plus imposant, de plus mystérieux, que ces trois nefs dessinées par des colonnes dont chacune a peut-être son histoire spéciale, reprit Posquères. Les catacombes de Jouarre sont uniques dans l'histoire de l'architecture. On dirait que, arrachées à quelque monument gallo-romain, elles survivent à quelque épouvantable désastre. Une main pieuse les a rassemblées ici ; puis autour d'elles se sont alignées d'autres colonnes également disparates. Aucune n'a été taillée pour les cryptes ; les cryptes au contraire se sont élargies afin de contenir les colonnes. Les moindres détails forment ici une opposition complète. Les marbres précieux des fûts sont couverts de blocs grossiers en maçonnerie ou de lourds chapiteaux romans. Où le regard et le souvenir appellent les mollesses gracieuses de la feuille d'acanthe, nous trouvons des ornements frustes dont la ligne sèche et anguleuse se marie mal avec ces marbres superbes. Fouillez les temples antiques, les églises chrétiennes, dont un grand nombre furent construites à l'aide de matériaux provenant des faux dieux, vous ne trouverez nulle part ces colonnes en marbre vert, en cipolin d'un doux ton de chair, en brèche, en marbre blanc tacheté de noir, éblouissant comme la neige. Pas un des chapiteaux qui les couronnent ne sont semblables. Et cette différence est encore une preuve de l'origine gallo-romaine que je leur attribue. Rome victorieuse couvrit la Gaule de temples, de thermes, de palais, de villas, de cirques, de théâtres. A l'heure où les Romains disparurent de la terre conquise, les monuments élevés par eux, souvenirs d'une domination odieuse et longtemps suspectée, s'effondrèrent subitement. Ce que la guerre épargna tomba sous le marteau ; les maisons franques furent bâties avec les pierres des temples, et sous Charlemagne on utilisait encore les débris de l'architecture romaine.

— Soit ! monsieur, dit Diane, ces colonnes sont gallo-romaines ; mais quelle date assignez-vous à la construction des cryptes ?

— Elles appartiennent évidemment au xi$^e$ siècle.

— Il ne vous reste plus maintenant qu'à nous indiquer le nom des évêques et des abbesses qui reposent dans ces tombes.

Paule et Diane se trouvaient en ce moment au fond de la crypte de Saint-Ebregisile, à gauche ; elles remontèrent lentement, tandis que Mlle de Montgrand disait à son amie :

— Voici la sépulture de saint Adon, fondateur de l'abbaye de Jouarre. J'ai toujours été prise d'un sentiment de profond respect pour ces saints qui connaissaient si complètement le cœur de l'homme qu'ils le savaient affamé de silence et d'ombre aux heures où l'épreuve fondait sur lui. On a souvent tenté de détruire l'esprit monacal, on a ouvert les couvents, on a pillé et brûlé des abbayes, et toujours ces asiles de paix et de prière ont été rebâtis, et sans fin des femmes altérées de vertu, entraînées vers la pénitence, des hommes connaissant le peu que valent les joies de ce monde ont couru s'y ensevelir. On disputait la plaine à ces souffrants, à ces éprouvés de la vie, ils gravissaient la montagne ; s'emparait-on de leur retraite, ils couraient se réfugier dans des forêts sauvages ; ils disputaient à l'aigle la place de son nid au milieu des roches. Par amour pour le silence, la mortification et la prière, ils se résignaient à vivre au milieu des neiges et à creuser leurs tombes sur des altitudes menaçantes. Certes tous ceux que l'Église reconnut dignes d'être placés sur les autels ont droit à ma vénération, mais j'avoue que les fondateurs de monastères m'inspirent un sentiment doublement pieux et filial.

— Paule ! dit Mme de Montgrand en se rapprochant de sa fille.

La jeune fille sourit avec douceur, puis elle reprit :

— Regarde cette belle statue de marbre, Diane, la tête porte un bandeau royal, de riches fibules agrafent le manteau. Cette vierge s'appelait Ozane, elle fut princesse d'Écosse et quitta sa patrie pour se réfugier ici. Voici les tombes de sainte Balde, de sainte Telchide, première abbesse de Jouarre, celle de sainte Aguilberte. On dirait que les fantômes de ces vierges glissent dans la pénombre des cryptes et nous appellent à goûter la paix qui devint leur partage.

Le comte de Montgrand et Tancrède semblaient vivement émus. Tous deux comprenaient que Paule cachait un secret qu'ils étaient sur le point d'apprendre, et chacun d'eux s'effrayait des paroles qu'allait prononcer cette angélique fille. Depuis longtemps sa famille pressentait que Paule attendait une heure propice et solennelle pour parler d'elle et de la destinée. Ce n'était point seulement la curiosité de revoir les cryptes qui l'amenait à Jouarre. Un mobile plus puissant la poussait.

Elle semblait glisser au milieu de ces tombes, et son beau visage rayonnait de joie et d'enthousiasme.

Elle passa avec Diane dans la crypte de Saint-Paul ; là se trouvaient les mausolées de saint Ebregisile, évêque de Meaux, de sainte Mode, de saint Agilbert, évêque de Paris. Puis, quand elle eut fait remarquer plusieurs de ces tombes, elle revint du côté de la princesse d'Écosse, et, pressant plus fort la main de Diane, elle dit d'une voix émue :

— C'est ici que j'ai souhaité remercier Dieu d'avoir mis fin à notre épreuve, ici que j'ai voulu vous apprendre quel vœu secret j'ai formé ! Ma mère, permettez-moi de ne point quitter Jouarre et d'y chercher dans la vie religieuse la plénitude de joie à laquelle aspire l'âme chrétienne. Je ne vous laisse point isolée. Tancrède vous reste, et dans Diane de Lyons vous trouverez une seconde fille. Fixez à la fois le sort de vos deux enfants. Donnez-moi le droit de jouir des biens du ciel, et comblez mon frère des félicités de ce monde.

— Paule ! Paule ! dit en sanglotant la comtesse, as-tu compris la grande douleur que tu me causes ?

— Je vous sais chrétienne, répondit Paule.

La mère se jeta dans les bras de sa fille.

A son tour le comte de Montgrand s'approcha.

— Paule, dit-il, si nous étions restés ruinés, malheureux, tu ne te serais pas senti le courage de nous quitter ?

— Peut-être, répondit-elle ; mais Dieu seul sait ce que j'aurais souffert de mon impuissance à me donner tout entière à lui.

— Ah ! fit le comte, tu vas nous faire regretter que cette fortune m'ait été rendue !

— Non, mon père, le Seigneur sait ce qu'il fait, et toutes ses voies sont admirables. Le bonheur de Tancrède vous sera une ample compensation à mon départ.

Puis, s'avançant vers Mme de Lyons, Paule ajouta :

— Je vous en supplie, madame, dites à ma mère que vous lui donnez dans Diane une autre fille.

Tous les cœurs se serraient, des larmes montaient aux yeux des acteurs de cette scène ; Paule elle-même, en dépit de sa force, se sentait envahir par une émotion douloureuse. Elle aimait puissamment ceux qu'elle allait quitter. En se donnant à Dieu, elle ne fermait pas son âme aux légitimes tendresses de la famille. Ceux qu'elle chérissait lui semblaient au contraire tenir doublement aux fibres de son cœur.

Mais si grand que fût son trouble, si difficile qu'il lui parût à cette heure de rompre ces nœuds de la famille, chacun comprit que la décision de la jeune fille était immuable et que la douleur du sacrifice n'en empêcherait point la consommation.

Paule se courba devant sa mère.

— Bénis-moi, lui-dit-elle, bénis-moi au nom de ton autorité et de ta tendresse, puis laisse-moi aller où m'appelle une irrésistible vocation.

La comtesse de Montgrand serra sa fille dans ses bras. Elle pressa lentement ensuite les deux mains de son mari :

— Hector, dit-elle, Dieu nous l'avait donnée, Dieu nous la demande, que sa volonté soit faite!

Et le comte répondit d'une voix tremblante :

— Oui, que sa volonté soit faite!

— J'ai votre promesse, reprit Paule, je sais que vous ne la retirerez point, que vous ne me disputerez point à Dieu... C'est devant l'image de marbre d'Ozane que votre serment a été fait ; la noble fille d'Écosse et les anges l'ont entendu. Nous pouvons dire adieu aux cryptes de Jouarre, je ne franchirai le seuil de l'abbaye qu'après avoir été témoin du bonheur de Tancrède...

— ... et du mien? demanda Posquères.

— Que souhaitez-vous donc? reprit Paule.

— Une fois encore être traité comme le fils adoptif du comte de Montgrand et obtenir de lui que devant l'autel où sera consacré le mariage de Tancrède, le même prêtre bénisse mon union avec Mlle des Genêts.

Le visage de Léopoldine se couvrit d'une pâleur subite, elle chancela, et ce fut le bras de Remy qu'elle trouva pour s'appuyer.

Deux heures plus tard, la famille de Montgrand et ses invités rentraient au *Château des Abymes*. Durant la soirée qu'on passa dans le parc, on ne cessa d'évoquer les souvenirs se rattachant à cette demeure, et la joie de tous eût été complète si la pensée d'une séparation prochaine ne fût souvent revenue jeter une ombre sur les joies reconquises.

Six semaines après, le bon curé de Reuil unissait Tancrède et Diane, que Remy et Léopoldine suivirent bientôt devant l'autel, tandis que Mlle Paule de Montgrand franchissait le seuil de l'antique abbaye de Jouarre, où se continuaient les traditions de science, de dévouement et de vertus, laissées par une longue suite d'abbesses.

FIN.

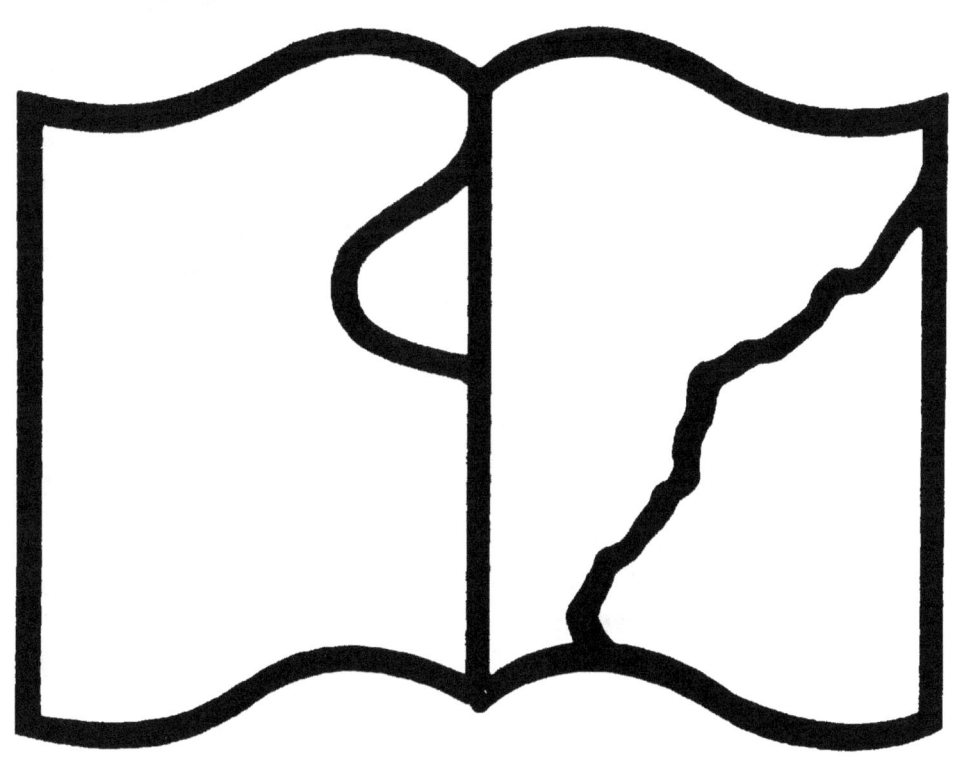

Texte détérioré — reliure défectueuse

**NF Z 43**-120-11

Contraste insuffisant

**NF Z 43**-120-14

www.ingramcontent.com/pod-product-compliance
Lightning Source LLC
Chambersburg PA
CBHW070642170426
43200CB00010B/2107